ライブラリ 経済学15講 BASIC編 ❷

ミクロ経済学 15講

小野﨑 保 共著
山口 和男

Fifteen Lectures on
Microeconomics

新 世 社

編者のことば

　『ライブラリ 経済学 15 講』は，各巻は独立であるものの，全体として経済学の主要な分野をカバーする入門書の体系であり，通年 2 学期制をとる多くの大学の経済学部やそれに準じた学部の経済学専攻コースにおいて，いずれも半学期 15 回の講義数に合わせた内容のライブラリ（図書シリーズ）となっている。近年では通年 4 学期のクォーター制をとる大学も増えてきているが，その場合には，15 講は講義数を強調するものではなく，講義範囲の目安となるものと理解されたい。

　私が大学生のころは，入学後の 2 年間は必修となる語学や一般教養科目が中心であり，専門科目としての経済学は，早且に設置・配当する大学においても，ようやく 2 年次の後半学期に選択必修としての基礎科目群が導入されるというカリキュラムだった。一般教養科目の制約が薄れた近年は，多くの大学では 1 年次から入門レベルの専門科目が開講されており，学年進行に合わせて，必修科目，選択必修科目，選択科目といった科目群の指定も行われるようになった。

　系統だったカリキュラムにおいて，本ライブラリは各巻とも入門レベルの内容を目指している。ミクロ経済学とマクロ経済学の基本科目，そして財政学や金融論などの主要科目は，通常は半学期 15 回で十分なわけではなく，その 2 倍，3 倍の授業数が必要なものもあろう。そうした科目では，本ライブラリの内容は講義の骨格部分を形成するものであり，実際の講義の展開によって，さまざまに肉付けがなされるものと想定している。

　本ライブラリは大学での講義を意識したものであるのは当然であるが，それにとどまるものでもないと考えている。経済学を学んで社会に出られたビジネスパーソンの方々などが，大学での講義を思い出して再勉強する際には最良の復習書となるであろう。公務員試験や経済学検定試験（ERE）などの資格試験の受験の際にも，コンパクトで有効なよすがになると期待している。また，高校生や経済学の初心者の方々には，本ライブラリの各巻を読破することにより，それぞれの分野を俯瞰し，大まかに把握する手助けになると確信している。

　このほかの活用法も含めて，本ライブラリが数多くの読者にとって，真に待望の書とならんことを心より祈念するものである。

浅子　和美

は し が き

　本書は，ミクロ経済学をはじめて学ぶ人を対象として，「伝統的なミクロ経済学のものの見方・考え方の根幹」を理解してもらうことを目指して書かれたものです。

　経済学というのは間口がきわめて広い学問なので，それぞれの分野にはそれぞれ独自の理論が展開されています。ミクロ経済学のものの見方・考え方はこうしたさまざまな分野における理論の共通基盤を提供しています。経済活動の基本は市場における取引にあるので，経済現象を深く理解するためには市場での取引を通じてどのように価格が決まるのか，ひいては市場それ自体がどのような機能を果たしているのかを理解しなければなりません。ミクロ経済学はまさにこの市場の機能を明らかにすることを目的とした理論体系なので，経済学のさまざまな分野で活用されているというわけです。したがって，経済学のどの分野であっても，それを深く学ぶためにはミクロ経済学の修得を避けて通るわけにはいきません。

　こうした理由から，とりわけミクロ経済学の教科書は数多く出版されており，それぞれにさまざまな工夫がなされています。難易度でいえば，数学を使った厳密な議論を一切避けてわかりやすさを追求しているものから，微分や積分などの数学を駆使して厳密に議論を展開しているものまであります。また，扱っている項目でいえば，必要最小限の事柄だけに焦点を絞ったものから，ありとあらゆる事柄を網羅的に扱っているものまであります。そうした中でなぜ本書を上梓する必要があったのでしょうか。ミクロ経済学をはじめて学ぶ人々を対象に講義をするなかで，筆者らが共通して抱いていた思いがあります。それは，初学者のために図表を使った平易な説明を中心としつつも，将来さらに高いレベルの内容を学ぶときのためにある程度のレベルの数学を使った説明も丁寧に行う入門書があった方がよいのではないかという思いです。これが本書を執筆するきっかけとなりました。

本書を執筆するにあたり，とりわけ以下の点に留意しました。

- 初学者がミクロ経済学の根幹を理解する上でそれほど必要ではないと思われる項目は思い切って省くが，重要な項目についてはできるだけ丁寧に説明する
- 図を使った直観的な説明を中心としつつも，理解を徹底させるために必要に応じて数学を用いてできるだけ厳密に説明する

このことから明らかなように，本書はミクロ経済学の全体像を俯瞰する内容とはなっていません。本書で扱わない話題としては，一般均衡分析，不完全競争（ただし，不完全競争のうち独占については第15講で取り上げます），外部性，公共財などが挙げられます。こうした事柄を学ぶためには，巻末の「さらなる学びに向けて」で紹介する文献などを参考にしてください。話題を限定した代わりに，他書であまり詳しく説明されていない箇所についても，初学者を念頭に置いてできるだけ丁寧に説明をするよう心掛けました。また，初学者を対象としているため本書は図を使った直観的な説明を中心としていますが，それだけではどうしても厳密さや正確さが犠牲となってしまいます。そのため，必要に応じて数式を用いて厳密な説明を行った箇所もあります。とはいえ，本書で使う数学は中学から高校2年くらいまでに習う範囲にとどまります。本書で使う数学は第1講後半の1.2節にまとめておきましたので，数学が苦手という人は適宜参照してください。本書が皆さんのミクロ経済学修得の一助となるならば，筆者たちにとってこれ以上の喜びはありません。

　最後になりましたが，新世社編集部の御園生晴彦氏および谷口雅彦氏には，企画の段階から出版に漕ぎ着けるまで長期間にわたり大変お世話になりました。ともすれば遅れがちであった筆者らの執筆活動を定期的な編集会議を通じて鼓舞してくださったばかりでなく，さまざまな角度から有益なアドバイスを頂きました。両氏のご尽力に心より感謝申し上げる次第です。

2022年10月

小野﨑　保

山口　和男

目　次

第Ⅰ部　オリエンテーション

第Ⅱ部　市場の基本的な機能

第 III 部　消費者の行動

第 IV 部　生産者の行動

第 V 部　余剰による市場分析

第 VI 部　市場支配力

各講末の Active Learning の略解は，新世社ウェブサイト（https://www.saiensu.co.jp）からダウンロードできます。本書の紹介ページより「サポート情報」欄をご参照ください。

第 I 部

オリエンテーション

　第 I 部は，これからミクロ経済学を学ぼうとする読者に向けた水先案内の役割を果たします。第 1 講の前半では，ミクロ経済学とはどのような学問であるのかを明らかにし，それを学ぶことで皆さんが何を理解できるようになるのかを説明します。第 1 講の後半では，本書を学ぶ上で身につけておくべき最低限の数学の基礎知識を復習します。数学を使わなくてもミクロ経済学の基礎を解説することは可能ですが，それではどうしても将来的に応用が利かない浅薄な内容になってしまいます。こうした理由から，本書では必要最低限の数学を使っています。ミクロ経済学をしっかり理解し身につけるためには数学の基礎知識が大いに役立ちます。

第1講 ミクロ経済学を学ぶために

■本講では，はじめに，ミクロ経済学とはどのような学問であるのかについて，頻繁に用いられる基本的な概念を押さえながらその概略を説明します。続いて，ミクロ経済学を学ぶために必要となる数学の知識を復習するとともに，ミクロ経済学を深く理解するために役立つ知識も併せて解説します。

1.1 ミクロ経済学とは

■ミクロ経済学とマクロ経済学

経済学（economics）には大きく分けてミクロ経済学（microeconomics）とマクロ経済学（macroeconomics）といわれる2つの基礎理論があります。ミクロ経済学は経済活動を行う個々の主体に注目し，それらの行動によって市場がどのように機能するのかを分析します。経済を微視的（microscopic）に観察することにその名前が由来しています。それに対して，マクロ経済学は一国を1つの主体として捉え，その経済活動を分析します。経済を巨視的（macroscopic）に観察することにその名前が由来しています。経済を森にたとえれば，ミクロ経済学が個々の木を見ることに重点をおいているのに対して，マクロ経済学は森全体を見ることに重点をおいています。

■ミクロ経済学の分析対象

通常，人が集まり商いを行う特定の場所のことを市場（いちば）といいますが，ミクロ経済学では，特定の場所とは必ずしも関係のない，抽象的な取引の「場」を市場（しじょう）（market）といいます。ミクロ経済学はこの市場（しじょう）の機能を解明するこ

とを目標としています。

　市場で経済活動を行う主体のことを経済主体（economic unit）といいます。経済主体には以下の3種類があります。

① 消費を行う主体である消費者（consumer）あるいは家計（household）
② 生産を行う主体である生産者（producer）あるいは企業（firm）
③ 経済政策を行う主体である政府（government）

ミクロ経済学では，市場の機能を考察するにあたり，上記の3種類の経済主体のうち，消費および生産という重要な経済活動に中心的に携わる主体，すなわち，消費者と生産者の行動に焦点を絞り分析を進めていきます。実際には政府も消費や生産を行っていますが，ミクロ経済学では，政府はさまざまな経済政策を行って外部から市場に介入する経済主体と考えて分析を進めていきます。

　市場で取引の対象となるものの中で，有形なものを財（goods），無形なものをサービス（service）といいます。誤解の恐れがない場合，財とサービスをひとまとめにして単に「財」ということもあります。また，生産者が財・サービスを生産するために必要となる財・サービスのことを生産要素（factors of production）といいます。

　市場の機能には，価格を決定する機能と資源配分を行う機能の2つがあります。以下では，これらについて簡単に説明しておくことにしましょう。

■ 市場の価格決定機能

　市場での財・サービスの取引はその価格（price）に基づいて行われます。ミクロ経済学では，「財・サービスの価格は市場における買い手と売り手の経済活動の相互作用によって決まる」と考えます（図1-1の左側参照）。このように考えることに対して，皆さんは，「価格を決めるのは売り手ではないのか？」と疑問を持つかもしれません。確かに，はじめは売り手が価格を決めて売り出します。しかし，売れ行きが不調で期待していたほど売れなかったら売り手は価格を下げることになるでしょうし，逆に，売れ行きが好調で飛ぶように売れるなら売り手は価格を上げることになるでしょう。つまり，

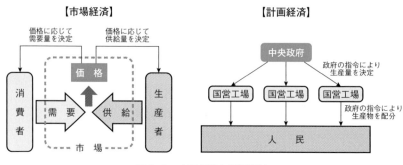

図 1-1　市場経済と計画経済

売り手は売れ行き，すなわち，買い手の意向を考慮に入れて価格を変更すると考えられます。したがって，「市場における買い手と売り手の経済活動の相互作用によって調整されて価格が決まる」と考えるのが自然であることが分かります。

　市場ではさまざまな財・サービスが取引され価格が決まっています。たとえば，お金の貸し借りを行う市場である金融市場で決まる価格は利子率（金利）です。また，自国通貨と外国通貨の取引を行う市場である外国為替市場で決まる価格は為替レートです。労働市場では求職中の個人と求人中の企業との間で労働サービスが取引され，その価格として賃金が決まります。賃貸住宅市場では部屋を借りたい個人と部屋を貸したい大家との間で賃貸住宅サービスが取引され，その価格として家賃が決まります。このように，さまざまな財・サービスの価格が市場で決まるわけですが，この市場の価格決定機能を解明することがミクロ経済学の第一の目標です。

■ 市場の資源配分機能

　私たちの生活は市場の働きのお陰で豊かなものになっています。もし市場が存在しなかったら，原始時代のように狩猟や農耕によって食料や衣類をはじめ生活に必要な物資をすべて自分たちで手に入れなければなりません。それに比べて，現代社会に生活する私たちは欲しいものがあればたいていは市

場で買うことができます。しかも、それがどこでどのようにして作られ、どのような経路で自分の手元に辿り着いたのか知る必要がありません。たとえば、お金を払えば当たり前のようにラーメンを食べることができますが、一杯のラーメンを作るにもいくつもの工程を経ています。まず、小麦を育てて小麦粉にしてから麺を作る必要があります。次に、鶏を育てて鶏ガラにし、鰹を釣って鰹節にしてからスープを作る必要があります。そして、大豆を育てて発酵させ、醤油にしてからタレを作る必要があります。さらに、豚を育ててチャーシューを作る必要があります。また、マチク（麻竹）を育ててタケノコをとりメンマを作る必要があります。ネギも育てておく必要があるでしょう。これらをすべて同時に準備し調理して、ようやくラーメンが出来上がります。しかし、市場の働きのお陰で私たちはさまざまな工程を意識しないままにラーメンを味わうことができます。このように、市場にはどの資源を使って何をどれだけ生産し誰に配分するか決める資源配分（resource allocation）の機能が備わっています。こうした市場の資源配分機能を解明することがミクロ経済学の第二の目標です。

　市場の資源配分機能の素晴らしさは、それを計画経済（planned economy）と比較すればよく分かります（図1-1の右側参照）。計画経済は、旧ソビエト連邦、旧東欧諸国、かつての中華人民共和国などの社会主義国で採用されていた経済体制であり、資源配分を市場を通じて行うのではなく、中央集権的な国家による計画の作成と実行により行います。計画経済では、生産設備などを含めすべての資源は国家が所有し、国家が生産計画を立て生産活動を行います。そのため、企業による自由な生産活動は認められていません。というより、私的な企業そのものが存在しません。存在するのは国営工場のみです。また、財は配給制であり、人民は決められた財を決められた量しか手に入れることができません。そのため、自分の好きなものを好きなだけ買うという消費行動を行う消費者が存在しません。さらに、市場での取引が行われないので、財には価格がつきません。このような計画経済においては、国家の計画策定に大きな問題が立ちはだかります。人民が何をどれだけ欲しがっているか、どのような資源がどこに存在し、それらをどう組み合わせれば何をどれだけ生産できるか、といった膨大な情報を政府はどうやったら集める

ことができるかという問題です。このような膨大な情報を集めるのはきわめて難しいでしょうから，政府による計画の策定は事実上不可能となるはずです。実際，社会主義国ではしばしば計画が不適切であったために慢性的に物資が不足していました。その結果，旧ソビエト連邦と旧東欧諸国の社会主義体制の崩壊以降，残存するほとんどの社会主義国では計画経済を放棄して，市場経済を導入しています。市場経済の優れた点は，強大な権力を持つ中央集権的な国家でさえ実行不可能である効率的な資源配分を，価格というシグナルを介して消費者と生産者が自由に取引を行うことによって自然に実現することができる点にあります。このように，市場が価格シグナルを介して資源配分を行う機能のことを価格メカニズム（price mechanism）といいます。

■ ミクロ経済学の分析手法

ここで，ミクロ経済学の分析手法について簡単にまとめておきましょう。ミクロ経済学では一見すると非現実的な仮定をおくことがよくあります。たとえば，ある財に対する消費者の需要量は，その財の価格以外にも，消費者の所得や好みなどさまざまな要因の影響を受けます。ところが，**第2講**では，「価格以外の要因は不変である」と見なして，価格が変化した場合に需要量がどのように変化するかを考えます。現実の経済では，「価格以外の要因が不変である」などという状況はほとんど起こりえません。そのため，ミクロ経済学を学んでいくうちに，こうした非現実的な仮定に対して拒否反応を示す人が出てくることがあります。しかし，冷静に考えれば，多数の要因がまちまちに変化する現実の経済をただそのまま観察していても，需要量がどのようなメカニズムで決まるのかはまったく見えてこないことが分かるでしょう。複雑な現実経済の中に潜んでいる基本的なメカニズムを解明するためには，物理や化学が実験室で実験を行うように，現実をできるだけ単純化して頭の中で「思考実験」をしてみなければならないのです。非現実的な仮定は，このような思考実験のために必要なものであることを理解しておいてください[1]。

1　近年，経済学的な問題に対して実験的な手法による研究を行う実験経済学（experimental economics）という分野が開拓されてきています。

■ 合理性と利己性

　ミクロ経済学では，消費者や生産者といった経済主体が合理的（rational）かつ利己的（selfish）に行動すると仮定します[2]。これは，経済主体は与えられた条件の下で自分自身にとって最適な選択をするということを意味します。具体的には，消費者は，予算の制約の下で，自らの満足度を表す効用を最大にするように財・サービスの消費の組み合わせを決めると仮定します[3]。また，生産者は，生産技術の制約の下で，自らの儲けを表す利潤を最大にするように財・サービスの生産量を決めると仮定します。このような仮定に対して，人間は常に合理的かつ利己的に行動するわけではない，という批判がなされることがあります。確かに，生身の人間には非合理な側面はあります。しかし，だからといって消費者や生産者が非合理的な行動ばかりをするということもありえません。むしろ，基本的には合理的であって，たまに非合理的であるというのが実体に近いでしょう。また，確かに，人間は常に利己的ではなく，他人のために行動するという利他的（altruistic）な側面も持ち合わせています。とはいえ，常に利他的な行動ばかりをするということはありえません。基本的には利己的であるが，ときおり利他的であると考えるのが自然でしょう。消費者が財・サービスを購入するときには，できるだけ自分が満足できるように購入するのは当然のことです。また，生産者が財・サービスを生産するときには，できるだけ自分が儲かるように生産するのは当然のことです。ミクロ経済学では，複雑な現実経済をできるだけ単純化して思考実験を行うという目的のために，消費者と生産者の経済活動の根底にある合理性と利己性のみに注目して分析を進めます。

■ モデル分析

　ミクロ経済学では，市場の機能を分析するためにモデル（model）というものを用います。プラモデルはプラスチックでできた模型を意味しますが，学問におけるモデルとは理論的な模型のことを意味します。模型とはあるもの

2　合理的かつ利己的に行動する経済主体のことをホモ・エコノミカスあるいは経済人（Homo œconomicus, economic man）と呼ぶことがあります。

3　「効用」については第5講で学びます。

を模倣して具象化したものですが，ミクロ経済学のみならずさまざまな学術分野において，人間が直接観察することが困難な事象を分析する際にしばしば役立ちます。たとえば，人間には太陽系は巨大すぎてその仕組みを直接観察することはできませんが，太陽系の模型を作れば大枠は理解することができます。また，人間には分子は微小すぎてその仕組みを直接観察することはできませんが，分子の模型を作れば大枠は理解することができます。模型にはこれらのように物的なものばかりではなく，コンピュータ上でビジュアル化されるコンピュータ・モデルや，図や数式によって表される数理モデルもあります。ミクロ経済学ではしばしばこの数理モデルを用います。

　モデルはあるものを模倣して具象化したものですが，すべての特徴が模倣されているわけではなく，不必要な特徴は大胆に省略されています。複雑な問題を単純化することで現実への理解を深めることがモデルの役割であるからです。たとえば，太陽系のモデルでは，地球上にある陸地と海の区別はありません。これは，太陽系の仕組みを理解する上で，地球の陸地と海とを区別することが本質的な役割を果たさないからです。同様に，経済学のモデルは経済のすべての特徴を模倣しているわけではなく，本質的に重要な部分を理解するために本質的でない特徴は大幅に捨象されています。先にミクロ経済学が非現実的な仮定をおくことに対して批判があると述べましたが，このように本質的ではない特徴を無視することは有用な理論モデルを構築するために避けて通ることのできない道なのです。現実的だからという理由で，分析にとって本質的でない要因をいくら取り入れてみても，モデルがいたずらに複雑になってしまうだけで，かえって意味のある分析が困難になってしまいます。モデルがどのような要素を捨象すべきかは，それがどのような問題を分析しようとしているかとのバランスによって決まるので，説明対象の本質が捉えられているのであればあまり現実的でない仮定でも容認されることがあります。

■ 実証的分析と規範的分析

　ミクロ経済学に限らず，経済学全般を学ぶ上で実証的分析と規範的分析の違いを明確に理解しておく必要があります。実証的分析（positive analysis）と

は，現実の状態がどのようになっているのか，なぜそうなっているのか，といったことを理論やデータを使って解明する分析のことです。したがって，実証的分析から得られる命題が正しいか誤りかは事実やデータを用いて検証することができます。それに対して，規範的分析（normative analysis）とは，現実の状態と比較して，より望ましい状態を実現するためにはどのような政策を行うべきなのかを解明する分析のことです。ただし，望ましい状態というのは人によってしばしば異なるため，それに応じて望ましい政策も異なることに注意してください。たとえば，世の中には，高福祉・高負担の社会を理想とする人もいますし，低福祉・低負担の社会を理想とする人もいます。高福祉・高負担の社会を理想とする人は消費税を増税して社会保障を充実させるべきだと考えるでしょうし，低福祉・低負担の社会を理想とする人は社会保障を削って消費税を減税するべきだと考えるでしょう。したがって，規範的分析を行う際には何をもって望ましい状態というのかに関して政治的立場や思想信条に依存した価値判断が入り込みます（価値判断が入り込むからこそ現実の状態の問題点を明らかにできるのです）。それとは対照的に，実証的分析を行う際には価値判断が入り込まないように気をつけなければいけません。

　ここで，実証的な命題と規範的な命題の具体例を考えてみましょう。たとえば，

● 「労働者の賃金はここ 20 年間低下し続けている」

という命題は，公表されている統計データと照らし合わせることによってその真偽を検証することができるため，実証的な命題です。それに対して，

● 「企業は株主への配当を減らしてもっと労働者の賃金を上げるべきである」

という命題は，株主ではなく労働者を優遇するべきだという価値判断を含んでいるため，規範的な命題です。ここで，たとえば「株主への配当が増加しているのに対して労働者の賃金が減少している」という実証的な命題が正しかったとしても，そこから論理的に「企業は株主への配当を減らしてもっと労働者の賃金を上げるべきである」という規範的な命題を導くことはできないことに気をつけてください。

本書では，**第13講**および**第14講**において主に規範的分析を行いますが，それ以外の**第2講**から**第12講**までおよび**第15講**では主に実証的分析を行います。

1.2　数学の準備------------------------------------

先に説明したように，ミクロ経済学ではしばしば数理モデルを用いるため，ミクロ経済学を深く理解するためにはある程度の数学の知識が必要になります。そこで，本節では本書を読み進める上で必要となる数学の知識を解説するとともに，さらに深く理解するために役立つ知識も併せて説明します。もっとも，本書を読み進める上で必要となるのは中学から高校2年程度の数学の基礎知識ですから，高校で数Ⅱまで修得しており，なおかつ数学に自信のある読者は読み飛ばしても構わないでしょう。

1.2.1　関数とグラフ

ミクロ経済学，マクロ経済学を問わず，経済学には「〇〇関数」がたくさん登場します。2つの変数 x, y があって，x の値が決まるとそれに対応して y の値がただ1つに決まるとき，y は x の関数（function）であるといいます。y が x の関数であることを $y=f(x)$ などと表します。関数 $y=f(x)$ を，単に関数 $f(x)$ ということもあります。たとえば，1次関数 $y=ax+b$ や2次関数 $y=ax^2+bx+c$ は，x の値が決まるとそれに対応して y の値がただ1つに決まるので，まさに関数の代表例です。本書の**第2講**では，財の価格と需要量の関係を表す「需要関数」や財の価格と供給量の関係を表す「供給関数」などの関数がたびたび登場します。関数 $y=f(x)$ を満たすようなすべての点 (x, y) で作られる座標平面上の図形を，この関数のグラフ（graph）といいます。たとえば，1次関数 $y=ax+b$ のグラフは直線になります。また，2次関数 $y=ax^2+bx+c$ のグラフは放物線になります。経済学ではしばしば，〇〇関数のグラフを〇〇曲線（curve）と呼びます。たとえば，需要関数のグラフを需要曲線，供給

関数のグラフを供給曲線と呼びます。

　高校までに登場する関数 $f(x)$ の変数は x ただ 1 つです。このような関数を 1 変数関数（single-variable function）といいます。これに対して，複数の変数 $x_1, x_2, \cdots, x_n$ の値がそれぞれ決まるとそれに対応して y の値がただ 1 つに決まるとき，y は $x_1, x_2, \cdots, x_n$ の多変数関数（multivariable function）であるといい，$y = f(x_1, x_2, \cdots, x_n)$ などと表します。たとえば，一辺を x とする正方形の面積 y は $y = x^2$ と表されるので 1 変数関数ですが，縦を x_1，横を x_2 とする長方形の面積 y は $y = x_1 \cdot x_2$ と表されるので 2 変数関数です。また，縦を x_1，横を x_2，高さを x_3 とする直方体の体積 y は $y = x_1 \cdot x_2 \cdot x_3$ と表されるので 3 変数関数です。本書では，**第 5 講**において第 1 財と第 2 財の消費量が決まると効用が決まる「効用関数」，**第 9 講**において労働と資本の投入量が決まると生産量が決まる「生産関数」などの 2 変数関数が登場します。1 変数関数 $y = f(x)$ のグラフは 2 次元平面上の直線や曲線などになりますが，2 変数関数 $y = f(x_1, x_2)$ のグラフは 3 次元空間上の平面や曲面などになります。

1.2.2　1 次関数とグラフ

　経済学の初歩の段階では，説明を分かりやすくする目的で，1 次関数を多用します。これは中学で学ぶ事柄ですが，重要なので念のため復習しておきましょう。1 次関数（linear function）は一般に

$$y = ax + b \tag{1.1}$$

と書くことができます。座標平面の横軸に x，縦軸に y をとり，$a > 0$ および $b > 0$ のときの 1 次関数のグラフを描くと図 1-2 のような直線になります。

　(1.1) 式の係数 a を傾き（slope）といいます。傾きは，グラフ上の点から横軸方向に 1 だけ進むときに縦軸方向にどれだけ進むと同じグラフ上の点に到達するかを表します。これを確認するために，図 1-2 のグラフ上に x 座標が x_0 である点 A をとりましょう。すると，点 A の y 座標は $ax_0 + b$ となります。さらに，このグラフ上に x 座標が $x_0 + 1$ である点 B をとりましょう。すると，点 B の y 座標は $a(x_0 + 1) + b$ となります。したがって，点 A から横

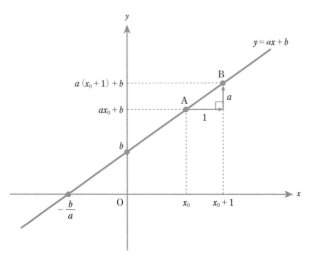

図 1-2　1 次関数 $y=ax+b$ のグラフ（$a>0, b>0$）

軸方向に $(x_0+1)-x_0=1$ だけ進むとき，縦軸方向に $\{a(x_0+1)+b\}-(ax_0+b)$ $=a$ だけ進むと点 B に到達することが分かります。$a>0$ ならグラフは右上がり，$a<0$ なら右下がりになります。

　図 1-2 を見ると，グラフと縦軸の交点の y 座標が b になっています。これは，（1.1）式に $x=0$ を代入すると $y=b$ が得られることから分かります。この（1.1）式の定数項 b を y 切片（y-intercept）［あるいは縦軸切片］といいます。縦軸切片は，グラフと縦軸の交点の y 座標を表します。これに対して，図 1-2 を見ると，グラフと横軸の交点の x 座標が $-\dfrac{b}{a}$ になっています。これは，（1.1）式に $y=0$ を代入すると $x=-\dfrac{b}{a}$ が得られることから分かります。この $-\dfrac{b}{a}$ を x 切片（x-intercept）［あるいは横軸切片］といいます。横軸切片は，グラフと横軸の交点の x 座標を表します。本書の第 6 講で登場する「予算制約式」では，傾き，縦軸切片，横軸切片が重要な役割を果たします。

　（1.1）式において，傾き a や縦軸切片 b の値が変化するとグラフはどう変化するでしょうか。まず，b は一定で，a のみが変化する場合を考えましょう。図 1-3 を見てください。まず，$a=0$ のときグラフは水平な直線です。a

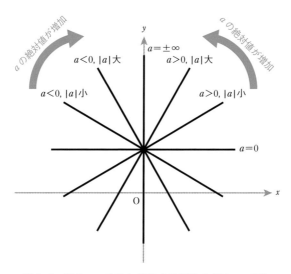

図 1-3　傾き *a* の変化に伴う 1 次関数のグラフの変化

>0 ならグラフは右上がりの直線になります。*a* の値が 0 から増えるにつれてグラフの傾斜は次第に急になっていき，*a* が＋∞に向かうと垂直に近づきます。反対に，*a*<0 ならグラフは右下がりの直線になります。*a* の値が 0 から減るにつれて，言い換えれば，*a* の絶対値が大きくなるにつれてグラフの傾斜は次第に急になっていき，*a* が−∞に向かうと垂直に近づきます。以上より，一次関数 *y*＝*ax*＋*b* のグラフは，*a*>0 なら右上がりの直線，*a*<0 なら右下がりの直線であり，*a* の絶対値が大きい（小さい）ほど傾斜は急（緩やか）になり，*a*＝0 なら傾斜は水平，*a* が±∞に向かうと傾斜は垂直に近づくということが分かります。

　続いて，*a* は一定で，*b* のみが変化する場合を考えましょう。図 1-4 を見てください。*b*＝0 のときグラフは原点を通る直線です。*b* が増えると縦軸切片が増えます。このとき，*a* は一定なので傾きは変化しません。したがって，*b* が増えるとグラフは上方に平行移動（シフト）します。逆に，*b* が減るとグラフは下方に平行移動（シフト）します。

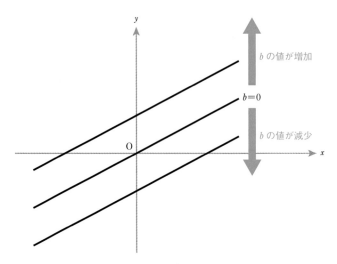

b の値が増加

$b=0$

b の値が減少

図 1-4　縦軸切片 b の変化に伴う 1 次関数のグラフの変化

1.2.3　不等式の表す領域

　座標平面上で 1 次関数 $y=ax+b$ のグラフは直線でした。それでは，不等式 $y \geq ax+b$ や $y \leq ax+b$ によって表される図形はどのようなものになるのでしょうか。

　それを考えるため，1 次関数 $y=ax+b$ のグラフより上側の領域が数式でどのように表せるかを見てみましょう。図 1-5 のように，1 次関数 $y=ax+b$ のグラフより上に位置する点 $P(x_1, y_1)$ をとります。そして，点 $P(x_1, y_1)$ を通り x 軸に垂直な線と $y=ax+b$ のグラフの交点を $Q(x_1, y_2)$ とします（点 $P(x_1, y_1)$ と点 $Q(x_1, y_2)$ は同じ垂線上の点なので x 座標が等しいことに注意してください）。点 $P(x_1, y_1)$ が点 $Q(x_1, y_2)$ より上に位置しているため，

$$y_1 > y_2 \tag{1.2}$$

が成り立ちます。また，点 $Q(x_1, y_2)$ は $y=ax+b$ のグラフ上の点であるため，

$$y_2 = ax_1 + b \tag{1.3}$$

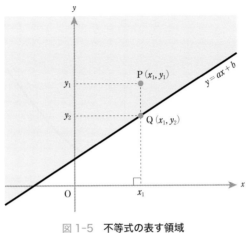

図1-5　不等式の表す領域

が成り立ちます。したがって，(1.2) 式および (1.3) 式より，

$$y_1 > ax_1 + b \tag{1.4}$$

が成り立ちます。(1.4) 式は，点 $P(x_1, y_1)$ が不等式 $y > ax + b$ を満たしていることを示しています。これは $y = ax + b$ のグラフより上に位置するどのような点についても成り立つので，$y = ax + b$ のグラフより上側の点の集合（図1-5の水色の領域）は $y > ax + b$ を満たすことが分かります。また，明らかに逆も成り立ちます。

　以上より，1次関数 $y = ax + b$ のグラフより上側の領域と不等式 $y > ax + b$ の表す領域とが一致することが分かります。また，同様に考えると，$y < ax + b$ が表す領域と $y = ax + b$ のグラフより下側の領域は一致することが分かります。なお，等号を含む不等式 $y \geq ax + b$ が表す領域は $y = ax + b$ のグラフ上の点を含む上側の領域と一致し，等号を含む不等式 $y \leq ax + b$ が表す領域は $y = ax + b$ のグラフ上の点を含む下側の領域と一致します。

　以上の考察は一般的な関数 $y = f(x)$ についてもあてはまり，図1-6のように，$y \geq f(x)$ が表す領域は関数 $y = f(x)$ のグラフ上の点を含む上側の領域にあたり，$y \leq f(x)$ が表す領域は関数 $y = f(x)$ のグラフ上の点を含む下側の領域に

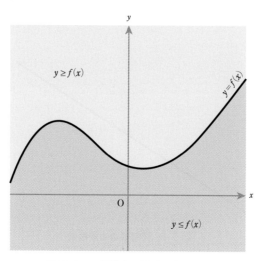

図1-6　一般的な不等式の表す領域

あたります。

1.2.4　変化率

　ある変数 x が x_1 という値から x_2 という値に変化したとします。このとき，x の変化量 $x_2 - x_1$ を x の変化前の値 x_1 で割ったものを変化率（rate of change）といいます。式で表すと

$$\frac{x_2 - x_1}{x_1} = \frac{x_2}{x_1} - 1 \tag{1.5}$$

となります。経済学では，変数の変化量を表すために，その変数の前に「Δ」という記号をつけることがよくあります[4]。この記号法を使うと，変数がある値 x から Δx だけ変化したときの変化率は

$$\frac{\Delta x}{x}$$

4　Δ はギリシャ文字「デルタ」の大文字です。Δx は「デルタ・エックス」と読みます。

と表すことができます。本書でもこの記号法を用いることにします。

　変化率を具体的に計算してみましょう。たとえば，原材料価格の高騰でカップラーメンの値段が 150 円から 180 円に値上げされたとすれば，$\frac{180-150}{150}=0.2$ なので，値段の変化率は 20％（20％の値上げ）ということになります。また，円高でガソリンの値段が 1 リットル当たり 160 円から 140 円に値下げされたとすれば，$\frac{140-160}{160}=-0.125$ なので，値段の変化率はマイナス 12.5％（12.5％の値下げ）ということになります。なお，変化率を計算するときには，(1.5) 式の右辺を使うと変化量をわざわざ計算する必要がないので便利です。カップラーメンの例では，電卓などで変化後の値を変化前の値で割れば $\frac{180}{150}=1.2$ となるので，暗算で 1 を引けば変化率が 0.2 だと分かります。ガソリンの例では，同様に $\frac{140}{160}=0.875$ となるので，暗算で 1 を引けば変化率が -0.125 だと分かります。

　変化率は変数の値が変化したときにその変化量がどれくらい大きいのかを計る尺度になります。たとえば，「1000 円の値下げ」と聞いて皆さんはどう感じるでしょうか。1 万円の商品が 1000 円値下げされたら 10％の割引ですが，10 万円の商品が 1000 円値下げされても 1％の割引でしかありません。同じ「1000 円の値下げ」でもだいぶ印象が違うのではないでしょうか。このように，変化率というのは変数の変化前の値を基準にして変数の変化量の大きさを評価する指標なのです。

1.2.5　「限界」概念と接線の傾き

　経済学でしばしば使われる独特の用語に「限界○○」というものがあります。これは，ある関数について，一方の変数が微小量だけ変化したときにそれに伴ってもう一方の変数がどれだけ変化するかを表す概念です。この「微小量」を「限界 1 単位」などと表現します。この節では「限界○○」について詳しく説明します。

　図 1-7 を見てください。関数 $y=f(x)$ において，変数 x が a から b まで変化したとき，それに伴って変数 y が $f(a)$ から $f(b)$ まで変化するものとします。つまり，点 $\mathrm{A}(a, f(a))$ から点 $\mathrm{B}(b, f(b))$ への変化を考えます。このとき，

y の変化量 $f(b)-f(a)$ を x の変化量 $b-a$ で割った値

$$\frac{f(b)-f(a)}{b-a} \tag{1.6}$$

を，x が a から b まで変化したときの関数 $f(x)$ の平均変化率（average rate of change）といいます [5]。これは，図 1-7 の直角三角形 ABC の斜辺 AB の傾きの大きさ，すなわち，BC/AC によって表されます。

　ここで，「限界〇〇」という概念がどのようなものなのか説明するために，一方の変数が微小量だけ変化したときの平均変化率を考えます。関数 $y=f(x)$ として曲線を想定すれば，平均変化率を表す斜辺 AB の傾きは点 A と点 B がどれだけ離れているか，言い換えると，変化量 $b-a$ の大きさに依存して決まります。それゆえ，変化量 $b-a$ がどの程度微小なのかによって平均変化率の値が変わってしまい 1 つに定まりません。こうした不都合を避けるために，変化量 $b-a$ を限りなく 0 に近づけたときの平均変化率を考えることにしましょう。つまり，点 B を点 A に限りなく近づけてみるわけです。いきなり点 B を点 A に一致させると $b-a=0$ となり，BC/AC の分母が 0 になるので平均変化率を求めることができません。そのため，点 B を点 A に限りなく近づけるという操作を考えるわけです。点 B を点 A に限りなく近づけると，平均変化率，すなわち斜辺 AB の傾きは関数 $y=f(x)$ のグラフ上の点 A における接線（図 1-7 の青い直線）の傾きに限りなく近づいていきます。これは，図 1-7 の部分拡大図である図 1-8 を見れば直観的に理解できるでしょう。このことから，点 B を点 A に限りなく近づけたときの極限において，平均変化率はグラフの点 A における接線の傾きに等しくなることが分かります。このようにして，変化量 $b-a$ を限りなく 0 に近づけることによって平均変化率の値は点 A における接線の傾きという一つの値に決まることが分かります。経済学では，一方の変数の変化量を限りなく 0 に近づけたときの平均変化率の値，すなわち，接線の傾きのことを「限界〇〇」ということがあります。

5　「平均変化率」と **1.2.4 節**に登場した「変化率」は異なる概念なので注意してください。変化率は 1 つの変数のみに着目し，その値がどの程度変化したかを表します。それに対して，平均変化率は 2 つの変数の関係に着目し，それらの相対的な変化の度合を表します。

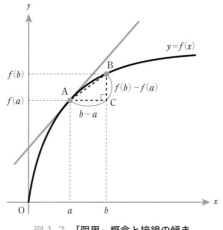

図 1-7　「限界」概念と接線の傾き

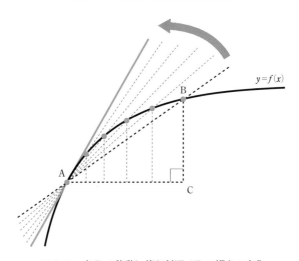

図 1-8　点 B の移動に伴う斜辺 AB の傾きの変化

1.2.6　微 分 係 数

　高校で数学 II を学んだ読者は，1.2.5 節の点 B を点 A に限りなく近づける
という操作が微分係数の定義の際に登場したことを思い出したでしょう。経

済学でたびたび登場する「限界○○」という概念は，数学の微分係数と同じものなのです。この節では，微分係数について必要最小限の事柄をまとめておくことにします。

　関数 $f(x)$ において，変数 x がある値 a に限りなく近づくとき，$f(x)$ がある値 α に限りなく近づくならば，このことを

$$\lim_{x \to a} f(x) = \alpha$$

と書き，この値 α を $x \to a$ のときの $f(x)$ の極限値（limit）といいます[6]。

　また，関数 $f(x)$ の平均変化率（1.6）式について，b が a に限りなく近づくとき，（1.6）式がある値に限りなく近づくならば，その極限値

$$\lim_{b \to a} \frac{f(b) - f(a)}{b - a}$$

を $f(x)$ の $x = a$ における微分係数（differential coefficient）といい，$f'(a)$ と表します。図1-7と図1-8で見たように，関数 $f(x)$ の $x = a$ における微分係数 $f'(a)$ は，$y = f(x)$ のグラフ上の点 $(a, f(a))$ における接線の傾きと等しくなります。ここで，$b - a = h$（すなわち $b = a + h$）とおくと，$b \to a$ は $h \to 0$ と同じですから，微分係数は

$$f'(a) = \lim_{h \to 0} \frac{f(a+h) - f(a)}{h} \tag{1.7}$$

と書き換えることができます（図1-9参照）。たとえば，関数 $f(x) = x^2$ の $x = a$ における微分係数 $f'(a)$ は，（1.7）式より，

$$f'(a) = \lim_{h \to 0} \frac{f(a+h) - f(a)}{h} = \lim_{h \to 0} \frac{(a+h)^2 - a^2}{h}$$

$$= \lim_{h \to 0} \frac{2ah + h^2}{h} = \lim_{h \to 0} (2a + h) = 2a$$

と計算することができます。

6　記号 lim は「極限」を意味するラテン語の limes（リーメス。英語の limit）を略したものです。

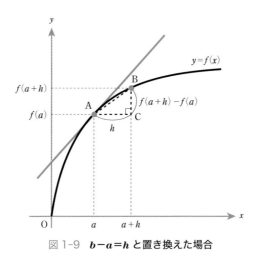

図 1-9 **b−a=h** と置き換えた場合

1.2.7 導 関 数

1.2.6 節の例から分かるように，関数 $f(x)$ に対して変数 x の値 a が決まると，それに応じて微分係数 $f'(a)$ の値が 1 つ決まります。したがって，$f'(a)$ は a を変数とする関数と見なすことができます。一般に，関数 $y=f(x)$ について，変数 x がとりうるすべての値 a に対して微分係数 $f'(a)$ を対応させると，1 つの新たな関数が得られます。この新しい関数をもとの関数 $f(x)$ の導関数（derivative）といい，$f'(x)$ と表します。すなわち，関数 $f(x)$ の導関数 $f'(x)$ は

$$f'(x) = \lim_{h \to 0} \frac{f(x+h) - f(x)}{h} \tag{1.8}$$

と表されます。「関数 $f(x)$ から導関数 $f'(x)$ を求める」ことを「$f(x)$ を微分する」といいます。関数 $y=f(x)$ の導関数を表す記号として，$f'(x)$ の他に，y'，$\frac{dy}{dx}$，$\frac{d}{dx}f(x)$ などが使われます。たとえば，関数 $f(x)=x^2$ の導関数を求めてみると，（1.8）式より，

$$f'(x) = \lim_{h \to 0} \frac{f(x+h) - f(x)}{h} = \lim_{h \to 0} \frac{(x+h)^2 - x^2}{h}$$

$$= \lim_{h \to 0} \frac{2xh + h^2}{h} = \lim_{h \to 0} (2x + h) = 2x$$

となります。これから，関数 $f(x) = x^2$ の $x = a$ における微分係数 $f'(a) = 2a$ は，関数 $f(x) = x^2$ の導関数 $f'(x) = 2x$ に $x = a$ を代入したものであることが分かります。

　本節の最後に，導関数に関する基本的な公式を証明抜きでまとめておきます。高校で数学IIを学んだ読者は知識の再確認をしてみてください（5番目以降の公式は数学IIでは習いませんが経済学では大変役に立ちます）。

---

1. $(c)' = 0$　（ただし c は実数の定数）

　覚え方［定数の微分は 0］

---

2. $(x^n)' = nx^{n-1}$　（ただし n は正の整数）

　覚え方［べき乗関数の微分は「次数 n を前に下ろし，指数を1つ減らす」］

　例：$(x)' = (x^1)' = 1 \cdot x^{1-1} = 1 \cdot x^0 = 1$,　$(x^2)' = 2 \cdot x^{2-1} = 2x$,
　　　$(x^3)' = 3 \cdot x^{3-1} = 3x^2$

---

3. $(kf(x))' = kf'(x)$　（ただし k は実数の定数）

　覚え方［定数と関数の積の微分は「定数そのまま×関数の微分」］

　例：$(2x^3)' = 2 \cdot (x^3)' = 2 \cdot 3x^2 = 6x^2$,　$(-x^2)' = -1 \cdot (x^2)' = -1 \cdot 2x = -2x$

---

4. $(f(x) \pm g(x))' = f'(x) \pm g'(x)$

　覚え方［関数と関数の和（あるいは差）の微分は「微分したものの和（あるいは差）」］

　例：$(x + 2)' = (x)' + (2)' = 1$,　$(3x^3 + 5x^2)' = (3x^3)' + (5x^2)' = 9x^2 + 10x$,
　　　$(2x^3 - 4x^2 + 3)' = (2x^3)' - (4x^2)' + (3)' = 6x^2 - 8x$,
　　　$\left(\frac{3}{4} x^4 - \frac{2}{3} x^3 + \frac{1}{2} x^2 - 2x \right)' = 3x^3 - 2x^2 + x - 2$

---

5. $\left(f(x) \cdot g(x)\right)' = f'(x) \cdot g(x) + f(x) \cdot g'(x)$

覚え方［関数と関数の積の微分は『「片方の微分×もう片方そのまま」の和』］

$$例：\left((x^2+2)(x-3)\right)' = (x^2+2)'(x-3) + (x^2+2)(x-3)'$$
$$= 2x(x-3) + x^2 + 2 = 3x^2 - 6x + 2,$$
$$\left((x^2-3)^2\right)' = \left((x^2-3)(x^2-3)\right)'$$
$$= (x^2-3)'(x^2-3) + (x^2-3)(x^2-3)'$$
$$= 2x(x^2-3) + 2x(x^2-3) = 4x(x^2-3)$$

6. $\left(\dfrac{f(x)}{g(x)}\right)' = \dfrac{f'(x) \cdot g(x) - f(x) \cdot g'(x)}{(g(x))^2}$

覚え方［関数と関数の商の微分は『分母の2乗分の「分子の微分×分母そのまま－分子そのまま×分母の微分」』］

$$例：\left\{\frac{(x^2+2)}{(x-3)}\right\}' = \frac{(x^2+2)'(x-3) - (x^2+2)(x-3)'}{(x-3)^2}$$
$$= \frac{2x(x-3) - (x^2+2)}{(x-3)^2}$$
$$= \frac{x^2 - 6x - 2}{(x-3)^2}$$

7. $\left(\dfrac{1}{g(x)}\right)' = -\dfrac{g'(x)}{(g(x))^2}$ （公式6において $f(x)=1$ の場合）

覚え方［1と関数の商の微分は『分母の2乗分の「－分母の微分」』］

$$例：\left(\frac{1}{x}\right)' = -\frac{1}{x^2}$$
$$\left\{\frac{1}{(x^2+2)}\right\}' = -\frac{2x}{(x^2+2)^2}$$

1.2.8 背理法

本講の最後に，背理法（あるいは帰謬法）（proof by contradiction）といわれる証明の方法について解説をしておきましょう。ある命題Pを直接証明することが難しいとき，この背理法を使うとすんなり証明できることがしばしばあります。これは次の3つの手順からなります。

(1) 命題Pは偽である，つまり命題Pは誤っていると仮定する。

(2) 矛盾を導く。

(3) 命題Pは真である，つまり命題Pは正しいと結論づける。

次の例題を見ながらもう少し詳しく考えてみましょう。

例題 $\sqrt{2}$ は無理数であることを証明しなさい。

まず，手順(1)にあるように「$\sqrt{2}$ は無理数である」という命題は誤っていると仮定します。つまり「$\sqrt{2}$ は有理数である」と仮定します。ここで，有理数というのは，2つの整数 p と q（ただし，$p \neq 0$）を用いて q/p というように整数どうしの分数として表せる数のことです。したがって，2つの整数 p と q（ただし，$p \neq 0$）を用いて

$$\sqrt{2} = \frac{q}{p}$$

と表せると仮定しましょう。ただし，p と q は互いに素である，すなわち，q/p はこれ以上約分できない既約分数であるとします。次に，手順(2)にあるように矛盾を導きます。この式の両辺を2乗すると

$$2p^2 = q^2$$

となります。この式の左辺の $2p^2$ は偶数なので，右辺の q^2 も偶数です。2乗して偶数になる数は偶数なので，q も偶数です。偶数の2乗である q^2 は4の倍数なので，左辺の $2p^2$ も4の倍数です。ゆえに，p^2 は偶数（2の倍数）なので，p も偶数です。すると，p も q も偶数なので，q/p は既約分数ではないことが分かります。これは p と q は互いに素であることに矛盾します。そ

れでは，なぜ矛盾が生じたのでしょうか。それは，「$\sqrt{2}$ は有理数である」という仮定が誤っているからです。したがって，手順(3)にあるように，「$\sqrt{2}$ は無理数である」という命題は正しいと結論づけることができます。

　背理法は特殊な証明方法だと思うかも知れませんが，実はわれわれはそれを無意識のうちにさまざまな場面で使っているのです。たとえば，刑事になったつもりで次のような状況を想像してみてください。

　　ある殺人事件の容疑者としてＡさんについて内偵捜査をしていたが，Ａさんには犯行時刻に会社の同僚らとレストランで食事をしていたというアリバイのあることが判明した。

このとき，皆さんはきっと「Ａさんは犯人ではない」と考えるはずです。なぜなら，「Ａさんは犯人ではない」という命題が偽である，つまり「Ａさんは犯人である」と仮定すると，Ａさんは犯行時刻に犯行現場にいたことになります。ところが，Ａさんはその時刻に会社の同僚らとレストランで食事をしていたのですから矛盾が生じます。このように，背理法は比較的身近な証明法なのです。

第Ⅱ部
市場の基本的な機能

　第Ⅱ部では，ミクロ経済学が分析の対象とする市場の基本的な機能について，主に需要と供給に焦点をあてて解説します。第2講では，ミクロ経済学で最も重要な役割を果たす需要曲線と供給曲線について基本的な事柄を学びます。第3講では，価格が変化したときに需要や供給がどのように反応するのかについて，価格弾力性という概念を通じて学びます。第4講では，需要量と供給量が一致するように価格が調整されるという市場の最も重要な機能について学びます。第Ⅱ部において市場の基本的な機能を理解することは，第Ⅲ部以降でミクロ経済学を深く理解していくための揺るぎない土台となります。

第2講
需要と供給

■第1講では，ミクロ経済学が分析の対象としている市場とはどのようなものなのかを学びました。本講では，市場を分析する上で中心的な役割を果たす需要と供給という基本概念について考え，価格と需要量の関係を表す需要曲線および価格と供給量の関係を表す供給曲線について学びます。

2.1　需要と需要曲線------------------------------

　市場で財・サービスが取引される際には，買い手は何をどれだけ買うか，売り手は何をどれだけ売るかを決めます。買い手が財・サービスを購入しようとすることを需要（demand）といい，売り手が財・サービスを販売しようとすることを供給（supply）といいます。一般的には，財・サービスの買い手といえば消費者を，財・サービスの売り手といえば生産者を思い浮かべることでしょう。実際には，消費者が労働サービスを販売することもあれば，生産者が原材料を（別の生産者から）購入することもありますが，本書では，できるだけ議論を単純にするため，財・サービスを購入する主体を消費者，財・サービスを販売する主体を生産者と見なして分析を進めることにします。

　まず，本節では需要について詳しく考察しましょう。

■ 需要量に影響を及ぼす要因

　需要量はさまざまな要因によって左右されます。以下では桃を例として，桃の需要量に影響を及ぼす重要な要因について考えてみましょう。

価　格　桃の需要量を左右する最も重要な要因はおそらく桃の価格でしょう。桃1個の価格がもし1000円だったら，ほとんどの消費者は桃を買おうとは思わないでしょう。それに対して，桃1個の価格がもし50円だったら，かなりの消費者が買おうと思うでしょう。

消費者の所得　消費者の所得も桃の需要量に影響を与えます。桃がいくら好きであっても，所得が少なくゆとりがなければ桃を買うのを我慢せざるをえませんが，所得が多くゆとりがあれば桃をたくさん買うはずです。

他の財の価格　桃の需要量は他の果物の価格の影響も受けます。ある日たとえばスイカが特売でとても安くなっていたら，桃を買うのをやめてスイカを買う消費者が増えることでしょう。

消費者の嗜好　桃に対する嗜好が強くなると，消費者は桃をたくさん買うようになるはずです。たとえば，人気テレビ番組において桃が健康や美肌に効果のある果物として取り上げられれば，しばらくは桃がよく売れることでしょう。

　以上のように，財の需要量に影響を及ぼす要因にはさまざまなものがあります。現実にはこれらの要因がさまざまに絡み合うことで需要量が変化しますが，複数の要因を同時に考慮すると説明がかなりややこしくなります。そこで，話を分かりやすくするため，これらの要因を価格とそれ以外とに分けて，まずは価格以外の要因は不変であると見なして，価格が変化した場合に需要量がどのように変化するかを考えることにします[1]。価格以外の要因が需要量にどのような影響を与えるかについてはその後に考察しましょう。

■ 個別消費者の需要曲線

　太郎君という消費者の桃の需要について考えましょう。いま，太郎君は桃

---

[1] このように，さまざまな要因の影響が考えられるとき，経済学では議論を単純にするために，しばしば「他の条件が一定ならば（ceteris paribus）」という前提の下で分析を行います。

表 2-1　太郎君の桃の需要量

桃の価格 p （円）	100	200	300	400	500
太郎君の需要量 x （個）	4	3	2	1	0

の需要量を表 2-1 のように決めるものとしましょう。つまり，太郎君は桃を 100 円のときには 4 個，200 円のときには 3 個，300 円のときには 2 個，400 円のときには 1 個買いますが，500 円のときには買いません。このように，ある財の価格が上昇（下落）すると消費者はその財の需要量を減少（増加）させると考えられます。一般に，2 つの変量のうち一方が増加するのに伴い他方が減少するとき，2 つの変量には「負の相関関係」があるといいます。価格と需要量の間に成り立つ負の相関関係のことを需要の法則（law of demand）といいます。すなわち，需要の法則とは，「消費者は価格が高ければあまり買わず，価格が低ければたくさん買う」という経験則のことをいいます。

　いま，価格を p，需要量を x と表すことにしましょう。また，価格が p のときの需要量を $D(p)$ と表すことにしましょう。このとき，需要量を価格の関数として表した $x = D(p)$ を需要関数（demand function）といいます。表 2-1 を見て，太郎君の桃の需要関数は $4 = D(100)$，$3 = D(200)$，$2 = D(300)$，$1 = D(400)$，$0 = D(500)$ を満たすことを確認してください。また，座標平面の縦軸に価格，横軸に需要量をとり，価格と需要量の関係をグラフに描いたものを需要曲線（demand curve）といいます。図 2-1 は，表 2-1 の桃の価格と太郎君の桃の需要量の関係を表したグラフ，すなわち，太郎君の桃の需要曲線を描いたものです[2]。需要の法則が成り立っていれば，需要曲線は右下がりになります。なお，本書では，需要曲線を D と表すことがあります。

　第 1 講の **1.2.1 節**で説明したように，経済学では○○関数のグラフを○○

2　需要曲線は一般的には「曲線」になりますが，ここでは説明をできるだけ簡単にするために「直線」になる例を考えています。

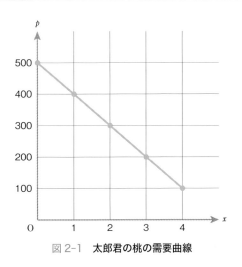

図 2-1　太郎君の桃の需要曲線

曲線ということがしばしばあります。先ほど登場した需要曲線は需要関数の
グラフを表しています。しかし，ここで気をつけなければならないことがあ
ります。通常，数学では関数 $y=f(x)$ のグラフを描く場合，横軸に x，縦軸
に y をとった座標平面上に描き，「x の値が決まるとそれに応じて y の値が決
まる」というように横軸から縦軸へとグラフを読みます。経済学でもほとん
どこの数学の慣例に従いますが，需要曲線（および後述する供給曲線）は例外
で，需要関数 $x=D(p)$ のグラフを描く場合，図 2-1 のように横軸に需要量 x
を，縦軸に価格 p をとり，「価格 p が 300 円のとき太郎君の桃の需要量 x は
2 個である」というように，縦軸から横軸へとグラフを読みます。これは経
済学の伝統的な慣習ですので慣れるようにしてください[3]。

3　需要量 x を価格 p の関数として表したものが需要関数 $x=D(p)$ ですが，需要関数 $x=D(p)$ を変
　　数 p について解くと，価格 p を需要量 x の関数として表したものを得ることができます。たとえ
　　ば，需要関数が $x=a-bp$ という 1 次関数であるならば，これを p について解くと $p=\dfrac{a}{b}-\dfrac{1}{b}x$ が
　　得られます。このような，価格 p を需要量 x の関数として表したものを逆需要関数（inverse
　　demand function）といい，$p=D^{-1}(x)$ と表します。

■ 個別消費者の需要曲線から市場の需要曲線へ

さて，図2-1に太郎君の需要曲線を描きましたが，市場には通常多数の消費者がいます。それでは，市場の需要曲線はどのように描くことができるのでしょうか。

いま，桃の市場に太郎君の他にもう一人の消費者，花子さんがいるものとしましょう。表2-1の太郎君の桃の需要量に花子さんの桃の需要量を書き加えたものが表2-2です。花子さんは桃を100円のときには5個，200円のときには4個，300円のときには3個，400円のときには2個買いますが，500円のときには買いません。市場には消費者が太郎君と花子さんしかいないので，桃の価格がたとえば300円なら，太郎君の需要量2個と花子さんの需要量3個を足し合わせて，市場全体の桃の需要量は5個になります。このように，市場の桃の需要量は，それぞれの価格に対する2人の需要量を足し合わせて，表2-2の一番下の行のようになることが分かります。消費者がもっといたとしても，同じようにすべての消費者の需要量を足し合わせることによって市場の需要量を求めることができます。

図2-2は，表2-2に基づいて，縦軸に価格，横軸に需要量をとった座標平面に太郎君の需要曲線，花子さんの需要曲線，そして市場の需要曲線を描いたものです。このグラフから分かるように，太郎君の需要曲線と花子さんの需要曲線を水平方向（つまり横軸の方向）に足し合わせたものが市場の需要曲線になっています。消費者がもっといたとしても，同じようにすべて

表2-2　**市場の桃の需要量**

桃の価格 p（円）	100	200	300	400	500
太郎君の需要量（個）	4	3	2	1	0
花子さんの需要量（個）	5	4	3	2	0
市場の需要量 x（個）	9	7	5	3	0

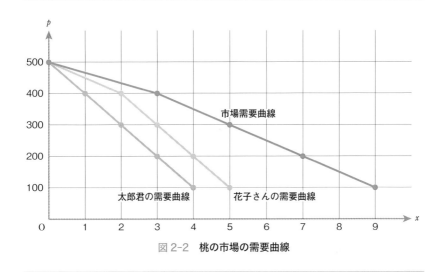

図 2-2　桃の市場の需要曲線

の消費者の需要曲線を水平方向に足し合わせることによって市場の需要曲線を導出することができます。すべての消費者の需要曲線が右下がりであるならば，市場の需要曲線も右下がりになることは明らかでしょう。つまり，すべての消費者の需要について需要の法則が成り立つなら，市場の需要についても需要の法則が成り立つことになります。以下では，誤解の恐れがない限り，市場の需要曲線を単に需要曲線ということにします。

2.2　需要曲線のシフト---------------------------

■ 価格の変化による需要の変化

　需要曲線は，需要量を決定する要因のうち最も重要な価格に着目して，価格と需要量の関係をグラフにしたものです。したがって，価格が変化したときに需要量がどのように変化するのかは需要曲線から読み取ることができます。図 2-3 を見てください。いま，価格が p_0，需要量が x_0 であるものとしましょう。価格が p_0 から p_1 に下落すると需要曲線に沿って需要量は x_0 から

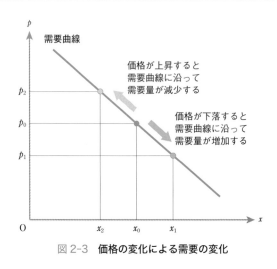

図2-3　価格の変化による需要の変化

x_1 に増加し，価格が p_0 から p_2 に上昇すると需要曲線に沿って需要量は x_0 から x_2 に減少することが分かります。このように，ある財の価格が変化したときは，その財の需要量は需要曲線に沿って変化します。

■ 価格以外の要因の変化による需要の変化

　それでは，価格以外の要因が変化したときに需要量はどのように変化するのでしょうか。図2-4を見てください。変化が生じる前の状態を点 $A(x_0, p_0)$ で表しましょう。このとき，価格 p_0 はそのままで価格以外の何らかの要因が変化し，需要量が x_0 から x_1 に増加したとすると，この要因の変化がもたらす効果は点 $A(x_0, p_0)$ から点 $B(x_1, p_0)$ への移動によって表されます。変化前の価格が p_1 や p_2 のように異なる値であってもこの要因の変化によって需要量が増加すれば同様の点の移動が起こるので，結局，価格以外の要因が変化して需要量が増加すると需要曲線は右側にシフト（移動）すると考えられます。逆に，価格 p_0 はそのままで価格以外の何らかの要因が変化し，需要量が x_0 から x_2 に減少したとすると，この要因の変化がもたらす効果は点 $A(x_0, p_0)$ から点 $C(x_2, p_0)$ への移動によって表されます。変化前の価格が p_1 や p_2 の

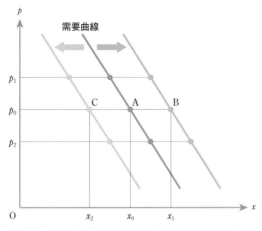

図 2-4　価格以外の要因の変化による需要曲線のシフト

ように異なる値であってもこの要因の変化によって需要量が減少すれば同様
の点の移動が起こるので，結局，価格以外の要因が変化して需要量が減少す
ると需要曲線は左側にシフト（移動）すると考えられます。

　それでは，価格以外の要因が変化したときに需要曲線がどのようにシフト
するかもう少し具体的に考えてみましょう。

　消費者の所得　　価格が変化しなくても，消費者の所得が変化すると，
需要量は変化します。消費者の所得が増えた（減った）ときに需要量が増
える（減る）財のことを上級財（superior goods）あるいは正常財（normal
goods）といいます。消費者の所得が増える（減る）と上級財の需要曲線
は右側（左側）にシフトします。それに対して，消費者の所得が増えた
（減った）ときに需要量が減る（増える）財のことを下級財あるいは劣等財
（どちらも inferior goods）といいます。消費者の所得が増える（減る）と下
級財の需要曲線は左側（右側）にシフトします。

　所得が増えたときに需要量が増える財はありふれており，そのために
「正常財」といわれます。それに対して，所得が増えたときに需要量が減

る財，すなわち，「劣等財」とはどのような財なのでしょうか。たとえば，所得が低いためにカップラーメンで我慢している消費者は，所得が増えればきっとカップラーメンで我慢せずにラーメン屋に足を運ぶようになるでしょう。この消費者にとって，ラーメン屋のラーメンは正常財ですが，それに対してカップラーメンは劣等財です。その他にも，コーヒーショップのコーヒーに対するインスタントコーヒー，普通乗用車に対する軽自動車など，比較的低品質で安価な代用品を劣等財の例として挙げることができます。ただし，注意しなければならないのは，正常財であるか劣等財であるかは財の性質だけで決まるのではなく，消費者の嗜好にも依存しているということです。カップラーメン愛好家は所得が増えてもきっとカップラーメンを食べ続けるでしょうから，彼にとってカップラーメンは劣等財ではありません。つまり，同じ財であっても，ある消費者にとっては上級財であるが，別の消費者にとっては下級財であるということもありえるわけです。消費者の所得と需要の関係については**第7講**でさらに詳しく学びます。

他の財の価格　桃の価格が変化しなくてもたとえばスイカの価格が下がれば，消費者は相対的に高くなった桃の需要量を減らし，相対的に安くなったスイカの需要量を増やすでしょう。逆に，スイカの価格が上がれば，消費者はスイカの需要量を減らして，桃の需要量を増やすでしょう。このように，財 Y の価格が上昇（下落）するとき財 X の需要が増加（減少）するなら，財 X は財 Y の**粗代替財**（gross substitutes）であるといいます[4]。粗代替財とは代替的な関係にある財のことで，たとえば米とパン，バターとマーガリン，ビールと発泡酒などを挙げることができます。ある財の価格が上昇（下落）すると，その粗代替財の需要量は増加（減少）して需要曲線は右側（左側）にシフトします。

　一方，ガソリンの価格が変化しなくても自動車の価格が下がれば，自動

4　よく似た概念に，「粗」がつかない代替財（substitutes）というものがあります。代替財と粗代替財の違いについて詳しくは**第8講**で学びます。ちなみに，代替は「だいたい」と読みます。

車を所有する人が増えるので，ガソリンの需要量も増えるでしょう。逆に，自動車の価格が上がれば，自動車を所有する人が減るので，ガソリンの需要量も減るでしょう。このように，財 Y の価格が上昇（下落）するとき財 X の需要量が減少（増加）するなら，財 X は財 Y の粗補完財（gross complements）であるといいます [5]。粗補完財とは補完的な関係にある財のことで，自動車とガソリン，パンとバター，ゲーム機とゲームソフトなどを挙げることができます。ある財の価格が上昇（下落）すると，その粗補完財の需要量は減少（増加）して需要曲線は左側（右側）にシフトします。ある財の需要量と他の財の価格の関係については**第 8 講**でさらに詳しく学びます。

　消費者の嗜好　　消費者の嗜好は，生産者による広告・宣伝，テレビ番組，インターネットなどでの口コミ，天候など，さまざまな要因の影響を受けて変化します。天候が消費者の嗜好を左右するというのは意外かも知れませんが，猛暑になるとかき氷やアイスクリームを普段の夏より食べたくなり，厳冬になると鍋料理やおでんを普段の冬より食べたくなるでしょう。これは，天候によって消費者の嗜好が一時的に変化するためです。ある財に対する消費者の嗜好が強く（弱く）なると，その財の需要量が増加（減少）して需要曲線は右側（左側）にシフトします。

■ 需要曲線のシフトの背景

　以上，価格以外の要因の変化によって需要がどのように変化するのかまとめました。本節の最後に，価格以外の要因が変化するとなぜ需要曲線がシフトするのかについて少し詳しく考察したいと思います。話を単純にするために，アイスクリームの需要はアイスクリームの価格と気温のみによって決まるものとしましょう。このとき，アイスクリームの需要関数は $x = D(p, t)$ と書くことができます。ただし，x はアイスクリームの需要量，p はアイスクリームの価格，t は気温を表します。この関数には変数が 3 つあるので，そ

5　よく似た概念に，「粗」がつかない補完財（complements）というものがあります。補完財と粗補完財の違いについて詳しくは**第 8 講**で学びます。

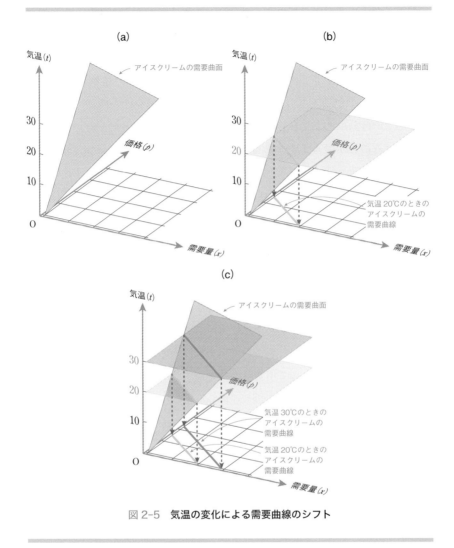

図 2-5　気温の変化による需要曲線のシフト

のグラフは図 2-5 **(a)** のような 3 次元の曲面になります[6]。いま，気温が 20℃であるとすれば，そのときの価格と需要量の関係は図 2-5 **(b)** の上側

6　図 2-5 では，分かりやすいように，「曲面」の特殊ケースである「平面」のグラフが描かれ
　ています。また，数学では関数 $x = D(p, t)$ のグラフを描くとき，垂直軸に x をとるのが普通です
　が，図 2-5 では垂直軸に t をとっていることに注意してください。

に描かれている淡い青色の線のようになります。この直線を価格と需要量の平面に投影すると下側の淡い青色の線が得られます。これが気温20℃のときの需要曲線にあたります。気温が30℃になったとすれば，そのときの価格と需要量の関係は図2-5 (c) の上側に描かれている濃い青色の線で表されます。この直線を価格と需要量の平面に投影すると下側の濃い青色の線が得られます。これが気温30℃のときの需要曲線にあたります。図2-5 (c) の価格と需要量の平面を見てみると，気温が20℃から30℃に上昇するときには需要曲線が右側にシフトすることが分かります。以上をまとめると次のようになります。

(1) 需要量は価格だけではなく価格以外の要因の影響も受ける。そして，それらの関係を描くと高次元の曲面になる

(2) 価格以外の要因が定まれば，価格と需要量の平面における需要曲線を1本描くことができる

(3) 価格以外の要因が変化すると，価格と需要量の平面に描かれる需要曲線がシフトする

　このように，価格と需要量の平面では表しきれない何らかの要因が変化したときに，需要曲線がシフトするのです。

2.3　供給と供給曲線----------------------------------

　2.1節では需要と需要曲線について，2.2節では需要曲線のシフトについて学んできました。本節からは供給について詳しく考察していきましょう。

■ 供給量に影響を及ぼす要因

　需要量と同様に，供給量もさまざまな要因によって左右されます。以下でも桃を例として，桃の供給量に影響を及ぼす重要な要因について考えてみましょう。

価　格　　桃の供給量を左右する最も重要な要因はおそらく桃の価格でしょう。桃が高い価格で売れるのなら，桃の販売から得られる利益が大きいので，生産者は桃の供給量を増やそうと考えるでしょう。逆に，桃が低い価格でしか売れないのなら，桃の販売から得られる利益が小さいので，生産者は桃の供給量を減らして他の農作物の生産に力を入れるようになるでしょう。

原材料の価格　　桃の生産に必要な原材料（肥料や農薬など）の価格が下がると，桃の生産に必要な費用が減少し利益が増加するため，生産者は桃の供給量を増加させるでしょう。

生産技術　　桃の生産技術（土壌改良や育種技術など）が向上すると，生産性が向上するため，桃の供給量が増加するでしょう。

天　候　　桃のような農産物の供給量は天候の影響を大きく受けます。好天が続けば桃の供給量は増加し，悪天候が続けば桃の供給量は減少するでしょう。

以上のように，財の供給量に影響を及ぼす要因にもさまざまなものがあるので，需要量のときと同様に，まずは価格以外の要因は不変であると見なして，価格が変化した場合に供給量がどのように変化するかを考えることにします。価格以外の要因が供給量にどのような影響を与えるかについてはその後に考察しましょう。

■個別生産者の供給曲線

山田家という桃の生産者の供給について考えましょう。いま，山田家は桃の供給量を表2-3のように決めるものとしましょう。つまり，山田家は桃を100円のときには売りませんが，200円のときには100個，300円のときには200個，400円のときには300個，500円のときには400個売ります。このように，ある財の価格が上昇（下落）すると生産者はその財の供給量を

表2-3　山田家の桃の供給量

桃の価格 p（円）	100	200	300	400	500
山田家の供給量 y（個）	0	100	200	300	400

増加（減少）させると考えられます。一般に，2つの変量のうち一方が増加するのに伴い他方も増加するとき，2つの変量には「正の相関関係」があるといいます。価格と供給量の間に成り立つ正の相関関係のことを供給の法則（law of supply）といいます。すなわち，供給の法則とは，「生産者は価格が高ければたくさん売り，価格が低ければあまり売らない」という経験則のことをいいます。

いま，価格を p，供給量を y と表すことにしましょう。また，価格が p のときの供給量を $S(p)$ と表すことにしましょう。このとき，供給量を価格の関数として表した $y=S(p)$ を供給関数（supply function）といいます。表2-3を見て，山田家の桃の供給関数は $0=S(100)$，$100=S(200)$，$200=S(300)$，$300=S(400)$，$400=S(500)$ を満たすことを確認してください。また，座標平面の縦軸に価格，横軸に供給量をとり，価格と供給量の関係をグラフに描いたものを供給曲線（supply curve）といいます。図2-6は，表2-3の桃の価格と山田家の桃の供給量の関係を表したグラフ，すなわち，山田家の桃の供給曲線を描いたものです[7]。供給の法則が成り立っていれば，供給曲線は右上がりになります。なお，本書では，供給曲線を S と表すことがあります。

需要関数のときと同様に，供給関数 $y=S(p)$ のグラフを描く場合には，図2-6のように横軸に供給量 y を，縦軸に価格 p をとり，「価格 p が300円のとき山田家の桃の供給量 y は200個である」というように，経済学の伝統的な慣習として縦軸から横軸へとグラフを読みます[8]。

---

[7] 需要曲線のときと同様に，供給曲線も一般的には「曲線」になりますが，ここでは説明をできるだけ簡単にするために「直線」になる例を考えています。

[8] 需要のときと同様に，供給量 y を価格 p の関数として表したものが供給関数 $y=S(p)$ ですが，供給関数 $y=S(p)$ を変数 p について解くと，価格 p を供給量 y の関数として表したものを得るこ

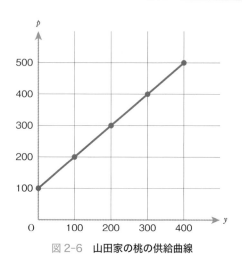

図 2-6　山田家の桃の供給曲線

■ 個別生産者の供給曲線から市場の供給曲線へ

さて，図 2-6 に山田家の供給曲線を描きましたが，市場には通常多数の生産者がいます。それでは，市場の供給曲線はどのように描くことができるのでしょうか。

いま，桃の市場に山田家とは別の生産者，鈴木家がいるものとしましょう。表 2-3 の山田家の桃の供給量に鈴木家の桃の供給量を書き加えたものが表 2-4 です。鈴木家は桃を 100 円のときには売りませんが，200 円のときには 200 個，300 円のときには 300 個，400 円のときには 400 個，500 円のときには 500 個売ります。市場には生産者が山田家と鈴木家しかいないので，桃の価格がたとえば 300 円なら，山田家の供給量 200 個と鈴木家の供給量 300 個を足し合わせて，市場全体の桃の供給量は 500 個になります。このように，市場の桃の供給量は，それぞれの価格に対する 2 生産者の供給量を足し合わせて，表 2-4 の一番下の行のようになることが分かります。生産者がもっといたとしても，同じようにすべての生産者の供給量を足し合わせることに

とができます。価格 p を供給量 y の関数として表したものを逆供給関数（inverse supply function）といい，$p = S^{-1}(y)$ と表します。

表 2-4　市場の桃の供給量

桃の価格 p（円）	100	200	300	400	500
山田家の供給量（個）	0	100	200	300	400
鈴木家の供給量（個）	0	200	300	400	500
市場の供給量 y（個）	0	300	500	700	900

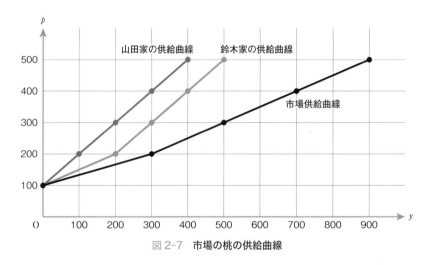

図 2-7　市場の桃の供給曲線

よって市場の供給量を求めることができます。

　図 2-7 は，表 2-4 に基づいて，縦軸に価格，横軸に供給量をとった座標平面に山田家の供給曲線，鈴木家の供給曲線，そして市場の供給曲線を描いたものです。このグラフから分かるように，山田家の供給曲線と鈴木家の供給曲線を水平方向（つまり横軸の方向）に足し合わせたものが市場の供給曲線になっています。生産者がもっといたとしても，同じようにすべての生産者の供給曲線を水平方向に足し合わせることによって市場の供給曲線を導出することができます。すべての生産者の供給曲線が右上がりであるならば，市場の供給曲線も右上がりになることは明らかでしょう。つまり，すべての

生産者の供給について供給の法則が成り立つなら，市場の供給についても供給の法則が成り立つことになります。以下では，誤解の恐れがない限り，市場の供給曲線を単に供給曲線ということにします。

2.4　供給曲線のシフト----------------------------

■ 価格の変化による供給の変化

　供給曲線は，供給量を決定する要因のうち最も重要な価格に着目して，価格と供給量の関係をグラフにしたものです。したがって，価格が変化したときに供給量がどのように変化するのかは供給曲線から読み取ることができます。図 2-8 を見てください。いま，価格が p_0 で供給量が y_0 であるものとしましょう。価格が p_0 から p_1 に上昇すると供給曲線に沿って供給量は y_0 から y_1 に増加し，価格が p_0 から p_2 に下落すると供給曲線に沿って供給量は y_0 から y_2 に減少することが分かります。このように，ある財の価格が変化したときは，その財の供給量は供給曲線に沿って変化します。

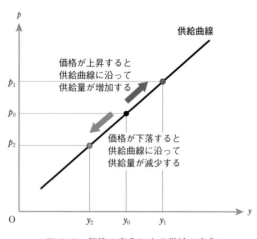

図 2-8　価格の変化による供給の変化

■ 価格以外の要因の変化による供給の変化

　それでは，価格以外の要因が変化したときに供給量はどのように変化するのでしょうか。図 2-9 を見てください。変化が生じる前の状態を点 $A(y_0, p_0)$ で表しましょう。このとき，価格 p_0 はそのままで価格以外の何らかの要因が変化し，供給量が y_0 から y_1 に増加したとすると，この要因の変化がもたらす効果は点 $A(y_0, p_0)$ から点 $B(y_1, p_0)$ への移動によって表されます。変化前の価格が p_1 や p_2 のように異なる値であってもこの要因の変化によって供給量が増加すれば同様の点の移動が起こるので，結局，価格以外の要因が変化して供給量が増加すると供給曲線は右側にシフト（移動）すると考えられます。逆に，価格 p_0 はそのままで価格以外の何らかの要因が変化し，供給量が y_0 から y_2 に減少したとすると，この要因の変化がもたらす効果は点 $A(y_0, p_0)$ から点 $C(y_2, p_0)$ への移動によって表されます。変化前の価格が p_1 や p_2 のように異なる値であってもこの要因の変化によって供給量が減少すれば同様の点の移動が起こるので，結局，価格以外の要因が変化して供給量が減少すると供給曲線は左側にシフト（移動）すると考えられます。

　それでは，価格以外の要因が変化したときに供給曲線がどのようにシフト

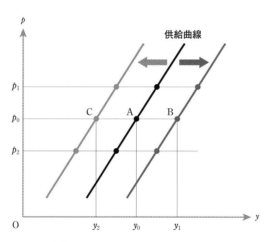

図 2-9　価格以外の要因の変化による供給曲線のシフト

するかもう少し具体的に考えてみましょう。

原材料の価格　原材料の価格が下（上）がると，生産に必要な費用が減少（増加）し利益が増加（減少）するため，供給量は増加（減少）します。したがって，原材料の価格が下（上）がると，供給量が増加（減少）して供給曲線は右側（左側）にシフトします。

生産技術　生産技術が向上すると，生産性が向上するため，供給は増加するでしょう。したがって，生産技術が改良されると，供給量が増加して供給曲線は右側にシフトします。

天　候　好天（悪天候）が続けば農作物の収穫量は増加（減少）します。したがって，好天（悪天候）が続くと，農作物の供給量が増加（減少）して農作物の供給曲線は右側（左側）にシフトします。

　以上，価格以外の要因の変化によって供給がどのように変化するのかについてまとめました。なお，需要曲線のときと同様に，価格以外の要因を考慮に入れた3次元の供給曲面を描けば，価格と供給量の平面では表しきれない何らかの要因が変化したときに，供給曲線がシフトするということが分かります。価格以外の要因が変化するとなぜ供給曲線がシフトするのかについては，図2-5のような3次元の図を用いて同様の説明をすることができるので，読者の皆さんは挑戦してみてください。

■ Active Learning

問1　ある財の需要関数が $x = -4p + 800$ で表されるとする。ただし，p は価格，x は需要量である。このとき，以下の問いに答えなさい。

(1) この財の需要曲線を描きなさい。ただし，縦軸に価格，横軸に需要量をとること。

(2) 価格が 50 のときの需要量を求めなさい。

(3) 需要量が 200 となる価格を求めなさい。

問2 ある財の市場に 2 人の消費者 A さんと B さんのみがいるものとする。A さんの需要関数は $x^A = -2p + 400$，B さんの需要関数は $x^B = -3p + 600$ で表されるとする。ただし，x^A は A さんの需要量，x^B は B さんの需要量，p は価格である。また，市場の需要量を X と表すものとする。このとき，以下の問いに答えなさい。

(1) A さんの需要曲線，B さんの需要曲線，市場需要曲線を，本文の図 2-2 と同じ要領で描きなさい。

(2) 市場需要関数を求めなさい。

問3 ある財の市場に 2 つの企業 A 社と B 社のみが存在するものとする。A 社の供給関数は $y^A = 2p$，B 社の供給関数は $y^B = 4p$ で表されるとする。ただし，y^A は A 社の供給量，y^B は B 社の供給量，p は価格である。また，市場の供給量を Y で表す。このとき，以下の問いに答えなさい。

(1) A 社の供給曲線，B 社の供給曲線，市場供給曲線を，本文の図 2-7 と同じ要領で描きなさい。

(2) 市場供給関数を求めなさい。

問4 以下の変化が起こった場合の需要曲線や供給曲線への影響について答えなさい。

(1) 猛暑が到来した場合のかき氷の需要曲線への影響。

(2) 発泡酒の価格が下落した場合のビールの需要曲線への影響。

(3) キャベツの価格が高騰した場合のキャベツの需要曲線への影響。

(4) ゲーム機の価格が高騰した場合のゲームソフトの需要曲線への影響。

(5) 消費者の所得が増加した場合のキャビアの需要曲線への影響。

(6) 電気自動車の生産技術が向上した場合の電気自動車の供給曲線への影響。

(7) イチゴの価格が下落した場合のイチゴの供給曲線への影響。

(8) 小麦の価格が高騰した場合のパンの供給曲線への影響。

第3講
価格弾力性

■第2講では，価格と需要量の関係を表す需要曲線と，価格と供給量の関係を表す供給曲線について学びました。本講では，価格が変化したときに需要量がどれくらい変化するのかを表す需要の価格弾力性と，価格が変化したときに供給量がどれくらい変化するのかを表す供給の価格弾力性について学びます。

3.1　需要の価格弾力性------------------------

　ガソリンの値段が上昇するとガソリンの需要はどうなるでしょうか。**第2講**で学んだ需要曲線を思い出せばこの問いに対する答えは単純明快，「減少する」です。それでは，ガソリンの値段が1ℓあたり10円上昇するとガソリンの需要は̇どれくらい減少するでしょうか。この問いに対する答えはガソリンスタンドの経営者にとってとても重要です。なぜなら，どれくらい減少するかによってガソリンの売上額が大きく左右されるからです。こうした問題を考える上で重要な役割を果たすのが本講で学ぶ需要の価格弾力性です。

■ 需要の価格弾力性の定義
　空気が一杯入っているサッカーボールと，空気があまり入っていないサッカーボールを考えてみましょう。これらを同じ力で地面に投げつけると，空気が一杯入っている方は「弾力的」なのでかなり弾みますが，空気があまり入っていない方は「非弾力的」なのであまり弾みません。それと同じように，価格が上（下）がったときに，かなり弾むボールのごとく需要量がかなり減

少（増加）するような財もあれば、あまり弾まないボールのごとく需要量が
あまり減少（増加）しないような財もあります。このとき、価格の変化に対
して需要量がどれくらい変化するかを表すのが需要の価格弾力性という概念
です。

　価格の変化に対して需要量がどれくらい変化するかを測る尺度である需要
の価格弾力性（price elasticity of demand）を ε_p^D と書くことにすると、ε_p^D は

$$\varepsilon_p^D = -\frac{需要量の変化率}{価格の変化率} \tag{3.1}$$

と定義されます[1]。ここで、定義にマイナスの符号がついていることに注意し
てください。通常、価格が上昇（下落）すると需要量は減少（増加）するた
めに価格の変化率と需要量の変化率は符号が異なりますから、需要の価格弾
力性の値が正になるようにするためにマイナスの符号をつけています。たと
えば、価格が4%上昇したときに需要量が12%減少したとすれば、需要の価
格弾力性は $\varepsilon_p = -(-12\%)/4\% = -(-0.12)/0.04 = 3$ と計算することができ
ます。(3.1) 式から明らかなように、需要の価格弾力性は価格が1%上昇
（下落）したときに需要量が何%減少（増加）するかを表します。

　需要の価格弾力性が1より大きい場合には需要は弾力的（elastic）である
といいます。すなわち、需要量の変化率の絶対値が価格の変化率の絶対値よ
り大きくなる場合に需要が弾力的であるといいます。逆に、需要の価格弾力
性が1より小さい場合には需要は非弾力的（inelastic）であるといいます。す
なわち、需要量の変化率の絶対値が価格の変化率の絶対値より小さくなる場
合に需要が非弾力的であるといいます。なお、需要の価格弾力性が1の場合
には需要は単位弾力的（unit elastic）であるといいます。すなわち、需要量の
変化率の絶対値と価格の変化率の絶対値が等しくなる場合に需要が単位弾力
的であるといいます。

■ 需要の価格弾力性と需要曲線

　需要の価格弾力性は需要曲線とどのような関係があるのでしょうか。図

---

[1] ε はギリシャ文字「イプシロン」の小文字です。

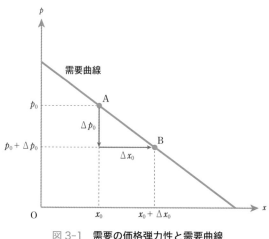

図 3-1　需要の価格弾力性と需要曲線

3-1 には直線の需要曲線が描かれています。いま，価格が p_0 であるとき，需要量が x_0 であるとしましょう（点 A）。このとき，価格が p_0 から Δp_0（マイナスの値）だけ変化して，需要量が x_0 から Δx_0（プラスの値）だけ変化したとしましょう（点 A から点 B への変化）。価格の変化率は $\Delta p_0/p_0$，需要量の変化率は $\Delta x_0/x_0$ と表されます[2]。ただし，Δp_0 はマイナスの値，Δx_0 はプラスの値であることに注意してください。これらの記号を用いれば，（3.1）式の定義に基づいて需要の価格弾力性は次のように計算することができます。

$$
\begin{aligned}
\varepsilon_p^D &= -\frac{\dfrac{\Delta x_0}{x_0}}{\dfrac{\Delta p_0}{p_0}} \\
&= \frac{p_0}{x_0} \cdot \left(-\frac{\Delta x_0}{\Delta p_0} \right) \\
&= \frac{p_0}{x_0} \cdot \frac{1}{\left(-\dfrac{\Delta p_0}{\Delta x_0} \right)}
\end{aligned}
\tag{3.2}
$$

需要曲線上の変化前の点の座標によって決まる

需要曲線の傾きによって決まる

（3.2）式において，p_0 は変化前の価格，x_0 は変化前の需要量なので，p_0/x_0 は変化前の点 A の座標によって決まる値です。また，この需要曲線の傾きは $\Delta p_0/\Delta x_0$（マイナスの値）なので，$-\Delta p_0/\Delta x_0$ はこの需要曲線の傾きの絶対値です。したがって，需要の価格弾力性は変化前の点の座標と需要曲線の傾きとによって決まるということが分かります[3]。

　需要曲線が直線のときには，需要の価格弾力性が「変化前の点の座標」と「需要曲線の傾き」とによって決まるということから，以下の2つの重要な考察を導くことができます。

【考察1】　同一点上での需要の価格弾力性

　第一に，図 3-2 にあるように，需要曲線上の同一点において測る場合には，需要曲線の傾きが急なほど需要の価格弾力性は小さくなり，需要曲線の傾きが緩やかなほど需要の価格弾力性は大きくなることが分かります。これを確認するために（3.2）式を見てください。同一点において測る場合には，p_0/x_0 の値は変わりませんから，需要曲線の傾きの絶対値 $-\Delta p_0/\Delta x_0$ によって弾力性の大小が決まることが分かります。さらに，需要曲線の傾きが急であればあるほど，需要曲線の傾きの絶対値 $-\Delta p_0/\Delta x_0$ が大きくなるので，弾力性は小さくなることが分かります。逆に，需要曲線の傾きが緩やかであればあるほど，需要曲線の傾きの絶対値 $-\Delta p_0/\Delta x_0$ が小さくなるので，弾力性は大きくなることが分かります。

　それでは，需要の価格弾力性が最も小さいのはどのような場合でしょうか。それは，需要曲線が垂直である場合です。需要曲線が垂直であるということは，需要曲線の傾きの絶対値 $-\Delta p_0/\Delta x_0$ が無限大になることを意味しますから，（3.2）式より弾力性はゼロになることが分かります。図 3-2 からも分かるとおり，需要曲線が垂直であれば，価格がいくら変化しても需要量はまったく変化しません。逆に，需要の価格弾力性が最も大きいのはどのような場合でしょうか。それは，需要曲線が水平である場合です。需要曲線が水平で

2　変化率については**第1講**の**1.2.4 節**を参照してください。
3　需要曲線が一般的な曲線のときには，需要の価格弾力性は変化前の点の座標とその点における需要曲線の接線の傾きとによって決まります。本書では，話を単純にするため，需要曲線が直線のときのみを扱います。

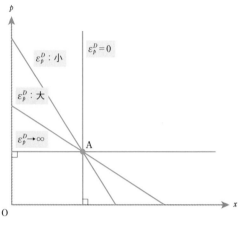

図 3-2　同一点上での需要の価格弾力性

あるということは，需要曲線の傾きの絶対値 $-\Delta p_0/\Delta x_0$ がゼロであることを意味しますから，(3.2) 式より弾力性は無限大になることが分かります[4]。図 3-2 からも分かるとおり，需要曲線が水平であれば，価格がほんのわずかでも下がると需要量が無限大に増加し，ほんのわずかでも上がると需要量がゼロになります（需要曲線がまったくの水平ではなく，ほんの少しだけ右下がりの場合を考えてみてください）。

【考察 2】　同一需要曲線上での需要の価格弾力性

　第二に，図 3-3 にあるように，同一需要曲線上で測る場合には，右下の点ほど需要の価格弾力性は小さくなり，左上の点ほど需要の価格弾力性は大きくなることが分かります[5]。これを確認するために (3.2) 式を見てください。同一需要曲線上で測る場合には，需要曲線の傾きの絶対値 $-\Delta p_0/\Delta x_0$ の

4　図 3-2 にも登場するように，需要の価格弾力性 ε_p^D が無限大 ∞ になることを，「$\varepsilon_p^D \to \infty$」と表します。無限大 ∞ は具体的な数値ではないので「$\varepsilon_p^D = \infty$」とは書かないことに注意してください。

5　経済学では，図 3-3 のように，直線の傾きを表すために角度を表す記号を用いることがあります。本書もその習慣に倣うことにします。

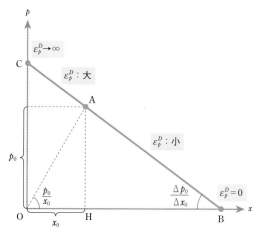

図3-3　同一需要曲線上での需要の価格弾力性（その1）

値は変わりませんから，p_0/x_0 の値によって弾力性の大小が決まることが分かります。さらに，需要曲線上の右下の点ほど p_0 が小さくなり x_0 が大きくなるので，p_0/x_0 は小さくなります。したがって，需要の価格弾力性は小さくなることが分かります。逆に，需要曲線上の左上の点ほど p_0 が大きくなり x_0 が小さくなるので，p_0/x_0 は大きくなります。したがって，需要の価格弾力性は大きくなることが分かります。

　それでは，需要の価格弾力性が最も小さいのはどのような場合で，最も大きいのはどのような場合でしょうか。図3-3を見てください。弾力性が最も小さくなるのは，需要曲線と横軸の交点Bにおいてです。なぜなら，点Bにおいては，$p_0 = 0$ かつ $x_0 \neq 0$ なので p_0/x_0 はゼロになり，(3.2) 式から明らかなように弾力性がゼロになるからです。逆に，弾力性が最も大きくなるのは，需要曲線と縦軸の交点Cにおいてです。なぜなら，点Cにおいては，$p_0 \neq 0$ かつ $x_0 = 0$ なので p_0/x_0 は無限大になり，(3.2) 式から明らかなように弾力性が無限大になるからです。以上より，需要の価格弾力性は需要曲線と横軸の交点Bにおいてゼロから出発して，需要曲線上を左上に移動するに従ってだんだん大きくなり，需要曲線と縦軸の交点Cに至ると無限大にな

るということが分かりました。

　以上の考察について，もう少し詳しく調べてみましょう。再び図 3-3 を見てください。点 A において需要の価格弾力性を測る場合，(3.2) 式の p_0/x_0 は線分 OA の傾きに等しくなります。すなわち，

$$\frac{p_0}{x_0} = \frac{\text{AH}}{\text{OH}}$$

となります。また，需要曲線の傾きの絶対値は $-\Delta p_0/\Delta x_0$ なので

$$-\frac{\Delta p_0}{\Delta x_0} = \frac{\text{AH}}{\text{BH}}$$

と表すことができます。これらの関係を (3.2) 式に代入すると，価格弾力性は次のように計算することができます。

$$
\begin{aligned}
\varepsilon_p^D &= \frac{p_0}{x_0} \cdot \frac{1}{\left(-\dfrac{\Delta p_0}{\Delta x_0}\right)} \\
&= \frac{\text{AH}}{\text{OH}} \cdot \frac{1}{\left(\dfrac{\text{AH}}{\text{BH}}\right)} \\
&= \frac{\text{AH}}{\text{OH}} \cdot \frac{\text{BH}}{\text{AH}} \\
&= \frac{\text{BH}}{\text{OH}}
\end{aligned}
$$

このことから，点 A における需要の価格弾力性は BH/OH に等しいことが分かります。この関係は，需要曲線が直線で表される場合，価格弾力性の大きさを目で確かめることができるので大変便利です。図 3-4 を見てください。図 3-4 (a) の点 A では，BH＞OH が成り立っていますから，価格弾力性は 1 より大きく，需要が弾力的であることが分かります。図 3-4 (b) の点 A では，BH＝OH が成り立っていますから，価格弾力性は 1 に等しく，需要が単位弾力的であることが分かります。つまり，直線の需要曲線の中点の価格弾力性は 1 になるのです。図 3-4 (c) の点 A では，BH＜OH が成り立っていますから，価格弾力性は 1 より小さく，需要が非弾力的であることが分かります。以上の同一需要曲線上での需要の価格弾力性についての考察結果を

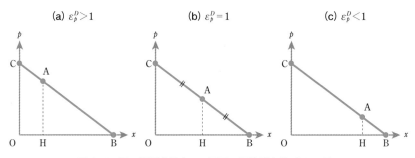

図 3-4 　同一需要曲線上での需要の価格弾力性（その 2）

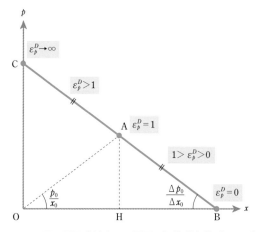

図 3-5 　同一需要曲線上での需要の価格弾力性（その 3）

図 3-5 にまとめておきます。

3.2 　需要の価格弾力性の決定要因--------------

　需要の価格弾力性は，ある財の価格が上（下）がったときに消費者がその財の需要量をどれくらい減らす（増やす）かを表す指標なので，財の特性，消費者の嗜好，消費者を取り巻く社会環境などさまざまな要因によって左右

されます。したがって，需要の価格弾力性の決定要因をすべて明らかにすることは難しいのですが，以下に説明するようにいくつかの傾向を見出すことはできます。

第一に，密接な代替財が存在するかどうかです。ある財の代替財とは，大雑把にいえば，その財の代用品になり得る財のことです（詳しくは**第8講**で学びます）。たとえば，ビールと発泡酒は互いに代替財です。また，バターとマーガリンも互いに代替財です。これらのように，代用できる代替財が存在すると需要の価格弾力性は大きくなる傾向があります。たとえば，ビールの価格はそのままで，発泡酒の価格だけが上昇したとします。すると，あまり美味しいとは思わないけれど安いという理由から今まで発泡酒で我慢していた消費者が，発泡酒の割安感が薄れたのをきっかけに，少し高くても好きなビールに切り替えるということが起こりえます。ある実証研究によれば，わが国の発泡酒の需要の価格弾力性は 4.33 であると計測されています[6]。

第二に，必需財であるか奢侈財であるかです（必需財と奢侈財について詳しくは**第7講**で学びます。ちなみに，「奢侈」とは贅沢のことです）。たとえば，日本人の主食である米，ライフラインである電気・ガス・水道，生命や健康を守る医療サービスなどは必需財と見なすことができます。このような財・サービスの価格が高くなったとしても，大幅に需要が減ることはないので，需要の価格弾力性は比較的小さいと考えられます。ある実証研究によれば，わが国では光熱費の価格弾力性は 0.28，医療費の価格弾力性は 0.01 であると計測されています[7]。それに対して，高級レストランや高級焼肉店が提供する料理は奢侈財と見なすことができます。こうした高級な料理は料金が高くなれば贅沢を控えるために客足がかなり落ち込むでしょうから，需要の価格弾力性は比較的大きいと考えられます。

第三に，時間的視野を短く取るか長く取るかです。短期的に見れば需要の価格弾力性が小さい財でも，長期的に見ると弾力性が大きくなることがあります。たとえば，ガソリン価格が高騰した場合を考えてみましょう。この場

6　慶田昌之（2012）「ビールと発泡酒の税率と経済厚生」RIETI ディスカッション・ペーパー（経済産業研究所）12-J-019.
7　若林雅代（2001）「家計消費選好の消費ライフサイクル変化」『電力経済研究』No.45, pp.17-34.

合，ただちにハイブリッド車や電気自動車への買い替えが進むわけではない
ので，ガソリン需要は短期間にはあまり減少せず，ガソリン需要の価格弾力
性は比較的小さいと考えられます。それに対して，長期間が経過するとハイ
ブリッド車や電気自動車への買い替えが進むため，ガソリン需要はかなり減
少し，ガソリン需要の価格弾力性は比較的高くなると考えられます。ある実
証研究によれば，わが国のガソリン需要の短期の価格弾力性は 0.08，長期の
価格弾力性は 0.21 であると計測されています[8]。

3.3　需要の交差価格弾力性----------------------

　需要の価格弾力性は，ある財の価格が変化したときにその財自体の需要量
がどの程度変化するかを表す指標です。ところが，**第 2 講**で学んだように，
ある財の需要量は，その財の価格の変化だけではなく，他の財の価格の変化
にも影響を受けます。その影響の度合を表す尺度が需要の交差価格弾力性
（cross price elasticity of demand）です。財 B の価格に対する財 A の需要の交
差価格弾力性を ε_{cross}^{D} と書くことにすると，ε_{cross}^{D} は

$$\varepsilon_{cross}^{D}=\frac{財\,A\,の需要量の変化率}{財\,B\,の価格の変化率}$$

と定義されます。$\varepsilon_{cross}^{D}>0$ であることは，財 B の価格が上昇すると財 A の需
要量が増加することを意味します。財 B の価格が上昇すると財 B の需要量
は減少するので，財 B の需要量が減少する代わりに財 A の需要量が増加す
るわけです。つまり，需要の交差価格弾力性がプラスの場合には財 A は財
B の粗代替財であることが分かります。また，$\varepsilon_{cross}^{D}<0$ であることは，財 B
の価格が上昇すると財 A の需要量が減少することを意味します。財 B の価
格が上昇すると財 B の需要量は減少するので，財 B の需要量が減少するの
に伴って財 A の需要量も減少するわけです。つまり，需要の交差価格弾力
性がマイナスの場合には財 A は財 B の粗補完財であることが分かります。

8　柳澤明（2008）「ガソリン価格の高騰は消費様式を変化させたか：価格弾力性の推計と影響
　評価」『エネルギー経済』第 34 巻第 1 号，pp.45-54.

ある実証研究によれば，わが国の外食の価格に対する調理食品の需要の交差価格弾力性は 1.4747，調理食品の価格に対する穀類の需要の交差価格弾力性は −0.7467 であると計測されています[9]。したがって，調理食品は外食の粗代替財であり，穀類は調理食品の粗補完財であることが分かります。

3.4　需要の価格弾力性と収入 --------------------

　需要の価格弾力性は，価格の変化が収入にどのような影響を与えるかを考える際に役に立ちます。いま，ある財の単価（価格）が p_0 のときに，販売量（需要量）が x_0 であるとしましょう。このとき，収入（revenue）は $p_0 \cdot x_0$ ですから，図 3-6 のように，収入は縦軸上の p_0 の点と横軸上の x_0 の点を向かい合う頂点とする長方形の面積によって表されることになります。これを踏まえて，図 3-7 を見てみましょう。(a) には傾きが急な需要曲線が，(b) には傾きが緩やかな需要曲線が描かれています。したがって，同じ点 A で測った需要の価格弾力性は，(a) では相対的に小さく，(b) では相対的に大きいことになります。いま，価格が p_1 から p_2 に下落したとすれば，(a) では収入が減少し，(b) では収入が増加することが分かります（価格が p_1 のときの長方形の面積と，価格が p_2 のときの長方形の面積を比べてください）。すなわち，価格弾力性が小さいときには，価格が下落（上昇）すると収入が減少（増加）しますが，価格弾力性が大きいときには，価格が下落（上昇）すると収入が増加（減少）します。

　この点は重要なので，数式を用いてもう少し詳しく考えることにしましょう。価格が p のときに，需要量が x，収入が R であるとすれば，

$$R = p \cdot x \tag{3.3}$$

となります。価格が Δp だけ変化したときに，需要量が Δx だけ変化し，収入が ΔR だけ変化したとすると，

9　ガンガ伸子（2005）「AIDS（Almost Ideal Demand System）による食料需要体系分析」『日本家政学会誌』Vol.56（No.8），pp.511–519.

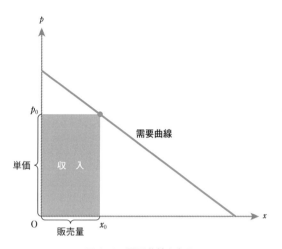

図 3-6　需要曲線と収入

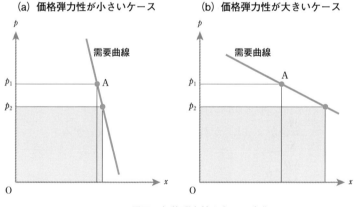

図 3-7　需要の価格弾力性と収入の変化

$$R + \Delta R = (p + \Delta p)(x + \Delta x)$$

という関係式が成り立ちます。この式の右辺を展開すると

$$R + \Delta R = p \cdot x + \Delta p \cdot x + p \cdot \Delta x + \Delta p \cdot \Delta x$$

となります。変化分である Δp と Δx は p と x に比べて小さいため，上式の $\Delta p \cdot \Delta x$ は他の項に比べてかなり小さくなります。よって，これを無視すれば，

$$R + \Delta R = p \cdot x + \Delta p \cdot x + p \cdot \Delta x$$

となります。この式に（3.3）式を代入すれば，

$$\Delta R = \Delta p \cdot x + p \cdot \Delta x \tag{3.4}$$

が得られます。(3.4) 式の両辺を Δp で割ると，

$$\frac{\Delta R}{\Delta p} = x + p \cdot \frac{\Delta x}{\Delta p}$$
$$= x\left(1 + \frac{p}{x} \cdot \frac{\Delta x}{\Delta p}\right)$$
$$= x(1 - \varepsilon_p^D)$$

となります（(3.2) 式を参照してください）。したがって，以下が成り立ちます。

$$\varepsilon_p^D < 1 \quad \Rightarrow \quad \frac{\Delta R}{\Delta p} > 0$$

    $\Rightarrow$ 価格と収入が同方向に変化する

    $\Rightarrow$ 価格が下（上）がれば収入は減少（増加）する

$$\varepsilon_p^D > 1 \quad \Rightarrow \quad \frac{\Delta R}{\Delta p} < 0$$

    $\Rightarrow$ 価格と収入が逆方向に変化する

    $\Rightarrow$ 価格が下（上）がれば 収入は増加（減少）する

すなわち，需要が非弾力的（$\varepsilon_p^D < 1$）である場合には，価格が下（上）がれば収入は減少（増加）し，需要が弾力的（$\varepsilon_p^D > 1$）である場合には，価格が下（上）がれば収入は増加（減少）します。このように，需要の価格弾力性の値が分かれば，価格の上昇や下落が収入にどのような影響を与えるかを予測することができます。

　本節では，価格の変化によって収入がどう変化するかを考える場合，需要

の価格弾力性が重要な役割を果たすことを学びました。この考え方は，**第15講**で独占企業の行動を考える際に再び登場することを付言しておきます。

3.5　供給の価格弾力性--------------------------

ここまで，需要の価格弾力性について学んできました。最後に，供給の価格弾力性について簡単にまとめておきましょう。価格の変化に対して供給量がどれくらい変化するかを測る尺度である供給の価格弾力性（price elasticity of supply）を ε_p^S と書くことにすると，ε_p^S は

$$\varepsilon_p^S = \frac{\text{供給量の変化率}}{\text{価格の変化率}} \tag{3.5}$$

と定義されます。ここで，需要の価格弾力性とは異なり，定義にマイナスの符号がついていないことに注意してください。通常，価格が上昇（下落）すると供給量は増加（減少）するために価格の変化率と供給量の変化率は符号が同じになりますから，供給の価格弾力性はそのままで正の値となります。(3.5) 式から明らかなように，供給の価格弾力性は価格が 1％上昇（下落）したときに供給量が何％増加（減少）するかを表します。

供給の価格弾力性は供給曲線とどのような関係があるのでしょうか。需要曲線のときと同様に，供給曲線が直線である場合について考えてみましょう。いま，価格が p_0 であるとき，供給量が y_0 であるとしましょう。このとき，価格が p_0 から Δp_0 だけ変化して，供給量が y_0 から Δy_0 だけ変化したとしましょう。価格の変化率は $\Delta p_0 / p_0$，供給量の変化率は $\Delta y_0 / y_0$ と表されます。ここで，需要曲線のときとは異なり，Δp_0 と Δy_0 が同じ符号であることに注意してください。したがって，(3.5) 式より供給の価格弾力性は次のように計算することができます。

$$\varepsilon_p^S = \frac{\dfrac{\Delta y_0}{y_0}}{\dfrac{\Delta p_0}{p_0}}$$

$$= \frac{p_0}{y_0} \cdot \frac{\Delta y_0}{\Delta p_0}$$

$$= \frac{p_0}{y_0} \cdot \frac{1}{\left(\frac{\Delta p_0}{\Delta y_0}\right)} \qquad (3.6)$$

供給曲線上の変化前の点の座標によって決まる	供給曲線の傾きによって決まる

(3.6) 式において，p_0 は変化前の価格，y_0 は変化前の供給量を表しますから，p_0/y_0 は変化前の点の座標によって決まる値です。また，$\Delta p_0/\Delta y_0$ は供給曲線の傾きを表します。したがって，供給の価格弾力性は変化前の点の座標と供給曲線の傾きとによって決まるということが分かります [10]。このことから，供給曲線が直線のときには，図 3-8 に示すように，供給曲線上の同一点において測る場合には，供給曲線の傾きが急なほど供給の価格弾力性は小さくなり，供給曲線の傾きが緩やかなほど供給の価格弾力性は大きくなることが分かります。

供給の価格弾力性は，ある財の価格が上（下）がったときに生産者がその財の供給量をどれくらい増やす（減らす）かを表す指標なので，主に生産に関する条件に依存して決まります。具体的には，生産者が財の供給量をどれだけ柔軟に調整することができるかによって決まります。たとえば，植えつけから収穫までに時間がかかる農作物や建設に時間がかかる大規模な生産設備を必要とする財は，価格が上がったからといってすぐに生産量を増やすことはできませんから，供給の価格弾力性は小さいと考えられます。また，供給の価格弾力性の大きさは時間的視野を短く取るか長く取るかにも依存します。たとえば，ある農作物の価格が高騰したからといって，その収穫量をただちに増加させることはできませんが，長期的にみれば多くの農家がその農作物を植えつけるようになり大量に出荷されるようになるでしょう。したがって，農作物の供給の価格弾力性は長期的には大きくなると考えられます。

10　供給曲線が一般的な曲線の場合には，供給の価格弾力性は変化前の点の座標とその点における供給曲線の接線の傾きによって決まります。本書では，話を単純にするため，供給曲線が直線である場合のみを扱います。

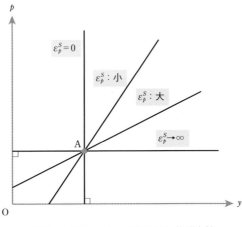

図 3-8　同一点上での供給の価格弾力性

このように，供給の価格弾力性は短期的には小さくても，長期的には大きくなることがあります。ある研究によれば，わが国の首都圏における住宅供給（建売の新設住宅着工戸数）の短期の価格弾力性は 0.17 であるのに対して，長期の価格弾力性は 0.35 であると計測されています[11]。住宅のように完成までに時間がかかる財の場合，価格が上昇したからといってただちに供給量を増加させることは困難です。しかし，長期的に見れば供給量が増えるので供給の価格弾力性の値は高くなるわけです。

■ Active Learning

問 1　ある財の価格が 100 円のとき需要量は 1000 個であったが，価格が 120 円に上がると需要量が 400 個に減った。このとき，この財の需要の価格弾力性を求めなさい。

11　妹尾芳彦（2018）「住宅供給の価格弾力性と市場の力」『土地総研リサーチ・メモ』2018年 7 月 31 日。

問2　ある財の需要関数が$x = -2p + 1200$で表されるとする。ただし，pは価格，xは需要量である。このとき，以下の問いに答えなさい。

(1)　この財の需要曲線を描きなさい。

(2)　価格が500のときの需要量を求めなさい。また，そのときの需要の価格弾力性を求めなさい。

問3　下図のような2本の需要曲線D^AとD^Bを考える。このとき，以下の問いに答えなさい。

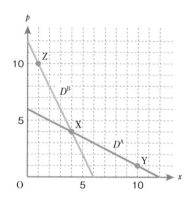

(1)　需要曲線がD^Aであるときの点Xにおける需要の価格弾力性を求めなさい。また，需要曲線がD^Bであるときの点Xにおける需要の価格弾力性を求めなさい。

(2)　点Xにおける需要の価格弾力性はどちらの需要曲線の方が大きいか答えなさい。

(3)　需要曲線がD^Aであるときの点Yにおける需要の価格弾力性を求めなさい。また，需要曲線がD^Bであるときの点Zにおける需要の価格弾力性を求めなさい。

(4)　「需要の価格弾力性は緩やかな傾きの需要曲線の方が急な傾きの需要曲線よりも必ず大きい」という主張の真偽について答えなさい。なお，正しくない場合にはその理由も答えなさい。

問4　ある財の価格が200円のとき供給量は600個であったが，価格が300円に上がると供給量が1800個に増えた。このとき，この財の供給の価格弾力性を求めなさい。

第4講
市場均衡

■第2講では，市場を分析するにあたって中心的な役割を果たす需要曲線と供給曲線の性質について考えました。本講では，需要と供給によって市場で価格がどのように決まるのか，需要や供給が変化したときに価格がどのように変化するのかについて学びます。

4.1　完全競争市場------------------------------

　現実の経済にはさまざまなタイプの市場が存在します。生産者どうしが互いに鎬を削って競争をしている市場もありますし，生産者どうしが互いに協調してあまり競争をしていない市場もありますし，大規模な生産者がシェアをほとんど牛耳っている市場もあります。本書では，こうしたさまざまなタイプの市場のうち，主に完全競争市場といわれるある特定の市場に注目します。

　完全競争市場（perfectly competitive market）とは以下の4つの仮定を満たす市場のことをいいます。

> ### 仮定1：多数の経済主体
> 　市場にはきわめて多数の消費者と生産者が存在し，各消費者の需要量は市場全体の需要量に比べて微小であり，各生産者の供給量は市場全体の供給量に比べて微小である[1]。

1　「きわめて多数」とありますが，理論的に厳密にいうと「無数」ということです。

> ### 仮定2：参入の自由
> 　消費者や生産者として誰でも市場へ参入することが自由にできる[2]。

> ### 仮定3：財の同質性
> 　市場で取引される財はすべて同質で差異がない。

> ### 仮定4：情報の完全性
> 　すべての経済主体が市場で取引される財についての完全な情報を持っている。なお，この完全な情報とは，すべての生産者の提示する価格や，財を消費することで得られる満足度や，財の生産方法および生産費用など，財についてのありとあらゆる情報のことをいう。

　これら4つの仮定は，それぞれが関連して完全競争市場を特徴づけています。まず，**仮定1**と**仮定2**より，個々の消費者や生産者は「大海の一滴」のような存在であるため，どれだけ需要量や供給量を増やしても市場全体の需要量や供給量には無視しうる程度の影響しか与えません。つまり，個々の消費者や生産者は市場の大勢に影響を与えることはできないわけです。さらに，**仮定3**と**仮定4**より，財は同質的であり，すべての生産者の提示している価格が分かっているため，消費者は最も低い価格を提示している生産者から購入しようとします。こうした状況下では，他の生産者より価格を高くするとまったく売れないため，生産者は採算が取れる限り他の生産者より価格を低くしようとします。したがって，すべての生産者が採算の取れるギリギリの価格を提示するようになります[3]。このようにして，完全競争市場においては，生産者は，自分で好きな価格を設定することはできず，採算が取れるギリギリの価格を受け入れざるをえません。同時に，すべての生産者の価格が同一で他に選択肢はないため，消費者もその価格を受け入れざるをえませ

2　何らかの理由で**仮定2**が満たされず市場への参入が自由にできなければ，市場参加者の数が限定されるため，**仮定1**も満たされなくなります。

3　もう少し正確にいうと，完全競争市場で決まる価格は「限界費用」といわれるものに等しくなります。これが，ここでいう「採算の取れるギリギリの価格」の正体です。この点については，のちに**第12講**で学びます。

ん。結局，完全競争市場では，個々の消費者や生産者は市場で決まる価格のもとで好きなように需要量や供給量を決めるだけの経済主体，すなわち，市場価格のもとでいくら買うかいくら売るか決めるだけの経済主体に過ぎなくなります。このように，市場価格を所与として（受け入れて）行動する経済主体のことをプライス・テイカー（価格受容者；price taker）といいます。完全競争市場ではすべての経済主体はプライス・テイカーとして行動します。

　上記の4つの仮定が満たされていない市場ではプライス・テイカーではない経済主体が存在します。たとえば，参入が規制されていて一生産者しか存在しない場合には，この生産者はプライス・テイカーとして行動しないはずです。また，財が同質的ではないか，あるいは情報が完全ではない場合には，他の生産者より高い価格をつけても誰かが買ってくれるかも知れないため，生産者たちはプライス・テイカーとして行動しないはずです。

　それでは，完全競争市場の例としてどのような市場があるでしょうか。完全競争市場に比較的近いと見なすことができる市場に，野菜や鮮魚などを売買する生鮮食料品市場や円・ドル・ユーロなどを売買する外国為替市場などがあります。しかし，現実の経済において完全競争市場と見なせる市場はかなりまれで，ほとんどの市場は競争が完全でない不完全競争市場（imperfectly competitive market）に該当します。不完全競争市場には独占市場，寡占市場，独占的競争市場などがありますが，これらは完全競争市場の4つの仮定のうちいずれかが成り立たない市場なので，経済主体はプライス・テイカーとして行動しません。これらの市場の分類については**第15講**で詳しく考察します。

　ミクロ経済学の入門書という位置づけである本書においては，ほぼすべての講で完全競争市場について分析を行います。ミクロ経済学の入門段階において，例がそれほど存在しない非現実的な完全競争市場をどうして学ばなければならないのでしょうか。それは，完全競争市場は「資源配分が効率的になされる」という意味において理想的に機能する市場だからです。この点については**第13講**で詳しく考察します。厳密な意味での完全競争市場は現実には存在しませんが，理想的に機能する市場について理解していれば，それと比較することで独占市場，寡占市場，独占的競争市場にはどのような問題があるのか，そしてどのような対策をとれば現実の市場を理想的に機能する

市場に近づけることができるのかを明らかにすることができます。これこそが，ミクロ経済学が担っている重要な役割の一つなのです。本書では，**第15講**において独占市場の分析を行い，完全競争市場と比較して独占市場にはどのような問題があるのかを明らかにします[4]。

4.2 市場均衡とその実現------------------------

本節では，完全競争市場においてどのように市場価格が決まるかを考えることにしましょう。

■市場均衡

第2講では，消費者も生産者もプライス・テイカーであると暗黙のうちに仮定して，市場価格を所与としたときの消費者の需要曲線と生産者の供給曲線を導出しました。それでは，消費者も生産者もプライス・テイカーである完全競争市場では価格はどのように決まるのでしょうか。結論を先にいうと，ミクロ経済学では市場の需要量と供給量が一致するように市場価格が決まると考えます。どうしてそう考えられるのか説明するためにいくつか用語を定義することにしましょう。

市場の需要量と供給量が一致している状態のことを市場均衡（market equilibrium）といいます。市場均衡では，消費者が買いたいと思う量と生産者が売りたいと思う量とが一致しているので，買いたくても買えない人や，売りたくても売れない人は存在しません。市場均衡が実現しているときの価格を均衡価格（equilibrium price），取引量を均衡取引量（equilibrium quantity traded）といいます。本書では特に断らない限り，均衡価格を p^*，均衡取引量を x^* と表すことにします[5]。そうすれば，市場均衡は均衡取引量と均衡価格の組み合わせ (x^*, p^*) として定義し直すことができます。図4-1にはあ

4　紙面の都合上，本書では残念ながら寡占市場と独占的競争市場を取り上げることができません。関心のある読者は，巻末に紹介する中級のミクロ経済学の教科書を参照してください。
5　星印「＊」のことを英語でアスタリスク（asterisk）というので，p^* は「ピー・アスタリスク」と読みます。

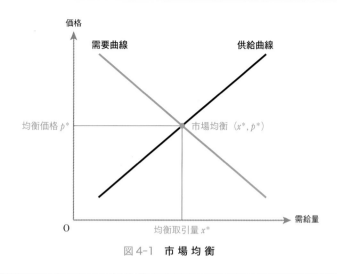

図 4-1　市場均衡

る財の市場の需要曲線と供給曲線が描かれています。これら両曲線の交点で市場の需要量と供給量が一致しているので，この交点が市場均衡に，交点の縦軸座標が均衡価格に，交点の横軸座標が均衡取引量に対応しています。

■市場均衡の実現

　先に述べたように，市場の需要量と供給量が一致するように市場価格が決まり，市場均衡が実現すると考えられます。それでは，なぜ市場均衡が実現すると考えられるのでしょうか。その理由を考えるために，市場均衡が実現していない不均衡（disequilibrium）という状態のときに何が起こるか図 4-2 を見ながら考えてみましょう。

　まず，価格が均衡価格 p^* より高い p_1 であるときに何が起こるかを考えます。価格 p_1 を所与としたときの消費者の需要量は x_1，生産者の供給量は x_2 ですから，$x_2 - x_1$ の分だけ供給量が需要量を上回っています。このような，需要量を上回る供給量の超過分のことを超過供給（excess supply）といいます。超過供給とは，言い換えれば，売れ残りのことです。売れ残りが生じると価格は次第に下がっていきます。価格が下がっていくと需要量は増え供給量は

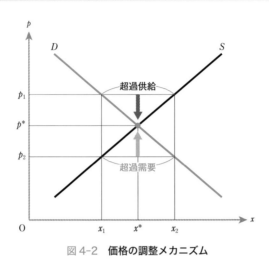

図4-2 **価格の調整メカニズム**

減っていきます。こうした調整を通じて，価格はやがて超過供給が解消される（つまり需要量と供給量が一致する）均衡価格 p^* に到達し，そこで価格の下落が止まります。次に，価格が均衡価格 p^* より低い p_2 であるときに何が起こるかを考えます。価格 p_2 を所与としたときの消費者の需要量は x_2，生産者の供給量は x_1 ですから，$x_2 - x_1$ の分だけ需要量が供給量を上回っています。このような，供給量を上回る需要量の超過分のことを超過需要（excess demand）といいます。超過需要とは，言い換えれば，品不足のことです。品不足が生じると価格は次第に上がっていきます。価格が上がっていくと需要量は減り供給量は増えていきます。こうした調整を通じて，価格はやがて超過需要が解消される（つまり需要量と供給量が一致する）均衡価格 p^* に到達し，そこで価格の上昇が止まります。

　不均衡における価格調整に関する上記の説明を読んで，「完全競争市場では経済主体はプライス・テイカーであるのに，超過供給や超過需要が発生したときに一体誰が価格を調整するのだろうか」という疑問を持った人もいることでしょう。

　この疑問に答えるために，前節で学んだプライス・テイカーの意味をもう

一度確認しましょう。プライス・テイカーとは「市場で決まる価格を所与として行動する経済主体」のことです。それでは，完全競争市場ではなぜ経済主体は市場価格を所与と見なすのでしょうか。それは，完全競争市場にはきわめて多数の消費者と生産者が存在するため，個々の消費者や生産者が需要量や供給量を変化させても市場全体の需要量や供給量には無視しうる程度の影響しか与えないので，市場価格も変化しないからです。市場均衡が実現している場合，個別の生産者は均衡価格で好きなだけ売ることができます。これに対して，均衡価格は採算が取れるギリギリの価格ですから，均衡価格より価格を下げると損失が出てしまいます。また，消費者はすべての生産者の価格を知っているため，均衡価格より価格を上げるとまったく売れません。したがって，市場均衡が実現している場合，生産者には均衡価格以外の価格を提示する動機のないことが分かります。これがプライス・テイカーであることの意味です。

　それでは，不均衡の状態のときには何が起こるでしょうか。超過供給が発生している場合には，売れ残りを抱える生産者が存在することになります。話を単純にするために，すべての生産者が少しずつ売れ残りを抱えているものとしましょう。このとき，生産者は自らの供給量が過剰であったことを認識します。そこで，多少損失が出ても売れ残りをなくしたいと思う生産者は価格を下げるでしょう。すると，消費者は値下げした生産者から買おうとするので，他の生産者も追随して値下げします。それでもまだ売れ残りを抱える生産者は，さらに価格を下げるでしょう。このように，超過供給が発生している場合には，生産者が価格を下げ供給量を減らすことになります。超過需要が発生している場合については読者の皆さんが考えてみてください。

　以上考察してきたように，完全競争市場においては，価格が均衡価格と異なるときには超過供給や超過需要が発生し，これらを解消するように価格が調整され，最終的に価格は均衡価格に一致し，取引量は均衡取引量に一致すると考えられます。このような価格を通じた需要量と供給量の調整メカニズムのことを価格調整過程（price adjustment process）といいます[6]。理想的な完

6　不均衡の状態から市場均衡が実現するプロセスについては，価格調整過程以外にも数量調整過程（quantity adjustment process）や蜘蛛の巣調整過程（cobweb adjustment process）などが

全競争市場では価格が高い調整能力を発揮するため，一時的に不均衡が生じてもすぐに解消されて市場均衡が実現すると考えられます。

4.3　需要と供給の変化と市場均衡---------------

　第2講で学んだように，ある財の需要量はその財の価格だけではなく，消費者の所得，他の財の価格，消費者の嗜好など，その財の価格以外の要因にも依存しており，こうした要因が変化すると需要曲線がシフトします。また，ある財の供給についても同様に，原材料の価格，生産技術，天候など，その財の価格以外の要因が変化すると供給曲線がシフトします。たとえば，牛肉の価格が安くなれば牛肉と代替関係にある豚肉の需要が減るため，豚肉の需要曲線は左側にシフトします。また，原材料である飼料の価格が高騰すれば豚肉の供給が減るため，豚肉の供給曲線は左側にシフトします。それでは，このような需要曲線や供給曲線のシフトが生じた場合，市場均衡はどのように変化するのでしょうか。本節ではこの問題について考察します。

■需要の変化と市場均衡

　まず，図4-3に基づいて，需要が変化して需要曲線がシフトしたときに市場均衡がどのように変化するか考えましょう。供給曲線を S，需要が変化する前の需要曲線を D_0 とすると，そのときの市場均衡は点 E_0，均衡価格は p_0，均衡取引量は x_0 です。ここで，需要が増えて需要曲線が D_0 から D_1 に右側にシフトしたとすると，市場均衡は点 E_0 から点 E_1 に移動します。それに伴って，均衡価格は p_0 から p_1 に上昇し，均衡取引量は x_0 から x_1 に増加します。逆に，需要が減って需要曲線が D_0 から D_2 に左側にシフトしたとすると，市場均衡は点 E_0 から点 E_2 に移動します。それに伴って，均衡価格は p_0 から p_2 に下落し，均衡取引量は x_0 から x_2 に減少します。したがって，たとえば牛肉の価格が安くなれば，豚肉の需要曲線は左側にシフトするので，

あります。これらについて興味のある読者は，巻末に紹介する中級のミクロ経済学の教科書を参照してください。

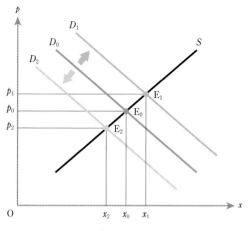

図4-3　需要曲線のシフトと市場均衡の変化

豚肉の価格は安くなり取引量は少なくなります。

　ここで，需要曲線がシフトする前の市場均衡である点 E_0 もシフトした後の市場均衡である点 E_1 や点 E_2 も同一の供給曲線 S 上に位置していることに着目すると，需要曲線のシフトによって均衡価格や均衡取引量がどれくらい変化するかは，供給曲線の傾き，すなわち，供給の価格弾力性の大きさに依存していることが分かります。図4-4 の左側に描かれているのは供給曲線の傾きが小さい（すなわち，供給の価格弾力性が大きい）ケース，右側に描かれているのは供給曲線の傾きが大きい（すなわち，供給の価格弾力性が小さい）ケースです。以下では，それぞれのケースについて考えていきましょう。まず左側の図を見てください。供給の価格弾力性が大きい財は，需要が増大して需要曲線が右側にシフトすると，均衡価格はあまり上昇しませんが，均衡取引量は大きく増加します。たとえば，家電製品のように広く普及している工業製品は，工場での量産体制が確立されています。それゆえ，価格の変化に対応して生産量をすばやく調整することができるので，一般的に供給の価格弾力性は大きいと考えられます。家電製品の需要が何らかの理由（たとえば消費者の所得の増加）により増えると，価格はそれほど上昇しないのに

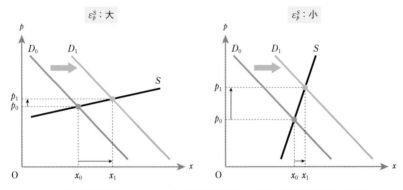

図 4-4　需要曲線のシフトと市場均衡の変化：供給の価格弾力性との関係

対し取引量は大きく増加するでしょう。次に右側の図を見てください。供給の価格弾力性が小さい財は，需要が増大して需要曲線が右側にシフトすると，均衡価格は大きく上昇しますが，均衡取引量はあまり増加しません。たとえば，農作物のように生産に比較的長い時間を要する財は価格の変化に対応して生産量をすばやく調整することができないので，一般的に供給の価格弾力性は小さいと考えられます。ある農産物の需要が何らかの理由（たとえばダイエット効果が高いと人気テレビ番組で取り上げられたこと）により増えると，価格は大きく上昇するのに対し取引量は短期的にはそれほど増加しないでしょう。

■ 供給の変化と市場均衡

　次に，図 4-5 に基づいて，供給が変化して供給曲線がシフトしたときに市場均衡がどのように変化するか考えましょう。需要曲線を D，供給が変化する前の供給曲線を S_0 とすると，そのときの市場均衡は点 E_0，均衡価格は p_0，均衡取引量は x_0 です。ここで，供給が増えて供給曲線が S_0 から S_1 に右側にシフトしたとすると，市場均衡は点 E_0 から点 E_1 に移動します。それに伴って，均衡価格は p_0 から p_1 に下落し，均衡取引量は x_0 から x_1 に増加します。逆に，供給が減って供給曲線が S_0 から S_2 に左側にシフトしたとすると，

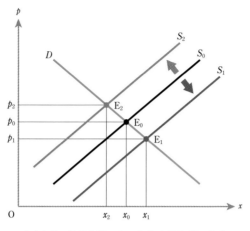

図4-5　供給曲線のシフトと市場均衡の変化

市場均衡は点 E_0 から点 E_2 に移動します。それに伴って，均衡価格は p_0 から p_2 に上昇し，均衡取引量は x_0 から x_2 に減少します。したがって，たとえば豚用の飼料の価格が高騰すれば，豚肉の供給曲線は左側にシフトするので，豚肉の価格は高くなり取引量は少なくなります。

　ここで，需要曲線のときと同様に，供給曲線がシフトしても市場均衡である点 E_0，E_1，E_2 は同一の需要曲線 D 上に位置していることに着目すると，供給曲線のシフトによって均衡価格や均衡取引量がどれくらい変化するかは，需要曲線の傾き，すなわち，需要の価格弾力性の大きさに依存していることが分かります。図4-6 の左側に描かれているのは需要曲線の傾きの絶対値が小さい（すなわち，需要の価格弾力性が大きい）ケース，右側に描かれているのは需要曲線の傾きの絶対値が大きい（すなわち，需要の価格弾力性が小さい）ケースです。以下では，それぞれのケースについて考えていきましょう。まず左側の図を見てください。需要の価格弾力性が大きい財は，供給が増大して供給曲線が右側にシフトすると，均衡価格はあまり下落しませんが，均衡取引量は大きく増加します。たとえば，超高性能パソコンは奢侈品（贅沢品）であるため，一般的に需要の価格弾力性は大きいと考えられます。超高

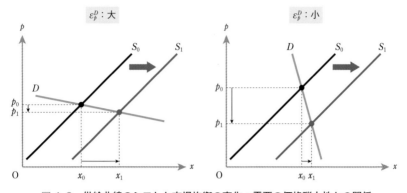

図4-6　供給曲線のシフトと市場均衡の変化：需要の価格弾力性との関係

性能パソコンの供給が何らかの理由（たとえば生産技術の向上）により増える
と，価格はそれほど下落しないのに対し取引量は大きく増加するでしょう。
次に右側の図を見てください。需要の価格弾力性が小さい財は，供給が増大
して供給曲線が右側にシフトすると，均衡価格は大きく下落しますが，均衡
取引量はあまり増加しません。たとえば，キャベツや白菜のように日常当た
り前のように食される農作物は必需品であるため，一般的に需要の価格弾力
性は小さいと考えられます。キャベツや白菜の供給が何らかの理由（たとえ
ば好天）により増えると，価格は大きく下落するのに対し取引量はそれほど
増加しないでしょう。実際，キャベツ，白菜，レタス，大根，玉葱などの農
産品は，天候に恵まれ豊作になると価格が大きく下落するのに対して取引量
はそれほど増加しないため，かえって収入が減ってしまいます。このような
現象を「豊作貧乏」といいます（**第3講**の図3-6を思い出して，図4-6の右
側の図で価格がp_0からp_1に下落した場合に収入を表す長方形の面積が小さくなっ
ていることを確かめてください）。このような場合，収入を守る自衛手段とし
て出荷量を減らすために生産農家自らが農作物をトラクターで潰す光景が
ニュースで報じられることもあります。

4.4 価格バブルの発生[7]-----------------------------

4.2 節で学んだ価格調整過程を思い出してください。財の価格が均衡価格より高いときには超過供給が生じ，均衡価格に向かって価格は下落していきます。また，財の価格が均衡価格より低いときには超過需要が生じ，均衡価格に向かって価格は上昇していきます。このように，完全競争市場では価格による自己調整機能が働きます。確かに多くの市場ではこうした自己調整機能が働きますが，この自己調整機能では説明のつかない「価格バブル」という現象がときどき発生します。本節では，これまで学んできた需要と供給の概念を使って価格バブルの発生メカニズムを説明します。

■ 価格バブルとは

まず，価格バブルとはどのような現象かを明確にしておきましょう。価格バブル（price bubble）とは，株式や不動産などの資産の価格が実体に基づいた「適正価格」を超えて比較的長期間にわたり上昇し続けることをいいます。このような価格上昇は投機（speculation），すなわち，将来の価格上昇を見込んで現在購入し，その価格差から利益を得ようとする行為によって発生します。将来の価格上昇が見込めなくなると過熱状態は一気に醒めてしぼむところから，泡（バブル）になぞらえられます。価格バブルがはじめて生じたのは 1630 年代のオランダで，投機の対象となったのは意外なことにチューリップの球根でした。それから現在に至るまで 400 年近くにわたり，価格バブルはイギリス，フランス，アメリカ，日本などにおいて繰り返し発生しています。

■ 負のフィードバックと正のフィードバック

まず，価格バブルという現象の特異性を理解するために，フィードバック

---

[7] 本節の説明は次の文献に基づいています。Komlos, J. and L. Allen（2020）. "An Expectations-Augmented Demand Curve for Teaching How Bubbles Form." *Australasian Journal of Economics Education*, Vol.17（1）, pp.56-66.

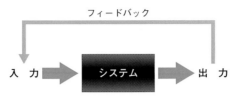

図4-7　フィードバックの概念

という概念を導入しましょう。フィードバック（feedback）とは制御工学の概念で，図4-7のように，システムの出力が時間の遅れを伴って再び入力に戻されることをいいます。市場というシステムでは需要と供給の作用により価格という出力が決定されますが，消費者と生産者はその価格に基づいて次の期の需要と供給を決めるため，価格は時間の遅れを伴って再び市場というシステムに入力としてフィードバックされます。**4.2 節**で説明したような財の価格が均衡価格へ向かう場合においては，出力である価格の変化は次第に小さくなりシステムは安定的に市場均衡へ向かいます。このように，システムが適正な状態から離れたときに元に戻ろうとするメカニズムのことを負のフィードバック（negative feedback）といいます。市場における価格の自己調整機能は典型的な負のフィードバックに他なりません。

　それに対して，出力の変化が次第に大きくなりシステムが適正な状態から次第に離れていくメカニズムを正のフィードバック（positive feedback）といいます。正のフィードバックの最も身近な例の一つにハウリングという現象があります。これは，マイクからの入力音がスピーカーから出力され，それが再びマイクを通してアンプ（増幅器）で増幅されることにより「キーン」というような大きな雑音が生じる現象です[8]。市場についていえば，正のフィードバックとは価格バブルが発生する状況に相当します。つまり，価格が適正な水準から上昇すると，それがフィードバックされて更なる価格の上昇がもたらされるのが価格バブルです。この説明から明らかなように，価格

---

[8]　この現象のことを日本語では「ハウリング」といいますがこれは和製英語です。正式な英語の表現では「（audio）feedback」といいます。

バブルの特異性は，市場が本来有するとされる自己調整機能が働かない状態において発生する点にあります。

■ 価格バブルの発生

それでは，これまで学んできた需要曲線と供給曲線の図を使って，価格バブルが発生するメカニズムを考察してみましょう。価格バブルは一般的な財の市場で発生することはほとんどありません。価格バブルが発生するのは，株式，不動産，美術品のような「資産」が取引される市場においてです。ここでは，大都市におけるマンションの流通市場を例として考えることにしましょう[9]。

一般にマンションは居住する目的で購入するため，たいていの人は現在いくらで売られているか，すなわち現在価格を重視するでしょう。しかし，マンションを購入する人の中にはその資産価値を重視する人がいます。このような人は，将来値上がりが予想される物件があれば，居住する意志がなくても投資目的で購入するかも知れません。たとえば，現在の価格が3000万円のマンションが1年後に3500万円になると予想される場合，1年間で500万円儲けることができるからです[10]。したがって，将来の予想価格が高くなれば高くなるほど多くの人がそのマンションを買おうとするでしょう。このように，資産の需要を決める大切な要因には，その資産の現在価格だけではなく将来価格に対する予想（expectation）も含まれます。本節では，議論を単純にするため，資産の将来価格に対する予想は資産の供給に影響を与えないものとします。

いま，マンションの将来価格の予想が一定のまま変化しないとしましょう。将来価格の予想が変化しなければ，マンションの価格はこれまで学んだように需要と供給が一致するように決まります。ある時点0期におけるマンションの流通市場の需給均衡が図4-8の点E_0で表されているものとします。点E_0では需要曲線D_0と供給曲線Sが交差しています。このときの価格p_0は，

9　マンションの流通市場とは，建設会社が新築マンションを販売する市場ではなく，マンションをすでに所有している人が他の人に転売する市場のことを指します。

10　実際の不動産取引にはさまざまな手数料がかかりますが，ここでの問題にとっては本質的ではないため無視します。

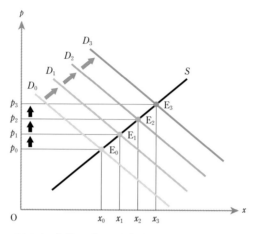

図 4-8　価格バブルの発生（正のフィードバック）

将来価格の予想が一定のままという状況下において需要と供給という実体に
応じて決まる価格です。ここで，何らかの理由で次の 1 期に対する予想価格
が高まったとしましょう。このように資産の将来価格に対する予想が上昇す
ると，**第 2 講の 2.2 節**で学んだのと同じように，需要曲線が右側にシフトし
ます[11]。なぜなら，現在価格が同じであっても，予想価格が上昇すれば資産
価値を重視する人々が購入することによりマンションに対する需要が増加す
るからです。その結果，1 期には需要曲線が D_1 にシフトするとすれば，1
期における新たな市場均衡は点 E_1 となり，1 期の現在価格は p_1 に上昇しま
す。このように価格が上昇する理由は，マンションの実質的な価値が価格上
昇分に見合う分だけ高くなったからではなく，将来価格に対する予想が高
まったことによりマンション購入（保有）の便益が高まったからです[12]。

11　**2.2 節**では需要曲線がシフトする主な要因として「消費者の所得の変化」，「他の財の価
　格の変化」，「消費者の嗜好の変化」の 3 つを挙げましたが，「資産」の需要曲線がシフトする要
　因としてはこれらに加えて「当該資産の将来価格に対する予想の変化」も考慮に入れるべきで
　しょう。

12　資産の将来価格に対する予想が資産の供給に影響を及ぼすことを考慮に入れるなら，予
　想価格が上昇すると供給曲線は左側にシフトします。なぜならば，将来価格が上昇するのなら，
　資産価値を重視する人々は価格が上昇するまで売るのを控えようと考えるため，マンションの供

ところが，話はここで終わりません。0期において1期における価格の上昇が予想され，1期において実際に価格が上昇したため，次の2期においても再び価格が上昇するのではないかという予想の生まれる可能性があります。その結果，2期に需要曲線がD_2にシフトするならば，2期における新たな市場均衡は点E_2となり，2期の現在価格はp_2に上昇します。かくして，価格上昇が更なる価格上昇をもたらすという正のフィードバックが登場しました。この正のフィードバックは引き続き作用し，追加的な価格上昇がさらに予想価格の上昇を引き起こし，3期に需要曲線がD_3にシフトするならば，3期における市場均衡は点E_3となり，価格はp_3に上昇します。このようにして価格は上昇し続け，価格バブルが発生するわけです。

■ 価格バブルの崩壊

　価格バブルの発生メカニズムは反対方向へも働きます。つまり，正のフィードバックは価格が下落する場合にも同様に作用します。今度は，価格バブルが発生した結果，3期においてマンションの需要曲線が図4-9のD_3，市場均衡が点E_3，現在価格がp_3になったところから話をはじめましょう。マンションの価格バブルが継続すると，やがて「近いうちに価格が下落するのではないか」と悲観的に考える人が必ず出てきます。そして，何かのきっかけで「マンションの価格が下落するのではないか」と予想する人の割合が増えてくると，投資目的による需要が減るため需要曲線が左側にシフトすることになります。こうしたことが3期から4期にかけて起こり，需要曲線がD_4へと左側にシフトしたとすると，4期の現在価格はp_4に下落します。価格がさらに下落すると予想される場合には，投資目的による需要がますます減るため，需要曲線はD_5やD_6へとさらに左側にシフトしていき，それに伴って現在価格もp_5やp_6へとさらに下落し続けます。このようにして価格は下落し続け，価格バブルが崩壊するわけです[13]。

　　給が減少するからです。この効果を加味すると，価格はさらに上昇することになります。

13　脚注12と同様に資産の予想価格が資産の供給に影響を及ぼすことを考慮に入れるなら，予想価格が下落すると供給曲線は右側にシフトします。なぜならば，将来価格が下落するのなら，資産価値を重視する人々は価格が下落する前に売ってしまおうと考えるため，マンションの供給が増加するからです。この効果を加味すると，価格はさらに下落することになります。

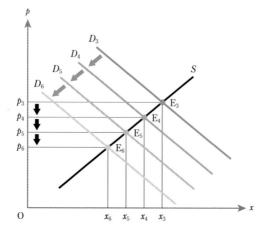

図 4-9　**価格バブルの崩壊（逆向きの正のフィードバック）**

問 1　ある財の市場需要関数は $x^D = -3p + 3000$，市場供給関数は $x^S = 2p$ で表されるとする。ただし，x^D は市場の需要量，x^S は市場の供給量，p は価格である。このとき，以下の問いに答えなさい。

(1)　この財の市場需要曲線と市場供給曲線を描きなさい。

(2)　均衡価格と均衡取引量を求めなさい。また，(1)で描いた図にそれらを書き加えなさい。

(3)　価格が 100 のとき，超過需要と超過供給のどちらが生じるか，また，いくら生じるか答えなさい。

(4)　価格が 900 のとき，超過需要と超過供給のどちらが生じるか，また，いくら生じるか答えなさい。

(5)　市場供給関数はもとのままで，市場需要関数が $x^D = -3p + 3600$ に変化したとする。変化後の新たな均衡価格と均衡取引量を求めなさい。また，この変化の様子を図示しなさい。

(6)　市場需要関数はもとのままで，市場供給関数が $x^S = 2p - 1000$ に変化したとする。変化後の新たな均衡価格と均衡取引量を求めなさい。また，この変化

の様子を図示しなさい。

問2　需要曲線 D と供給曲線 S が下図のようになっているとき，不均衡状態において価格調整過程が働くと市場均衡が実現するか否か論じなさい。

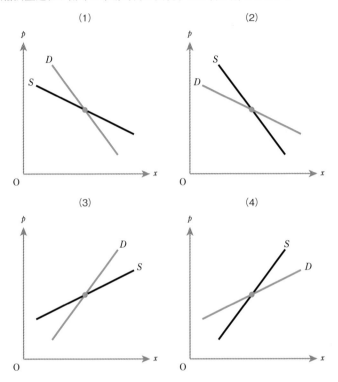

(1)

(2)

(3)

(4)

問3　以下の現象を需要曲線と供給曲線の図を使って説明しなさい。

(1)　あるダイエット食品がテレビ番組で紹介されブームとなり，価格が高くなった。

(2)　ある家電製品の生産技術が改良され大量生産が可能となり，価格が安くなった。

(3)　白菜が天候に恵まれ豊作となったにもかかわらず，生産農家の収入が減ってしまった。

第Ⅲ部

消費者の行動

　第Ⅱ部では需要と供給について基礎的な事柄を学びました。第Ⅲ部では需要について深く掘り下げて，消費者の行動を詳しく考察します。ミクロ経済学では，消費者は予算の制約のもとで，消費から得られる満足度を表す効用を最大にするように財・サービスの消費の組み合わせを決めると考えます。第5講から第8講にかけて順に考察を積み上げていくと，消費者の効用最大化行動の結果として需要曲線を導くことができます。需要曲線という単純な1本の曲線の背後で消費者がどのような消費活動を行っているかを詳しく見ていくことにしましょう。

■第Ⅲ部では，需要曲線の背後にある消費者の行動がどのようなものであるか
について学びます。具体的には，消費者は予算内で購入可能な財の組み合わ
せのうち自らの満足度を表す効用が最大になるように財の消費の組み合わせ
を選ぶ，と想定して分析を行います。まず本講では，消費の組み合わせと効
用の関係を表す効用関数と，効用関数を別の角度から眺めた無差別曲線につ
いて学びます。

5.1 効用と効用関数----------------------------

■ 選好と効用

　筆者たちが住む東京はまれにみるラーメン激戦区で，なかでも豚骨ラーメ
ンや醤油ラーメンが人気でいたるところに専門店がひしめき合っています。
筆者たちは豚骨ラーメンの方が醤油ラーメンより好きなのですが，皆さんは
どちらが好みでしょうか。経済学では，消費者の財に対する好みの順序のこ
とを選好（preference）といいます。消費者の選好は効用という概念を用いる
と簡潔に表すことができます。効用（utility）とは消費者が財を消費すること
で得られる満足の度合のことをいいます。効用は数値で表すことができ，好
きな財ほど効用の数値が大きくなるものとします。たとえば，ある消費者の
豚骨ラーメンに対する効用が6，醤油ラーメンに対する効用が3だとすれば，
これはこの消費者が「豚骨ラーメンの方が醤油ラーメンより好き」という選
好を持っていることを表しています。ここで注意しなければならないのは，
効用の数値は，その大小関係が消費者の選好（すなわち，好みの順序）を表

しているだけであり，数値の大きさそれ自体に特別な意味はないということです。つまり，「豚骨ラーメンの効用が6，醤油ラーメンの効用が3」であるからといって，決して「豚骨ラーメンの方が醤油ラーメンより2倍好き」ということを表しているわけではないのです。したがって，「豚骨ラーメンの方が醤油ラーメンより好き」という選好を表すためには，「豚骨ラーメンの効用が6，醤油ラーメンの効用が3」であろうと，「豚骨ラーメンの効用が100，醤油ラーメンの効用が10」であろうと構わないことになります。要は「豚骨ラーメンの効用＞醤油ラーメンの効用」という大小関係さえ成り立っていれば良いのです。

■ 効 用 関 数

　本書では，話を簡単にするために，消費者は2種類の財を消費することから効用を得ると考えます[1]。第1財の消費量を x_1，第2財の消費量を x_2 とし，消費者の消費の組み合わせ（consumption bundle）を (x_1, x_2) と表すことにしましょう。たとえば，$(1, 4)$ は第1財の消費量が1，第2財の消費量が4であることを表します。

　消費の組み合わせ (x_1, x_2) から得られる効用を $u(x_1, x_2)$ と表すことにします。たとえば，$u(1, 4)$ は第1財の消費量が1，第2財の消費量が4のときに得られる効用を表します。ここで，第1財の消費量 x_1，第2財の消費量 x_2 の値が決まるとそれに対応して効用 $u(x_1, x_2)$ の値がただ1つに決まるならば，効用 $u(x_1, x_2)$ は x_1 と x_2 の関数と見なすことができます[2]。このような，消費の組み合わせと効用の関係を表す関数を効用関数（utility function）といいます。効用関数は消費の組み合わせに対する消費者の選好を表す関数だといえます。

　以下での分析を円滑に行うため，消費者の選好は次の2つの性質を満たすと仮定します[3]。

---

[1]　2種類の財のケースで成り立つ事柄は，財が3種類以上のケースでも成り立つことが知られています。また，財が1種類しかないケースでは，選択の問題が生じないため，消費者の行動はきわめて単純なものになります。

[2]　関数については**第1講**の**1.2.1節**を参照してください。

[3]　厳密にはさらにいくつかの仮定が必要ですが，議論が複雑になってしまうため本書では割愛

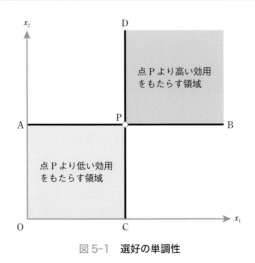

図 5-1　選好の単調性

　一つ目は選好の単調性（monotonicity）という性質です。これは，財をたくさん消費するほど効用が高くなるという性質です。もう少し厳密にいえば，一方の財の消費量が増え，もう一方の財の消費量が減らなければ，効用が高くなるという性質です。選好の単調性が満たされていれば，たとえば（ビール1杯，焼き鳥2本）という組み合わせの効用よりも（ビール3杯，焼き鳥2本）という組み合わせの効用の方が高くなります。

　図 5-1 を見てください。x_1-x_2 平面の第一象限に点Pをとり，それを通る水平線 AB と垂直線 CD を描くと，第一象限は図のように4分割されます。このとき，選好の単調性が満たされていれば，点Pより右上の灰色の領域（境界線 PB，PD を含む。ただし，点Pは含まない）に属するどの消費の組み合わせも，点Pに比べて一方の財の消費量は増えており，もう一方の財の消費量は減っていないので，点Pの消費の組み合わせより高い効用をもたらすことが分かります。選好の単調性が満たされていれば，逆に，点Pより左下の水色の領域（境界線 PA，PC を含む。ただし，点Pは

します。関心がある読者は巻末に紹介する中級のミクロ経済学の教科書を参照してください。

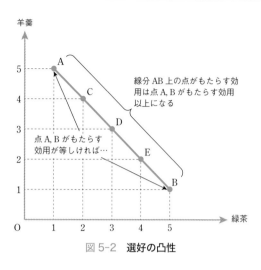

図 5-2　選好の凸性

含まない）に属するどの消費の組み合わせも点 P の消費の組み合わせより低い効用をもたらすことが分かります。

　二つ目は選好の凸性（convexity）という性質です。いま，同じ効用をもたらす 2 つの消費の組み合わせ A，B があるとき，x_1-x_2 平面上でこれらに対応する 2 点 A，B を結ぶ線分 AB を描きます。このとき，線分 AB 上の点がもたらす効用は点 A，B がもたらす効用以上になるというのがこの性質です。

　図 5-2 を見てください。いま，点 A は（緑茶 1 杯，羊羹 5 切れ），点 B は（緑茶 5 杯，羊羹 1 切れ）という消費の組み合わせを表しており，どちらの組み合わせも同じ効用をもたらすものとしましょう。このとき，選好の凸性が満たされていれば，線分 AB 上の点がもたらす効用は点 A，B がもたらす効用以上になります。ここで，点 C は（緑茶 2 杯，羊羹 4 切れ），点 D は（緑茶 3 杯，羊羹 3 切れ），点 E は（緑茶 4 杯，羊羹 2 切れ）という消費の組み合わせであることから，選好の凸性は，一方の財に片寄って消費するより，両方の財をバランスよく消費するほど効用が高くなることを意味することが分かります。

選好の単調性と凸性は満たされない場合もあることに注意してください。たとえば，2種類の財のうち片方が嫌いな食べ物である場合には，その財が少ない方が効用は高くなるため，選好の単調性は満たされません。しかし，少し限定的になるとはいえ，これら2つの仮定をおくことで消費者行動の分析を円滑に行えるようになります。

5.2 無差別曲線

■ 効用関数のグラフ

効用関数のグラフはどのような形状になるのでしょうか。図5-3には，2種類の財の数量を平面の横軸と縦軸に，効用の水準を垂直軸にとった場合の消費者の効用関数のグラフが描かれています。このように，効用関数のグラフは一方的に上がり続けるドーム状の3次元の曲面になります（どうしてこ

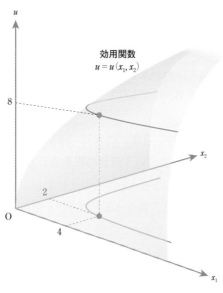

図5-3　効用関数のグラフ

のような形状になるのかはこれから次第に明らかになります）。効用関数のグラフは，消費の組み合わせ（x_1-x_2 平面上の点で表される）から得られる効用（曲面の高さで表される）を視覚的に表したものです。この図では，消費の組み合わせ（$4, 2$）から得られる効用は 8 であることが例示されています。

■ 無差別曲線

　上で見たように，財が 2 種類しかない場合でも効用関数のグラフは 3 次元の曲面になるため，そのまま用いると分析がとても複雑になってしまいます。それを避けるために，効用関数のグラフそのものの代わりに無差別曲線というものが用いられます。無差別曲線（indifference curve）は，ある一定の効用をもたらす消費の組み合わせをつなぎ合わせた曲線です。「無差別」というのは「差別の無いこと」つまり「効用が同じであること」を意味しています。

　無差別曲線は効用関数から導出することができます。まず，図 5-4 **(a)** にあるとおり，効用関数を高さ $\bar{u}$ の水平な平面で切ります。次に，その切り口を x_1-x_2 平面に投影して，図 5-4 **(b)** のような曲線を描きます。こうして

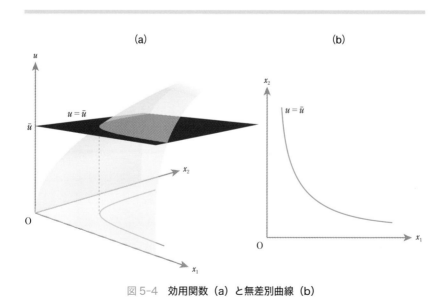

図 5-4　**効用関数（a）と無差別曲線（b）**

描いた曲線はある効用 $\bar{u}$ をもたらす消費の組み合わせ (x_1, x_2) をつなぎ合わせた曲線なので，ある効用 $\bar{u}$ に対応する無差別曲線に他なりません。無差別曲線は地図の等高線に類似しており，等高線上のどの点も同じ標高であるように，無差別曲線上のどの消費の組み合わせも同じ効用をもたらします。また，地図の等高線が任意の標高に対して描くことができるように，無差別曲線も任意の効用水準に対して描くことができます。

■ 無差別曲線の性質

選好の単調性と凸性が満たされていれば，無差別曲線は以下の4つの重要な性質を有します。

第一に，無差別曲線は右下がり（左上がり）の曲線になります。この性質について図5-1を用いて確認してみましょう。選好の単調性が満たされていれば，「点Pより右上の灰色の領域（境界線PB，PDを含む。ただし，点Pは含まない）」の点は点Pより高い効用をもたらし，「点Pより左下の水色の領域（境界線PA，PCを含む。ただし，点Pは含まない）」の点は点Pより低い効用をもたらします。したがって，点Pと無差別な消費の組み合わせを探すなら「点Pより右下の領域（境界線PB，PCは含まない）」あるいは「点Pより左上の領域（境界線PA，PDは含まない）」に向かっていくことになります。これは無差別曲線上のすべての点について成り立つので，選好の単調性が満たされていれば，無差別曲線は右上がり（左下がり）の部分，水平な部分，垂直な部分のいずれも含まない，右下がり（左上がり）の曲線になります。

第二に，無差別曲線は右上に位置するものほど高い効用をもたらします。この性質について図5-5を用いて確認してみましょう。2本の無差別曲線のうち左下に位置する無差別曲線上に点Aをとり，右上に位置する無差別曲線上に点Bをとります。ただし，点Bが点Aより右上に位置するようにします。すると，点Bの消費の組み合わせの方が点Aの消費の組み合わせよりも両財とも消費量が多いため，選好の単調性が満たされていれば，点Bの消費の組み合わせの方が点Aの消費の組み合わせよりも効用が高くなります。このように，選好の単調性が満たされていれば，無差別曲線は右上に位置するものほど高い効用をもたらします。

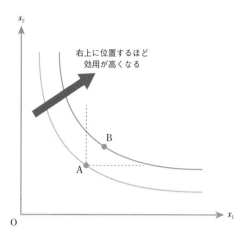

図 5-5　無差別曲線の位置による効用水準の違い

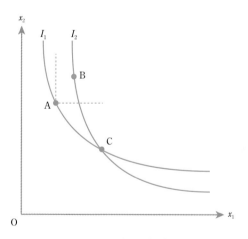

図 5-6　互いに交わる無差別曲線

　第三に，無差別曲線は互いに交わりません。この性質について図5-6 を
用いて確認してみましょう。いま，2 本の無差別曲線 I_1, I_2 が点 C で交わっ
ていると仮定します[4]。点 A と点 C は，ともに同一の無差別曲線 I_1 上にある

4　ここでの説明には背理法を使います。背理法については**第 1 講**の **1.2.8 節**を参照してくだ
　さい。

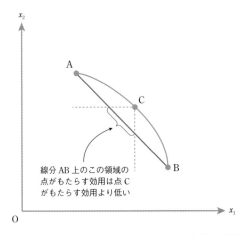

図 5-7　右上に向かって凸の部分がある無差別曲線

ため，同じ効用水準をもたらします。また，点 B と点 C は，ともに同一の無差別曲線 I_2 上にあるため，やはり同じ効用水準をもたらします。したがって，点 A と点 B は同じ効用水準をもたらすはずです。ところが，点 B は点 A より右上に位置しているため，選好の単調性より，点 B の効用は点 A の効用より高いはずです。これは矛盾なので，2 本の無差別曲線が交わるという仮定が誤っていることになります。したがって，無差別曲線は互いに交わることはありません。

　最後に，無差別曲線は原点に対して凸になります。ここで，「原点に対して凸」とは原点に向かって矢を射るように引き絞った弓のような形になることをいいます[5]。この性質について図 5-7 を用いて確認してみましょう。いま，無差別曲線（の一部分）が右上に向かって凸であると仮定します[6]。ここで，この無差別曲線上に任意の 2 点 A，B とそれらの間に任意の点 C をとり，2 点 A，B を結ぶ線分 AB を描きます。すると，選好の単調性より，線

---

[5]　厳密にいうと，「右上に向かって凸の部分がないような形」という表現の方がより正確で，無差別曲線（の一部分）が直線になることも許容されます。

[6]　ここでの説明にも背理法を使います。

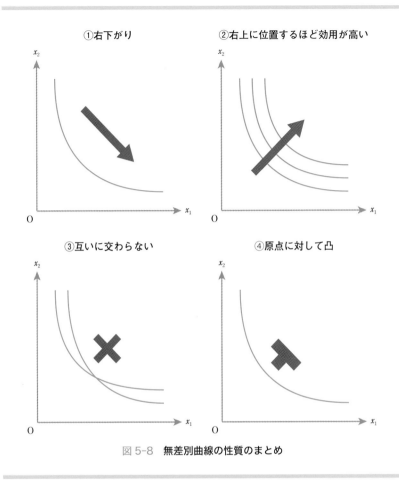

①右下がり ②右上に位置するほど効用が高い

③互いに交わらない ④原点に対して凸

図 5-8　無差別曲線の性質のまとめ

分 AB のうち点 C より左下の領域の点がもたらす効用は点 C がもたらす効用より低いはずです。ところが、選好の凸性より、線分 AB 上の点がもたらす効用は点 A、B がもたらす効用以上になるはずです。同一の無差別曲線上に位置する点 A、B、C がもたらす効用は同じでなければならないので、これは矛盾です。ゆえに、無差別曲線（の一部分）が右上に向かって凸であるという仮定が誤っていることになります。したがって、無差別曲線は原点に対して凸になります。

　以上の考察より、選好の単調性と凸性が満たされていれば、無差別曲線は

図 5-8 に描かれているように，

① 右下がりである
② 右上に位置するものほど高い効用をもたらす
③ 互いに交わらない
④ 原点に対して凸である

という 4 つの性質を有することが分かります。

5.3 限界代替率

本節では，無差別曲線にまつわる重要な概念である限界代替率について学びます。少し難しい概念ですから，まず限界代替率とはどのような概念なのかを直観的に解説し，その後に限界代替率を厳密に定義することにします。

■ 限界代替率とは（直観的な説明）

前節において，選好の単調性と凸性が満たされていれば，無差別曲線は原点に対して凸であることを示しました。それでは，無差別曲線が原点に対して凸であることは一体何を意味するのでしょうか。結論からいえば，無差別曲線が原点に対して凸であることは，ある財の消費量が増えるにつれてその財に対する主観的評価が下がっていくことを意味します。たとえば，激しい運動をした後に飲むスポーツドリンクは何物にも代えがたいですが，1 本目，2 本目，3 本目と飲むにつれてスポーツドリンクに対する皆さんの評価は下がっていくのではないでしょうか。このように，財の消費量が増えるにつれてその財に対する主観的評価が下がっていくような例は身近なところにたくさんあります。このことについて詳しく考察するために，まずは以下の例について考えてみましょう。

今日は楽しい遠足です。花子さんはおやつにクッキーをたくさん持ってきたのですが，リュックサックが小さいためジュースをあまり入れること

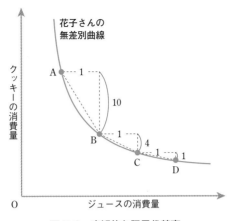

図 5-9　直観的な限界代替率

ができませんでした。図5-9に花子さんがリュックサックに入れてきた
ジュースとクッキーの組み合わせを表す点Aと，花子さんの無差別曲線
が描かれています。さて，おやつの時間になると，太郎君が

　「ジュースを1本あげるからクッキーをちょうだい」

と交換を持ち掛けてきました。花子さんはクッキーをたくさん持ってきた
けれどジュースをあまり持ってこなかったので，

　「じゃあ，クッキーを10枚あげるね」

と交換に応じました。その結果，花子さんの消費の組み合わせは点Aか
ら点Bへと変わることになりました。ジュースが1本増えたため，クッ
キーが10枚減りましたが花子さんの効用は変わらないことに注意してく
ださい。少しして次郎君が

　「ジュースを1本あげるからクッキーをちょうだい」

と交換を持ち掛けてきました。手持ちのジュースは増えましたがクッキー
は減ってしまったため，花子さんはクッキーを太郎君のときのように10

枚もあげられないと思い,

　「じゃあ,クッキー4枚ならいいよ」

と交換に応じました。その結果,花子さんの消費の組み合わせは点Bから点Cへと変わることになりました。ジュースが1本増えたため,クッキーが4枚減りましたが花子さんの効用は変わらないことに注意してください。その直後,今度は三郎君が

　「ジュースを1本あげるからクッキーをちょうだい」

と交換を持ち掛けてきました。手持ちのジュースは十分に増えましたがクッキーはかなり減ってしまったため,花子さんはクッキーを次郎君のときのように4枚もあげられないと思い,

　「じゃあ,クッキー1枚ならいいよ」

と交換に応じました。その結果,花子さんの消費の組み合わせは点Cから点Dへと変わることになりました。ジュースが1本増えたため,クッキーが1枚減りましたが花子さんの効用は変わらないことに注意してください。

　それでは本題に戻りましょう。効用の水準が変化しないという条件のもとで,第1財の消費量が1単位増えるなら,それと引き替えに減っても構わないと思う第2財の消費量を第1財の第2財に対する限界代替率(marginal rate of substitution)といいます。第1財の第2財に対する限界代替率は「消費者にとって第1財の1単位は第2財の何単位分に値するか」,言い換えると,「第1財の第2財に対する主観的価値」を表しています。図5-9において,花子さんのジュース(第1財)のクッキー(第2財)に対する限界代替率は,点Aにおいては10枚,点Bにおいては4枚,点Cにおいては1枚となっています。別の言い方をすれば,花子さんにとって,ジュース1本の価値は点Aではクッキー10枚分に相当し,点Bではクッキー4枚分に相当し,点Cではクッキー1枚分に相当することになります。この図から分か

るように，無差別曲線が原点に対して凸であるなら，無差別曲線に沿って第1財の消費量が増え第2財の消費量が減るにつれて，第1財の第2財に対する限界代替率はだんだん小さくなっていきます。これを限界代替率逓減の法則（law of diminishing marginal rate of substitution）といいます[7]。これは，財の消費量が増えるにつれてその財に対する主観的評価が下がっていくことを意味しています。

■ 限界代替率の厳密な定義

これまでの直観的な説明でおおよそのイメージが理解できたと思いますので，限界代替率を厳密に定義することにしましょう[8]。

いま，ある消費者が (x_1, x_2) という消費の組み合わせを持っており，第1財の消費量が Δx_1（プラスの値）変化するなら，それと引き替えに第2財の消費量が Δx_2（マイナスの値）変化しても構わないと思っているものとします[9]。つまり，この財の入れ替えによって消費者の効用の水準は変わらないわけです。すると，第1財によって第2財を代替する率（交換比率）は $-\Delta x_2/\Delta x_1$ と表すことができます[10]。しかしながら，Δx_1 の大きさによって交換比率 $-\Delta x_2/\Delta x_1$ は異なるので，こうした恣意性を排除しなければ厳密な議論ができません。そのために，Δx_1 を限りなく0に近づけたとき，すなわち $\Delta x_1 \rightarrow 0$ としたときの $-\Delta x_2/\Delta x_1$ の極限値

$$\lim_{\Delta x_1 \to 0} \left(-\frac{\Delta x_2}{\Delta x_1} \right)$$

を考え，これを第1財の第2財に対する限界代替率と定義します。

図5-10の点Aを見てください。点Aの消費の組み合わせから第1財が Δx_1（プラスの値）変化すると，消費の組み合わせは点Cとなり，消費者の効用はもとの水準より高くなります。このとき，点Cの消費の組み合わせ

---

7 「逓（てい）」という字は「徐々に」あるいは「次第に」という意味を持っています。

8 厳密な限界代替率の定義は微分係数と深く関係しています。微分係数については**第1講**の**1.2.5節**および**1.2.6節**を参照してください。

9 上での直観的な説明においては，この「Δx_1」を便宜上「第1財の1単位の増加」としています。

10 Δx_1 はプラスの値，Δx_2 はマイナスの値なので，$-\Delta x_2/\Delta x_1$ はプラスの値であることに注意してください。

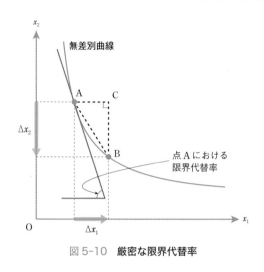

図 5-10　厳密な限界代替率

　から第 2 財がΔx_2（マイナスの値）変化すると，消費の組み合わせはもとの無差別曲線上の点 B となり，消費者の効用はもとの水準と同じになります。ここで，第 1 財によって第 2 財を代替する率$-\Delta x_2/\Delta x_1$は直角三角形 ABC の斜辺 AB の傾きの絶対値に等しくなることに着目してください。そうすれば，Δx_1を限りなく 0 に近づけたとき（点 B を点 A に限りなく近づけたとき），$-\Delta x_2/\Delta x_1$の極限値は点 A における無差別曲線の接線（灰色の直線）の傾きの絶対値に等しくなることが分かります。したがって，無差別曲線上のある点における第 1 財の第 2 財に対する限界代替率は，その点における無差別曲線の接線の傾きの絶対値に等しくなります。

　図 5-11 を見ると分かるように，無差別曲線が原点に対して凸であるならば，点 A，点 B，点 C というように無差別曲線に沿って第 1 財の消費量が増え第 2 財の消費量が減るにつれて，無差別曲線の接線の傾きの絶対値はだんだん小さくなっていきます。かくして，第 1 財の第 2 財に対する限界代替率はだんだん小さくなっていき，限界代替率逓減の法則が成り立ちます。

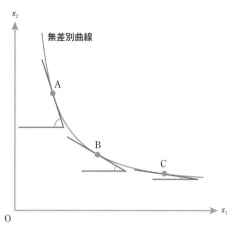

図 5-11　限界代替率の逓減

問 1　消費の組み合わせ (x_1, x_2) から得られる効用を $u(x_1, x_2)$ と表す。ただし，x_1 は第 1 財の消費量，x_2 は第 2 財の消費量である。このとき，以下の問いに答えなさい。

 (1)　ある消費者の効用関数が $u(x_1, x_2) = \sqrt{x_1 x_2}$ で表されるとする。このとき，効用 2 および効用 3 に対応するこの消費者の無差別曲線を描きなさい。

 (2)　ある消費者の効用関数が $u(x_1, x_2) = x_1 + 5x_2$ で表されるとする。このとき，効用 10 および効用 20 に対応するこの消費者の無差別曲線を描きなさい。

 (3)　ある消費者の効用関数が $u(x_1, x_2) = x_1 + \sqrt{x_2}$ で表されるとする。このとき，効用 k に対応するこの消費者の無差別曲線を描きなさい。ただし，$0 \leq x_1 \leq k$ とする。

問 2　以下のような選好の単調性が満たされない場合を考える。このとき，以下のそれぞれの場合について無差別曲線を 2 本ずつ描きなさい。なお，描いた 2 本の無差別曲線のうちどちらの効用が高いかを明記すること。

 (1)　第 1 財をたくさん消費するほど効用が低くなり，第 2 財をたくさん消費する

ほど効用が高くなるような場合。

(2) 第1財も第2財もたくさん消費するほど効用が低くなるような場合。

問3　ある消費者の無差別曲線Iが下図のように描かれるとする。このとき，以下の問いに答えなさい。

(1) 点Aにおける（第1財の第2財に対する）限界代替率を求めなさい。

(2) 点Bにおける（第1財の第2財に対する）限界代替率を求めなさい。

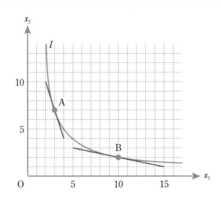

第6講
予算制約線と
効用最大化行動

■第 5 講では，消費者の満足度を表す効用関数を考え，そこから無差別曲線を
導出してその性質を詳しく調べました。本講では，まず，消費者が効用を最
大化するときに予算の制約を考慮に入れなければならないこと，続いてその
予算の制約の下でどのようにして効用の最大化を達成するのかについて学び
ます。

6.1　予算制約-------------------------------------

■ 予算制約：焼き鳥屋のケース

　もし予算に上限がなかったとしたら，消費者はできるだけ高い効用を得る
ために好きなだけ財を購入するでしょう。しかし，現実には予算に限りがあ
り，財の購入量は予算の範囲内に収めなければならないという制約がありま
す。これを予算制約（budget constraint）といいます。たとえば，焼き鳥屋で
注文することを考えましょう。メニューはシンプルで，1 杯 400 円のビール
と 1 本 200 円の焼き鳥しかないとします。ビールの注文杯数を x_1 とすると
ビールへの支出額は $400x_1$ 円，焼き鳥の注文本数を x_2 とすると焼き鳥への支
出額は $200x_2$ 円となるので，総支出額は $400x_1 + 200x_2$ 円になります。あなた
の財布に 2400 円しか入っていないとすれば，総支出額が予算以内に収まら
なければならないという予算制約は

$$400x_1 + 200x_2 \leq 2400$$

と書くことができます。説明を単純にするため予算を使い切ると仮定すれば，

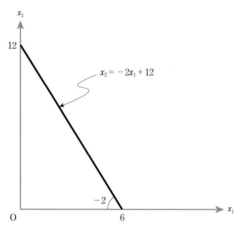

図 6-1　予算制約線：焼き鳥屋のケース

予算制約は

$$400x_1 + 200x_2 = 2400$$

となります。このように，予算をちょうど使い切ったときに購入できる財の数量のすべての組み合わせを表す式を予算制約式（budget constraint equation）といいます。この式を変形すると

$$x_2 = -2x_1 + 12$$

となります。横軸に x_1 を取り，縦軸に x_2 を取って，この式のグラフを描いてみましょう。式を見れば，まず傾きが−2 の直線であることが分かります。そして，$x_1 = 0$ のとき $x_2 = 12$ であることから，縦軸切片が 12 であることが分かります。これはビールをまったく飲まずに焼き鳥だけを食べると 12 本注文できることを意味します。さらに，$x_2 = 0$ のとき $x_1 = 6$ であることから，横軸切片が 6 であることが分かります。これは焼き鳥をまったく食べずにビールだけを飲むと 6 杯注文できることを意味します。以上より，この式のグラフは図 6-1 のような直線として描くことができます[1]。予算制約式のグ

ラフを予算制約線（budget constraint line）といいます。

■ 予算制約：一般的なケース

　一般に，予算を m，第1財の価格を p_1，第2財の価格を p_2，第1財の消費量を x_1，第2財の消費量を x_2 とすれば，予算制約式は

$$p_1 x_1 + p_2 x_2 = m \tag{6.1}$$

と表すことができます。この式を変形すると

$$x_2 = -\frac{p_1}{p_2} x_1 + \frac{m}{p_2} \tag{6.2}$$

となります。(6.2) 式から分かるように，予算制約式のグラフ，すなわち予算制約線は，図6-2のように傾きが $-p_1/p_2$，縦軸切片が m/p_2，横軸切片が m/p_1 である直線になります。縦軸切片の m/p_2 は，予算 m すべてを第2財の購入に使うときの第2財の購入量を表します。先ほどの例では，予算 $m =$

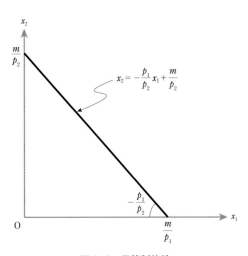

図6-2　予算制約線

1　1次関数のグラフについては**第1講**の**1.2.2節**を参照してください。

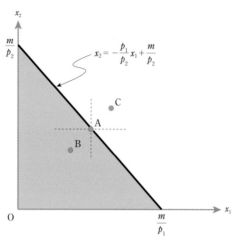

$$x_2 = -\frac{p_1}{p_2}x_1 + \frac{m}{p_2}$$

図6-3 消費可能性集合

2400円すべてを価格$p_2 = 200$円の焼き鳥に使うとき，焼き鳥を$m/p_2 = 12$本注文することができました。同様に，横軸切片のm/p_1は，予算mをすべて第1財の購入に使うときの第1財の購入量を表します。先ほどの例では，予算$m = 2400$円すべてを価格$p_1 = 400$円のビールに使うとき，ビールを$m/p_1 = 6$杯注文することができました。また，予算制約線の傾きの絶対値p_1/p_2は，市場における2つの財の価格比を表しており，相対価格（relative price）と呼ばれます。相対価格は，第2財で測った第1財の相対的な市場価値，すなわち「第1財1単位は第2財何単位分の市場価値を有するか」を表します。先ほどの例では，$p_1/p_2 = 400/200 = 2$なので，価格400円のビール1杯は価格200円の焼き鳥2本分の市場価値があることになります。

　予算制約線上の点は，予算をちょうど使い切ったときに購入できる財の数量のすべての組み合わせでした。図6-3の灰色の領域（境界を含む），すなわち，予算制約線を含む内側（原点側）の領域の点は予算内で購入可能な財の数量の組み合わせを表します。たとえば，点Bはちょうど予算を使い切る点Aから見て左下に位置します。したがって，点Bは，点Aより第1財の消費量も第2財の消費量も少なく，予算を下回る消費の組み合わせである

ことが分かります。この予算制約線を含む内側（原点側）の領域のことを消費可能性集合（consumption possibility set）といいます。消費可能性集合は

$$p_1 x_1 + p_2 x_2 \leq m \quad \text{かつ} \quad x_1 \geq 0 \quad \text{かつ} \quad x_2 \geq 0$$

と表すことができます[2]。これに対して，予算制約線より外側（原点と反対側）の領域の点は予算内では購入することのできない財の数量の組み合わせです。たとえば，点Cはちょうど予算を使い切る点Aから見て右上に位置します。したがって，点Cは点Aより第1財の消費量も第2財の消費量も多いですから，予算を上回る財の数量の組み合わせであることが分かります。

6.2 予算制約線の変化------------------------------

　前節では，予算制約とはどのようなものかを説明しました。予算の源は所得ですから，以下では「予算」m を「所得」に読み換えて考察を進めていくことにします。

　所得が増えたり財の価格が安くなったりすると今までより多くの買い物ができるようになりますが，所得が減ったり財の価格が高くなったりすると今までより少ない買い物しかできません。所得や価格が変わると予算制約線がどのように変化するかを考えましょう。

■ 所得の変化

　まず，所得 m が変化したときの影響を考えましょう。ただし，財の価格 p_1 および p_2 は変化しないものとします。いま，所得が m から m' に増加すると，予算制約線の縦軸切片は m/p_2 から m'/p_2 に増加し，横軸切片は m/p_1 から m'/p_1 に増加します。それに対して，財の価格が変化しなければ，予算制約線の傾き $-p_1/p_2$ は変化しません。その結果，図6-4のように，所得が増加すると予算制約線は右上に平行移動します。逆に，所得が減少すると予

2　不等式の表す領域については**第1講**の**1.2.3節**を参照してください。

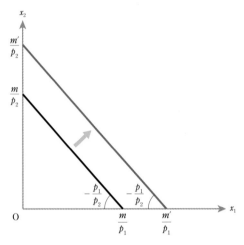

図 6-4　所得増加による予算制約線の変化

算制約線は左下に平行移動します[3]。

■ 価格の変化

　次に，第 1 財の価格 p_1 が変化したときの影響を考えましょう。ただし，所得 m および第 2 財の価格 p_2 は変化しないものとします。いま，第 1 財の価格が p_1 から p_1' に下落（上昇）すると，予算制約線の傾きの絶対値が p_1/p_2 から p_1'/p_2 に減少（増加）し，予算制約線の傾きが緩やか（急）になります。また，予算制約線の横軸切片が m/p_1 から m/p_1' に増加（減少）します。それに対して，所得および第 2 財の価格が変化しないため，予算制約線の縦軸切片 m/p_2 は変化しません。その結果，図 6-5 のように，第 1 財の価格が下落（上昇）すると予算制約線は縦軸切片を中心に反時計回り（時計回り）に回転します[4]。

　同様に，第 2 財の価格 p_2 が変化したときの影響を考えましょう。ただし，

<hr />

3　縦軸切片の変化に伴う 1 次関数のグラフの変化については**第 1 講**の **1.2.2 節**を参照してください。
4　傾きの変化に伴う 1 次関数のグラフの変化については**第 1 講**の **1.2.2 節**を参照してください。

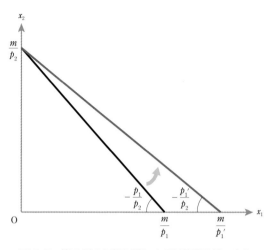

図 6-5 　第 1 財の価格下落による予算制約線の変化

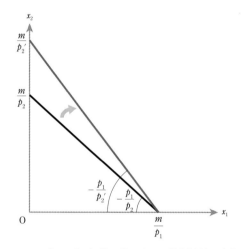

図 6-6 　第 2 財の価格下落による予算制約線の変化

所得 m および第 1 財の価格 p_1 は変化しないものとします。いま，第 2 財の価格が p_2 から p_2' に下落（上昇）すると，予算制約線の傾きの絶対値が p_1/p_2 から p_1/p_2' に増加（減少）し，予算制約線の傾きが急（緩やか）になります。また，予算制約線の縦軸切片が m/p_2 から m/p_2' に増加（減少）します。それ

に対して，所得および第1財の価格が変化しないため，予算制約線の横軸切片 m/p_1 は変化しません。その結果，図6-6のように，第2財の価格が下落（上昇）すると予算制約線は横軸切片を中心に時計回り（反時計回り）に回転します。

6.3　最適消費----------------------------------

　予算内で購入可能な消費の組み合わせ（消費可能性集合）のうち効用が最大になる消費の組み合わせを最適消費（optimum consumption）といいます。本節ではこの最適消費がどのように決まるのか考えてみましょう。

　図6-7に，ある消費者の予算制約線（黒色の直線）および無差別曲線（4本の青色の曲線）が描かれています。この消費者の最適消費はどこに決まるでしょうか。結論からいえば，無差別曲線と予算制約線が接している点Aが最適消費になっています。なぜなら，点Dは消費可能性集合より右上に位置しているので，そもそも予算内で購入不可能です。点Cは予算内で購

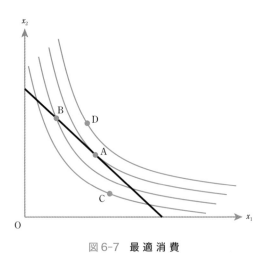

図 6-7　**最 適 消 費**

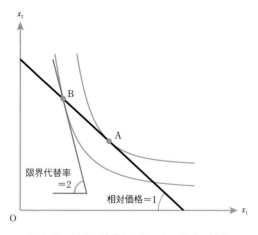

図 6-8　**最適な消費と最適でない消費の比較**

入可能ですが，点Aが乗っている無差別曲線より左下の無差別曲線上にあるので，点Aより効用水準が低くなっています。点Bも予算制約線上にあるので予算内で購入可能ですが，やはり点Aが乗っている無差別曲線より左下の無差別曲線上にあるので，点Aより効用水準が低くなっています。したがって，点Aこそが予算内で購入可能な消費の組み合わせのうち最も高い効用が得られる点となっていることが分かります。

　以上から分かるように，最適消費においては無差別曲線と予算制約線が接しているといえます。言い換えれば，最適消費においては無差別曲線の接線の傾きと予算制約線の傾きが等しくなっているともいえます。**第5講**の**5.3節**で学んだように，無差別曲線の接線の傾きの絶対値は限界代替率を表していました。また，**6.1節**で学んだように，予算制約線の傾きの絶対値は相対価格を表していました。したがって，これらを総合すると，最適消費においては限界代替率と相対価格が一致していると結論づけることができます。

　それでは，なぜ最適消費においては限界代替率と相対価格が一致するのでしょうか。その理由を理解するために，限界代替率と相対価格が一致しない場合に何が起こるかを考えてみましょう。たとえば，図6-8の点Bにおい

て，限界代替率が 2，相対価格が 1 であり，「限界代替率＞相対価格」が成り立っているとしましょう。すなわち，2 つの財の市場価格は同じであるけれども，この消費者は，第 1 財 1 単位は第 2 財 2 単位に匹敵する価値があると主観的に評価しているわけです。このとき，第 2 財の消費量を 1 単位減らし，代わりに第 1 財の消費量を 1 単位増やしてみます。すると，2 つの財の市場価格は同じなので支出額は変わりませんが，この消費者は第 2 財 1 単位よりも第 1 財 1 単位の方を高く評価しているため効用が増加します。これは，点 B では効用が最大になっていない，つまり点 B は最適消費点ではないことを意味します。このように，「限界代替率＞相対価格」となっている点においては，第 2 財の消費量を減らして第 1 財の消費量を増やすことで効用を増やすことができます。逆に，「限界代替率＜相対価格」となっている点においては，第 1 財の消費量を減らして第 2 財の消費量を増やすことで効用を増やすことができます。以上の考察より，限界代替率と相対価格が一致する点で効用が最大になることが分かります。

■ **Active Learning**

問 1　第 1 財の価格が 600 円，第 2 財の価格が 200 円であるとする。ある消費者の所得が 3600 円であるとき，以下の問いに答えなさい。ただし，予算制約線を描くときは，傾き，縦軸切片，横軸切片を明記すること。

(1)　この消費者の予算制約式を求め，予算制約線を描きなさい。

(2)　所得が 4800 円に増加したときの予算制約式を求め，予算制約線を描きなさい。

(3)　第 1 財の価格が 1200 円に上昇したときの予算制約式を求め，予算制約線を描きなさい。

(4)　第 2 財の価格が 300 円に上昇したときの予算制約式を求め，予算制約線を描きなさい。

(5)　インフレーションが起こり，第 1 財の価格も第 2 財の価格も所得もすべて 2 倍になったときの予算制約式を求め，予算制約線を描きなさい。

問2　第1財の価格が100円，第2財の価格が400円であるとする。ある消費者の所得が2800円であるとき，以下の問いに答えなさい。

(1)　この消費者の予算制約式を求め，予算制約線を描きなさい。ただし，傾き，縦軸切片，横軸切片を明記すること。

(2)　(1)で描いた図中に消費可能性集合を示しなさい。

(3)　第1財の最大購入可能量，第2財の最大購入可能量，相対価格を求めなさい。また，それらが(1)で描いた予算制約線とどのように対応しているか答えなさい。

(4)　この消費者の選好は単調性と凸性を満たしているものとする。また，この消費者は予算内で購入可能な消費の組み合わせのうち効用が最大になる消費の組み合わせを選ぶものとする。この消費者が両財をともに購入したとすると，（第1財の第2財に対する）限界代替率はいくらか答えなさい。

問3　下図は，ある消費者の予算制約線（黒色の直線）と，無差別曲線（青色の曲線）を4本描いたものである。この消費者の最適消費点を図示し，なぜその点が最適消費点となるか説明しなさい。

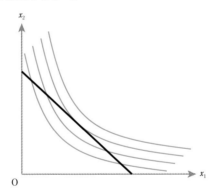

問4　下図は，ある消費者の予算制約線（黒色の直線）と，無差別曲線（青色の曲線）を4本描いたものである。この消費者の最適消費点を図示し，なぜその点が最適消費点となるか説明しなさい。

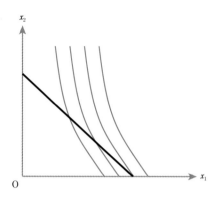

第7講
所得変化とエンゲル曲線

■第6講では，合理的な消費者が予算の制約の下でどのようにして効用の最大化を達成するのかについて学びました。それでは，所得や価格が変化すると最適消費はどのように変化するでしょうか。本講では，まず所得の変化に伴って最適消費がどのように変化するかを考えます。価格の変化の影響については第8講で扱います。

7.1　所得消費曲線とエンゲル曲線--------------

第6講の6.3節で学んだように，予算内で消費者の効用が最大になるような最適消費は予算制約線と無差別曲線の接点で表されました（図6-7参照）。このとき，所得が増加すると最適消費はどのように変化するでしょうか。

■ 所得消費曲線とエンゲル曲線：上級財のケース

いま，財の価格は一定のままで，消費者の所得のみが変化したとします。第6講の6.2節で学んだように，所得が変化すると予算制約線は平行移動することを思い出してください。図7-1に，この消費者の所得 m が30万円，40万円，50万円のときの予算制約線（3本の黒色の直線）と無差別曲線（3本の青色の曲線）が描かれています。財の価格はそのままで所得が増加すると予算制約線は右上に平行移動します（図6-4参照）。所得が30万円のときの最適消費は，所得が30万円のときの予算制約線と無差別曲線が接する点ですから，点Aです。同様に，所得が40万円のときの最適消費は点B，所得が50万円のときの最適消費は点Cです。このように，所得が変わると最

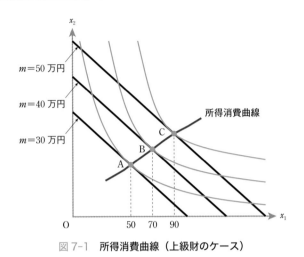

図 7-1 　所得消費曲線（上級財のケース）

適消費も変わっていきます。さまざまな所得水準に対応する最適消費を結ぶ
軌跡（図 7-1 の点 A, B, C を 通 る 曲 線 ） の こ と を 所 得 消 費 曲 線（income
consumption curve）といいます。所得消費曲線は，所得が変化するときに最
適消費がそれに応じてどのように変化するかを示しています。

　以上を踏まえて，所得が変化するときにこの消費者の第 1 財の需要量がど
のように変わるか考えてみましょう。図 7-1 に示すとおり，所得が 30 万円
のときの最適消費（点 A）における第 1 財の需要量が 50 個であるとします。
同様に，所得が 40 万円のときの需要量が 70 個，所得が 50 万円のときの需
要量が 90 個であるとします。このとき，消費者の所得を横軸に，第 1 財の
需要量を縦軸にとってこれらの関係を表すグラフを描くと図 7-2 のように
なります。このような，所得と財の需要量との関係を表すグラフをエンゲル
曲線（Engel curve）といいます。図 7-2 のエンゲル曲線は右上がりで，所得
が増えると需要量も増えています。**第 2 講の 2.2 節**で，所得が増えたときに
需要量が増えるような財を上級財（あるいは正常財）ということを学びまし
た。このように，上級財のエンゲル曲線は右上がりの曲線になります。

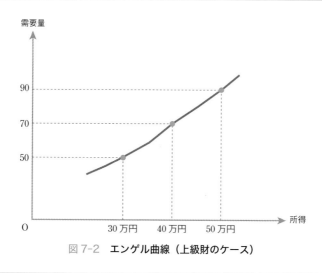

図7-2　エンゲル曲線（上級財のケース）

■ 所得消費曲線とエンゲル曲線：下級財のケース

　上のケースとは反対に，所得が増えると需要量が減るようなケースも考えられます。図7-3 に，ある消費者の所得 m が30万円，40万円，50万円のときの予算制約線（3本の黒色の直線）と無差別曲線（3本の青色の曲線）が描かれています。図7-1 とは異なり，所得消費曲線は右下がり（左上がり）の曲線になっています。

　これに対応するエンゲル曲線はどうなるでしょうか。所得が30万円のときの第1財の需要量は，所得が30万円のときの最適消費は点 A ですから，70個です。同様に，所得が40万円のときの需要量は60個，所得が50万円のときの需要量は50個です。図7-2 と同様に，消費者の所得を横軸に，第1財の需要量を縦軸にとってこれらの関係を表すエンゲル曲線を描くと図7-4 のようになります。図7-4 のエンゲル曲線は右下がりで，所得が増えると需要量が減っています。**第2講の2.2節**で，所得が増えたときに需要量が減るような財を下級財（あるいは劣等財）ということを学びました。このように，下級財のエンゲル曲線は右下がりの曲線になります。

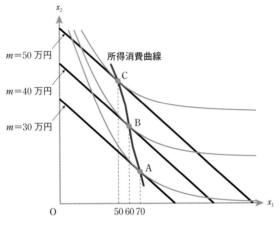

図7-3 所得消費曲線（下級財のケース）

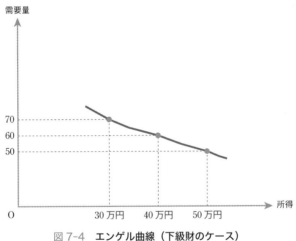

図7-4 エンゲル曲線（下級財のケース）

7.2 需要の所得弾力性------------------------

　ある財をどれだけ買うか決める際に価格は重要な決定要因なので，価格が変化すると需要量も変化します。**第3講**では，価格の変化に対して需要量がどれくらい変化するかを表す指標として需要の価格弾力性を学びました。それに対して，ある財をどれだけ買うか決める際に所得も重要な決定要因なので，所得が変化すると需要量も変化します。本節では，所得の変化に対して需要量がどれくらい変化するかを表す指標である需要の所得弾力性という概念を学びます。

■ 需要の所得弾力性

　所得の変化に対して需要量がどれくらい変化するかを測る尺度である需要の所得弾力性（income elasticity of demand）を ε_m^D と書くことにすると，ε_m^D は

$$\varepsilon_m^D = \frac{需要量の変化率}{所得の変化率} \tag{7.1}$$

と定義されます。たとえば，所得が4%増えたときに需要量が12%増えたとすると，需要の所得弾力性は$(12\%)/(4\%)=3$となります。また，所得が2%増えたときに需要量が10%減った（-10%変化した）とすると，需要の所得弾力性は$(-10\%)/(2\%)=-5$となります。需要の所得弾力性は所得が1%増加したときに需要量が何%変化するかを表す指標です。

　所得が増えたときに需要量が増えるなら，需要の所得弾力性は0よりも大きくなります。つまり，上級財は需要の所得弾力性が0よりも大きい財であるといえます。逆に，所得が増えたときに需要量が減るなら，需要の所得弾力性は0よりも小さくなります。つまり，下級財は需要の所得弾力性が0よりも小さい財であるといえます。

　上級財は，需要の所得弾力性が1よりも小さいか大きいかに応じてさらに分類することができます。

　まず，需要の所得弾力性が0よりも大きいけれど1よりも小さい財は，所得が1%増えても需要量が1%ほどは増えません。つまり，所得が増えても

表7-1　需要の所得弾力性の値による財の分類

需要の所得弾力性の値	財の分類	
$1 < \varepsilon_m^D$	上級財（正常財）	奢侈財（贅沢財）
$0 < \varepsilon_m^D < 1$		必需財
$\varepsilon_m^D < 0$	下級財（劣等財）	

それと同程度までは需要量が増えないし，逆に，所得が減ってもそれと同程度までは需要量が減りません。このような財の例として，一般的に「生活に不可欠」と見なされるもの，たとえば米やトイレットペーパーなどを挙げることができます。所得が増えても米やトイレットペーパーの需要量はあまり増えることはないでしょうし，所得が減っても米やトイレットペーパーの需要量をあまり減らすことはできません。こうした性質を有することから，ミクロ経済学では，需要の所得弾力性が0よりも大きく1よりも小さい財のことを必需財（necessity goods；necessities）といいます。

続いて，需要の所得弾力性が1よりも大きい財は，所得が1％増えると需要量が1％より多く増えます。つまり，所得が増えるとそれを上回って需要量が増えるし，逆に，所得が減るとそれを上回って需要量が減ります。このような財の例として，一般的に「高級品」と見なされるもの，たとえば高級ブランドのバッグや腕時計，松阪牛などが挙げられます。ボーナスが増えたときにはこうした高級品の需要量は大幅に増えるでしょうし，ボーナスが減ったときにはこうした高級品の需要量は大幅に減ることでしょう。こうした性質を有することから，ミクロ経済学では，需要の所得弾力性が1よりも大きい財のことを奢侈財あるいは贅沢財（どちらも luxury goods）といいます。

ただし，ある財が必需財であるか奢侈財であるかは，その財の性質だけではなく，消費者の選好にも左右されることに留意してください。たとえば，

ブランド品にまったく興味がない消費者は，所得が増えてもブランド品など
まったく購入しないので，この消費者にとってブランド品は奢侈財ではあり
ません。また，「三度の食事よりブランド品が好き」という消費者にとって
は，ブランド品は必需財であるかも知れません。

　以上考察してきた需要の所得弾力性による財の分類をまとめると表7-1
のようになります。

■ 需要の所得弾力性とエンゲル曲線

　第3講の3.1節では，需要の価格弾力性と需要曲線に密接な関係があるこ
とを学びました。これに対して，需要の所得弾力性はエンゲル曲線と密接な
関係があります。以下ではこの関係について考えていきましょう。

　まず，図7-5を見てください。この図には，右上がりで直線のエンゲル
曲線が描かれています。いま，所得が m_0 であるとき，需要量が x_0 であると
しましょう（点A）。このとき，所得が m_0 から Δm_0 だけ変化して，需要量が
x_0 から Δx_0 だけ変化したとしましょう（点Aから点Bへの変化）。所得の変化
率は $\Delta m_0/m_0$，需要量の変化率は $\Delta x_0/x_0$ と表されます。したがって，（7.1）式

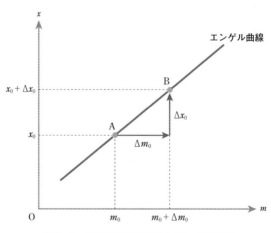

図7-5　需要の所得弾力性とエンゲル曲線

の定義に基づいて需要の所得弾力性は次のように計算することができます。

$$\varepsilon_m^D = \frac{\dfrac{\Delta x_0}{x_0}}{\dfrac{\Delta m_0}{m_0}}$$

$$= \frac{m_0}{x_0} \cdot \frac{\Delta x_0}{\Delta m_0} \tag{7.2}$$

| エンゲル曲線上の変化前の点の座標によって決まる | エンゲル曲線の傾きによって決まる |

(7.2) 式において，m_0 は変化前の所得，x_0 は変化前の需要量なので，m_0/x_0 は変化前の点Aの座標によって決まる値です。また，このエンゲル曲線の傾きは $\Delta x_0/\Delta m_0$ です。したがって，需要の所得弾力性は変化前の点の座標とエンゲル曲線の傾きとによって決まるということが分かります。

■ 財の種類とエンゲル曲線の形状

(7.2) 式を用いて，表7-1に掲げた財の種類によってエンゲル曲線の形状がどう異なるのか図解してみましょう。

まず，下級財は $\varepsilon_m^D < 0$ と特徴づけられるので，

$$\varepsilon_m^D = \frac{m_0}{x_0} \cdot \frac{\Delta x_0}{\Delta m_0} < 0$$

が成り立ちます。$m_0 > 0$，$x_0 > 0$ なので，両辺に $x_0/m_0 > 0$ を掛けると

$$\frac{\Delta x_0}{\Delta m_0} < 0 \tag{7.3}$$

が成り立ちます。これは，下級財のエンゲル曲線の傾きがマイナスの値になることを意味します。図7-6を見てください。いま点Aからの変化を考えるとすれば，(7.3) 式を満たすような変化は点Aからたとえば点Bのような右下方向への変化に対応します。したがって，下級財の場合にはエンゲル曲線は右下方向へ延びることが分かります。

次に，上級財は $\varepsilon_m^D > 0$ と特徴づけられるので，(7.3) 式とは不等号が逆向きになり

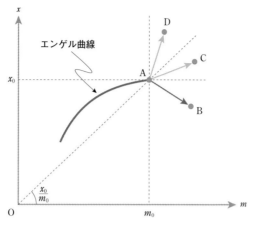

図 7-6　財の種類とエンゲル曲線の形状

$$\frac{\Delta x_0}{\Delta m_0} > 0 \tag{7.4}$$

が成り立ちます。これは，上級財のエンゲル曲線の傾きがプラスの値になることを意味します。図 7-6 を見てください。いま点 A からの変化を考えるとすれば，(7.4) 式を満たすような変化は点 A からたとえば点 C あるいは点 D のような右上方向への変化に対応します。したがって，上級財の場合にはエンゲル曲線は右上方向へ延びることが分かります。

　さらに，必需財は $0 < \varepsilon_m^D < 1$ と特徴づけられるので，(7.4) 式に加え

$$\varepsilon_m^D = \frac{m_0}{x_0} \cdot \frac{\Delta x_0}{\Delta m_0} < 1$$

が成り立ちます。$m_0 > 0$，$x_0 > 0$ なので，両辺に $x_0/m_0 > 0$ を掛けると

$$\frac{\Delta x_0}{\Delta m_0} < \frac{x_0}{m_0} \tag{7.5}$$

となります。したがって，必需財は (7.4) 式を満たす上級財であり，しかも (7.5) 式を満たすことになります。図 7-6 を見てください。いま点 A からの変化を考えましょう。(7.5) 式の左辺はエンゲル曲線の傾き，右辺は原

点 O と点 A を結ぶ直線 OA の傾きを表しているので，（7.5）式はエンゲル曲線の傾きが直線 OA の傾きより小さくなることを意味します。ゆえに，（7.5）式を満たすような変化は，点 A からたとえば点 C のような右上でかつ直線 OA より下の領域の点への変化に対応します。したがって，エンゲル曲線は必需財の場合には右上でかつ直線 OA より下の領域へ延びることが分かります。

最後に，奢侈財は $\varepsilon_m^D > 1$ と特徴づけられるので，（7.5）式とは不等号が逆向きになり

$$\frac{\Delta x_0}{\Delta m_0} > \frac{x_0}{m_0} \tag{7.6}$$

が成り立ちます。したがって，奢侈財は（7.4）式を満たす上級財であり，しかも（7.6）式を満たすことになります。図 7-6 を見てください。いま点 A からの変化を考えましょう。（7.6）式はエンゲル曲線の傾きが直線 OA の傾きより大きくなることを意味します。ゆえに，（7.6）式を満たすような変化は，点 A からたとえば点 D のような右上でかつ直線 OA より上の領域の点への変化に対応します。したがって，エンゲル曲線は奢侈財の場合には右上でかつ直線 OA より上の領域へ延びることが分かります。

■ エンゲル係数

需要の所得弾力性と深く関係している経済指標にエンゲル係数（Engel's coefficient）があります。これは，家計の消費支出に占める食料費の割合を表したもので，

$$\text{エンゲル係数}（\%） = \frac{\text{食料費}}{\text{消費支出}} \times 100$$

と定義されます。話を単純にするため，貯蓄はなされずに所得がすべて消費に支出されるものとすると，分母の消費支出は所得に等しくなります。さらに，分子の食料費は食料品価格と食料品需要量の積によって表せるとしましょう。このとき，エンゲル係数は

$$\text{エンゲル係数}（\%） = \text{食料品価格} \times \frac{\text{食料品需要量}}{\text{所得}} \times 100$$

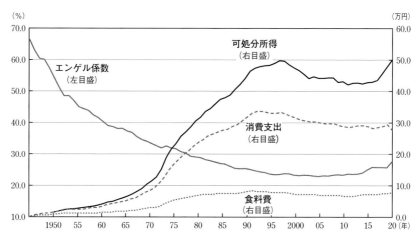

(注) 2人以上の世帯（農林漁家世帯を除く）の「食料費」を「消費支出」で除して算出。1946年
～1962年は「全都市」平均，1963年～2020年は「全国」平均。「可処分所得」は勤労者世帯のみ
で，1946年～1950年のデータは存在しない。
(出所) 総務省統計局「家計調査」(https://www.stat.go.jp/data/kakei/)

図 7-7　エンゲル係数と可処分所得の推移（1946年～2020年）

となります。食料品の多くは必需財と見なすことができるので，食料品需要
の所得弾力性は1より小さいと考えられます。したがって，所得（上式右辺
の分数の分母）が増えても，食料品需要量（上式右辺の分数の分子）は所得の
増加率ほどは増えません。このことから，所得が増えると（食料品需要量）/
（所得）が小さくなるので，食料品価格が変化しなければエンゲル係数が小
さくなることが分かります。このように，所得の上昇（低下）に伴ってエン
ゲル係数が低下（上昇）することをエンゲル法則（Engel's law）といいます。
　図 7-7 は，わが国のエンゲル係数と可処分所得の時系列データ（time-series
data）のグラフです[1,2]。これを見ると，エンゲル係数は1946年以降大きく下
落してきたことが分かります。これは戦後復興や高度経済成長などを通して

1　可処分所得とは，個人が処分することのできる所得，すなわち，個人所得から所得税や社会
保険料などを控除したものを意味します。
2　時系列データとは，ある変量の変化の様子を時間の経過に従って並べたデータのことをいい
ます。

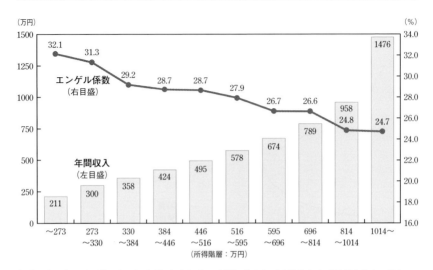

（注） 年間収入十分位階級別1世帯（2人以上の世帯）当たり「食料費」を「消費支出」で除して算出。「年間収入」は所得階層中の平均値。
（出所） 総務省統計局「家計調査」（https://www.stat.go.jp/data/kakei/）

図7-8　所得階層別の年間収入とエンゲル係数（2020年）

可処分所得が大幅に増大してきたことによります。ところが，1995年ごろから下落が止まり，2010年ごろからむしろ上昇に転じています。この理由としては，バブル崩壊後の長引く平成不況やリーマンショックによる不況のために可処分所得が長期間にわたって低迷していることなどを考えることができます。また，図7-8は，2020年における所得階層（年間収入の十分位階級）別の平均年間収入とエンゲル係数のクロスセクション・データ（cross-section data）のグラフです[3]。これを見ると，所得が高く（低く）なるにつれてエンゲル係数が低く（高く）なっているので，エンゲル法則が成り立っていることを読み取ることができます。

3　クロスセクション・データとは，ある時点において，複数の対象に関する変量を横断的に集めたデータのことをいいます。

問1　下図は，ある消費者の予算制約線（黒色の直線）と，無差別曲線（青色の曲線）を3本描いたものである。財の価格は変化しないとして，この消費者の所得が変化した場合の予算制約線および所得消費曲線を描きなさい。

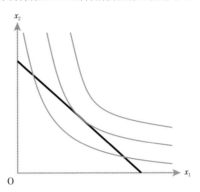

問2　下図は，ある消費者の予算制約線（黒色の直線）3本と，無差別曲線（青色の曲線）3本を描いたものである。ただし，3本の予算制約線は，第1財と第2財の価格を一定として，この消費者の所得がそれぞれ10万円，20万円，30万円の場合に対応している。このとき，以下の問いに答えなさい。

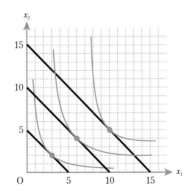

(1)　この消費者の所得消費曲線を描きなさい。

(2)　第1財のエンゲル曲線を描きなさい。

(3)　この消費者にとって第1財は上級財であるか下級財であるか，理由を付して答えなさい。

問 3　社会の平均所得が 20 万円のときある財の需要量は 9000 個であったが，平均所得が 30 万円に増えると需要量は 6000 個に減った。この財の価格は変化していないものとして，需要の所得弾力性を求めなさい。また，この財は社会にとって上級財であるか下級財であるかも答えなさい。

問 4　ある財のエンゲル曲線を $x = 3m$ とする。ただし，x は財の需要量，m は社会の平均所得である。このとき，以下の問いに答えなさい。

(1)　この財のエンゲル曲線を描きなさい。また，この財は上級財であるか下級財であるか答えなさい。

(2)　社会の平均所得が 1000 のときの需要量を求めなさい。また，そのときの需要の所得弾力性を求めなさい。

問 5　A さんは常に所得の 20% を被服費に充てている。A さんの衣料品に対する需要の所得弾力性はいくらか答えなさい。

第8講
価格変化と需要曲線

■第7講では，所得の変化に伴って最適消費がどのように変化するかを考え，さまざまな所得水準に対応する最適消費を結ぶ所得消費曲線と，所得と需要量の関係を表すエンゲル曲線について学びました。それでは，価格が変化すると最適消費はどのように変化するでしょうか。本講では，価格の変化に伴って最適消費がどのように変化するかを考えます。

8.1　価格消費曲線と需要曲線--------------------

第6講の 6.3 節で学んだように，予算内で消費者の効用が最大になるような最適消費は予算制約線と無差別曲線の接点で表されました（図 6-7 参照）。このとき，価格が変化すると最適消費はどのように変化するでしょうか。

■ 価格消費曲線と需要曲線

いま，消費者の所得と第 2 財の価格は一定のままで，第 1 財の価格のみが変化したとします。図 8-1 に，この消費者の予算制約線（黒色の直線）と無差別曲線（青色の曲線）が描かれています。3 本の予算制約線は，第 1 財の価格 p_1 がそれぞれ 300 円，150 円，100 円のときに対応しています。第 1 財の価格が下落すると，第6講の 6.2 節で学んだように，予算制約線は縦軸切片を中心に反時計回りに回転します（図 6-5 参照）。まず，第 1 財の価格が 300 円のときの最適消費は，第 1 財の価格が 300 円のときの予算制約線と無差別曲線が接する点ですから，点 A です。同様に，第 1 財の価格が 150 円のときの最適消費は点 B，第 1 財の価格が 100 円のときの最適消費は点 C

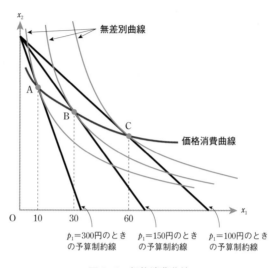

図8-1　価格消費曲線

です。このように，価格が変わると最適消費も変わっていきます。さまざまな価格水準に対応する最適消費を結ぶ軌跡（図8-1の点A, B, Cを通る曲線）のことを価格消費曲線（price consumption curve）といいます。価格消費曲線は，価格が変化するときに最適消費がそれに応じてどのように変化するかを示しています。

　以上を踏まえて，第1財の価格が変化するときにこの消費者の第1財の需要量がどのように変わるか考えてみましょう。図8-1に示すように，第1財の価格が300円のときの最適消費（点A）における第1財の需要量が10個であるとします。同様に，価格が150円のときの需要量が30個，価格が100円のときの需要量が60個であるとします。ここで，第1財の価格を縦軸に，第1財の需要量を横軸にとってこれらの関係を表すグラフを描くと図8-2のようになります。このグラフから，第1財の価格と第1財の需要量の関係を読み取ることができます。実は，こうして描いた市場価格と消費者の需要量（最適な消費量）の関係を表すグラフこそが需要曲線に他ならないのです。すなわち，需要曲線とは，市場価格とそれに基づいて最適な消費を行

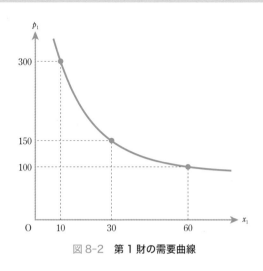

図8-2　第1財の需要曲線

う消費者の需要量との関係を表すグラフなのです。

■ ギッフェン財

　ところで，図8-1では第1財の価格が下落すると第1財の需要量は増加しました。**第2講**で学んだように，ある財の価格が上昇（下落）するとその財の需要量が減少（増加）することを需要の法則といいます。これはあくまで経験則であって，消費者の効用最大化行動から必然的に導けるものではありません。需要の法則に対する反例が図8-3です。この図には，第1財の価格が p_1^A から p_1^B（ただし，$p_1^B < p_1^A$）に下落すると第1財の需要が x_1^A から x_1^B（ただし，$x_1^B < x_1^A$）に減少する様子が描かれています。このように，価格が下落（上昇）するときに需要量が減少（増加）する財をギッフェン財（Giffen goods）といいます。ギッフェン財は，安くなるほど買わなくなり，高くなるほど買うようになるという奇妙な財で，その需要曲線は右上がりになります。ギッフェン財の例として，19世紀のアイルランドで飢饉が起こったときに，ジャガイモの価格が暴騰したにもかかわらずジャガイモの需要量が増加した事例がよく挙げられます。これ以外にも，ギッフェン財の候補として

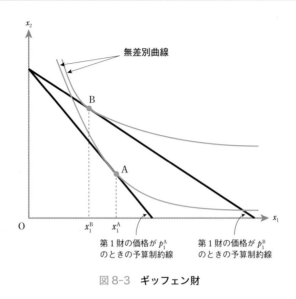

図 8-3　ギッフェン財

いくつかの事例が報告されていますが，それらに対しては否定的な見解も示されています。ギッフェン財は理論的にはありえる財なのですが，実際に存在するのか，また，存在するとしてもどのような財なのか，経済学者の間でも定説はまだありません。

8.2　スルツキー分解

　前節では価格が変化すると最適消費や需要量がどのように変化するか考えました。本節では価格変化の効果についてさらに詳しく考察します。

■ 代替効果と所得効果

　厳密な話をする前に，まず次のような具体的な例を考えてみましょう。

太郎君は近所のスーパーマーケットにバナナとリンゴを買いに行くことを習慣にしています。いつも予算を 1000 円と決めており，1 房 200 円のバナナを 2 房，1 個 100 円のリンゴを 6 個買うのがお決まりのパターンです。

　ところがある日スーパーマーケットに行くと，なんとバナナが特売で 1 房がいつもの半額の 100 円になっていました。そこで，太郎君は，相対的に割安になったバナナの購入量をいつもの 2 房から 4 房に増やすことにしました。そして，バナナの購入量をいつもより 2 房増やしたので，相対的に割高になったリンゴの購入量はいつもより減らして 3 個で十分だと判断しました。こうして買い物カゴにバナナを 4 房とリンゴを 3 個入れてレジ待ちの列に並んでいると，ふと気がつきました。

　「待てよ，これだと合計金額は 700 円だ。まだ 300 円分買えるじゃないか。」

　かくして，太郎君は果物売り場に舞い戻り，バナナ 1 房とリンゴ 2 個を買い物カゴに加えたのでした。

　この例から分かるように，ある財の価格が下がった場合，次の 2 つの効果があります。

(1)　バナナが特売になったことで，太郎君には相対的に割安になったバナナの購入量を増やし，相対的に割高になったリンゴの購入量を減らそうとする誘因（インセンティブ）が生じました。このように，ある財の価格が下がると，消費者には相対的に割安になったその財の購入量を増やし，相対的に割高になった他の財の購入量を減らそうとする誘因が生じます。

(2)　バナナの特売により購入額がいつもより少なくなったため，太郎君はバナナとリンゴの購入量をさらに増やすことができるようになりました。このように，ある財の価格が下がると所得が実質的に増加したことになるため，消費者はどの財の購入量もさらに増やすことができるようにな

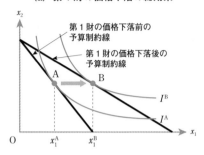

(a) 第1財の価格下落の総効果

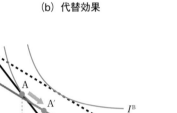

(b) 代替効果

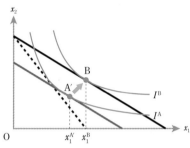

(c) 所得効果

図8-4 代替効果と所得効果

ります。

　こうした価格下落の効果について図を用いて考えてみましょう。図8-4 (a) に，2本の予算制約線とそれらに接している無差別曲線 I^{A} および I^{B} が描かれています。もとの予算制約線が左下の予算制約線であったとして，第1財の価格が下落して予算制約線が縦軸切片を中心に反時計回りに回転したとすれば，最適消費は点Aから点Bに変化します。この点Aから点Bへの変化を2つに分解したものが図8-4 (b) および (c) です。

　まず，第1財の価格が下落すると予算制約線の傾きの絶対値，すなわち，相対価格が小さくなります（第6講の図6-2にあるとおり，予算制約線の傾きの絶対値は相対価格を表していることを思い出してください）。これは，第1財が相対的に安くなり，第2財が相対的に高くなったことを意味します。この

とき，相対価格が変化する前と同じ効用を得るためには，消費者はどのように
にすればよいでしょうか。これについて考えるために，図8-4 (b) を見て
ください。相対価格が変化する前の最適消費は点Aです。したがって，相
対価格が変化する前と同じ効用を得るためには，図8-4 (a) の「第1財の
価格下落後の予算制約線」と同じ傾きを持つ灰色の予算制約線と無差別曲線
I^A が接する点 A′ に消費の組み合わせが変化すればよいことになります。そ
の結果，相対的に割安になった第1財の消費量が増え，相対的に割高になっ
た第2財の消費量が減ることになります。このような，価格変化前の効用水
準を維持したままでの相対価格の変化に伴う消費量の変化のことを代替効果
（substitution effect）といいます。図8-4 (b) では点 A から点 A′ への変化が
代替効果を表しています。太郎君の例では，相対的に割安になったバナナの
購入量を2房増やし，相対的に割高になったリンゴの購入量を3個減らした
ことがこの代替効果に相当します。

　次に，第1財の価格が下落するとそれまでより多くの財を購入できるよう
になるわけですから，この価格の下落は実質的に所得が増加することを意味
します。実質的に所得が増えれば，消費者が選ぶ消費の組み合わせも変化す
ることになります。これについて考えるために，図8-4 (c) を見てください。
点 A′ は，第1財の価格が下落した後に「価格下落前と同じ効用（つまり，無
差別曲線 I^A に対応する効用）」を得ることになる消費の組み合わせです。点 B
は価格下落後の最適消費です。したがって，点 A′ で無差別曲線 I^A と接して
いる灰色の予算制約線から，点 B で無差別曲線 I^B と接している黒色の予算
制約線への平行移動は，実質的な所得の増加を反映したものと見なせます
（図6-4にあるとおり，予算制約線の右上への平行移動は所得の増加を表している
ことを思い出してください）。実質的な所得の変化を反映して予算制約線が平
行移動する結果，消費の組み合わせが変化することになります。このような，
価格変化による実質的な所得の変化に伴う消費量の変化のことを所得効果
（income effect）といいます。図8-4 (c) では点 A′ から点 B への変化が所得
効果を表しています。太郎君の例では，レジ待ちの列に並んでいるときに予
算に余裕があることに気づき，バナナ1房とリンゴ2個を買い物カゴに追加
したことがこの所得効果に相当します。

■ スルツキー分解：第1財が上級財の場合

　価格変化の効果を，相対価格の変化に伴う需要量の変化によって表される代替効果と，実質的な所得の変化に伴う需要量の変化によって表される所得効果とに分けて考えることをスルツキー分解（Slutsky decomposition）といい，

価格変化の効果＝代替効果＋所得効果

と書き表した式をスルツキー方程式（Slutsky equation）と呼んでいます。

　図 8-4（a）に描かれている第1財の価格下落の効果をスルツキー分解した様子が図 8-5 に描かれています。この図の横軸の下に表記されているように，第1財の価格が下落したとき，第1財の需要量は代替効果により $x_1^A x_1^{A'}$ だけ増加し，所得効果により $x_1^{A'} x_1^B$ だけ増加します。つまり，代替効果も所得効果もプラスです。その結果，第1財の需要量は，スルツキー方程式に表わされるとおり，代替効果による増加分と所得効果による増加分を足し合わせた $x_1^A x_1^B$ だけ増加します。

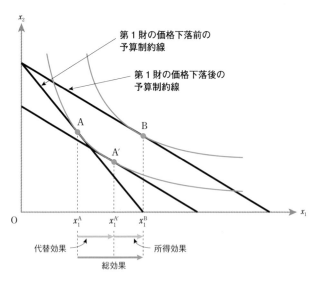

図 8-5　スルツキー分解：第1財が上級財の場合

ここで，**第7講**の**7.1節**で見たように，所得が増加したときには，上級財の需要量は増加し，下級財の需要量は減少することを思い出してください。したがって，価格が下落したときには，実質的に所得が増加することになるため，上級財に対する所得効果はプラス，下級財に対する所得効果はマイナスになります。図8-5では，第1財の価格が下落したとき（すなわち，実質的に所得が増加したとき），第1財の所得効果はプラスになっています。したがって，第1財は上級財であることが分かります。

■ スルツキー分解：第1財が下級財の場合

　次に，図8-6を見てください。この図にも，第1財の価格下落の効果をスルツキー分解した様子が描かれています。ただし今度は，第1財の価格が下落したとき，第1財の需要量は代替効果により $x_1^A x_1^{A'}$ だけ増加しますが，所得効果により $x_1^{A'} x_1^B$ だけ減少します。つまり，代替効果はプラスですが，所得効果はマイナスです。第1財の価格が下落したとき（すなわち，実質的

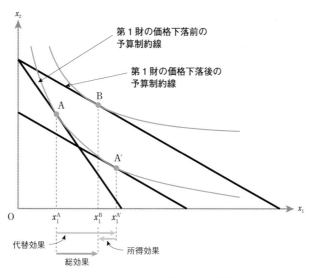

図8-6　**スルツキー分解：第1財が下級財の場合**

に所得が増加したとき）に第1財の所得効果がマイナスなので，第1財は下級財であることが分かります。ここで重要なのは，プラスの代替効果とマイナスの所得効果のどちらが勝っているかということです。図8-6では，所得効果の絶対値の方が代替効果の絶対値よりも小さいので，第1財の需要量は合計で$x_1^A x_1^B$だけ「増加」します。価格が下落したときに需要量が増加するわけですから，第1財は下級財ではあるけれども需要の法則が成り立つ一般的な財であるといえます。

■ スルツキー分解：第1財がギッフェン財の場合

　それでは，代替効果がプラス，所得効果がマイナスで，所得効果の絶対値の方が代替効果の絶対値よりも大きいときには，どのようなことがいえるのでしょうか。

　図8-7を見てください。この図でも図8-6と同様に，第1財の価格が下落したとき，第1財の需要量はプラスの代替効果により$x_1^A x_1^{A'}$だけ増加しま

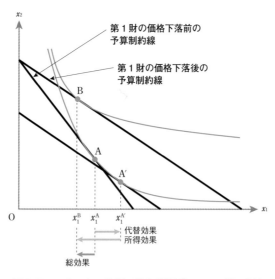

図8-7　スルツキー分解：第1財がギッフェン財の場合

表 8-1　ある財の価格の下落がその財の需要量に与える効果

上級財・下級財の別	代替効果	所得効果	価格変化の効果	対応する図
上級財	プラス	プラス	プラス《需要の法則が成り立つ財》	図8.5
下級財	プラス	少しマイナス	プラス《需要の法則が成り立つ財》	図8.6
		大きくマイナス	マイナス《ギッフェン財》	図8.7

すが，マイナスの所得効果により $x_1^A x_1^B$ だけ減少しており，第1財が下級財であることが分かります。ただし，図 8-7 では，所得効果の絶対値の方が代替効果の絶対値よりも大きいので，第1財の需要量は合計で $x_1^A x_1^B$ だけ「減少」します。価格が下落したにもかかわらず需要量が減少するわけですから，第1財はギッフェン財であることが分かります。このように，ギッフェン財とは，下級財であり，しかも所得効果が代替効果を上回る財なのです。

■ 本節のまとめ

本節のまとめとして，ある財の価格の下落がその財の需要量に与える効果を表 8-1 に掲げておきます。

8.3　代替財と補完財

本講ではこれまで，ある財の価格が変化したとき，その財自体の需要量がどのように変化するかについて考察してきました。本節では，ある財の価格が変化したとき，他の財の需要量がどのように変化するかについて考えましょう。

■ 代替財と補完財

　ある財の価格が下落すると，その財に対する代替効果はプラスに働きます。それに対して，ある財の価格が下落すると，他の財に対する代替効果はマイナスに働くこともプラスに働くこともあります。たとえば，パンと米とバターについて考えてみましょう。いま，パンが安くなると米は相対的に高くなるわけですから，パンの購入量を増やそうと考えるのに対して米の購入量は減らそうと考えるでしょう。このように，財 Y の価格が下落（上昇）するときに財 X に対する代替効果がマイナス（プラス）に働く場合，財 X を財 Y の代替財（substitutes）といいます。一方，パンが安くなるとバターは相対的に高くなるわけですが，パンの購入量を増やそうと考えるに伴ってバターの購入量も増やそうと考えるでしょう。このように，財 Y の価格が下落（上昇）するときに財 X に対する代替効果がプラス（マイナス）に働く場合，財 X を財 Y の補完財（complements）といいます。

　ここで注意しなければならないことがあります。それは，本書で想定しているように，財が 2 つしかなく，無差別曲線が右下がりで原点に対して凸である場合には，一方の財の価格が下落するとき他方の財に対する代替効果は必ずマイナスになる，すなわち，2 つの財は必ず互いに代替財になるということです。図 8-4 (b) に描かれているように，同一の無差別曲線上で一方の財の消費量が増えるなら，他方の財の消費量は必ず減らなければならないからです。財が 3 つ以上ある場合には，すべての財が互いに代替財であることもありますが，補完財が登場することもあります。

　ここで，**第 2 講の 2.2 節**で学んだ粗代替財と粗補完財を思い出してください。財 Y の価格が下落（上昇）するときに財 X の需要量が減少（増加）する場合，財 X を財 Y の粗代替財といいました。一方，財 Y の価格が下落（上昇）するときに財 X の需要量が増加（減少）する場合，財 X を財 Y の粗補完財といいました。「粗」という接頭語がつく場合とつかない場合とで何が違うのでしょうか。上で定義したように，「粗」がつかない場合は代替効果のみに着目します。これに対して，「粗」がつく場合は代替効果のみならず所得効果も含めた総効果に着目します。一般的には代替財と粗代替財，補完財と粗補完財は一致すると考えられますが，特殊な場合には異なることがあり

表8-2　他の財の価格の下落がある財（代替財）の需要量に与える効果

上級財・下級財の別	代替効果	所得効果	価格変化の効果
下級財	マイナス（代替財）	マイナス	マイナス《粗代替財》
上級財	マイナス（代替財）	少しプラス	マイナス《粗代替財》
		大きくプラス	プラス《粗補完財》

ます。これらについて以下でまとめましょう。

■ 代替財と粗代替財が異なる場合

　ある財Xを考えます。この財Xが他の財Yの代替財であるとします。代替財なので，財Yの価格が下落すると，財Xに対する代替効果はマイナスに働きます（表8-2参照）。ここで，もし財Xが下級財であるなら，財Yの価格下落に伴う（すなわち，実質的な所得の増加に伴う）所得効果はマイナスに働くので，財Xの需要量は代替効果と所得効果を合わせて減少することになります。この場合には，財Xは財Yの代替財であると同時に粗代替財でもあります。もし財Xが上級財であるなら，財Yの価格下落に伴う所得効果はプラスに働きます。ここで重要なのが，マイナスの代替効果とプラスの所得効果のどちらが勝っているかということです。所得効果が代替効果を上回らないうちは，財Xの需要量は減少します。この場合にも，財Xは財Yの代替財であると同時に粗代替財でもあります。ところが，所得効果が大きくプラスに働いて代替効果を上回ると，財Xの需要量は増加します。つまり，この場合には，財Xは財Yの代替財であるけれども粗補完財であるという奇妙なことが起こるわけです。

■ 補完財と粗補完財が異なる場合

　再びある財Xを考えます。今度は，この財Xが他の財Yの補完財である

表 8-3 他の財の価格の下落がある財（補完財）の需要量に与える効果

上級財・下級財の別	代替効果	所得効果	価格変化の効果
上級財	プラス（補完財）	プラス	プラス《粗補完財》
下級財	プラス（補完財）	少しマイナス	プラス《粗補完財》
		大きくマイナス	マイナス《粗代替財》

とします。補完財なので，財 Y の価格が下落すると，財 X に対する代替効果はプラスに働きます（表 8-3 参照）。ここで，もし財 X が上級財であるなら，財 Y の価格下落に伴う（すなわち，実質的な所得の増加に伴う）所得効果はプラスに働くので，財 X の需要量は代替効果と所得効果を合わせて増加することになります。この場合には，財 X は財 Y の補完財であると同時に粗補完財でもあります。もし財 X が下級財であるなら，財 Y の価格下落に伴う所得効果はマイナスに働きます。ここで重要なのが，プラスの代替効果とマイナスの所得効果のどちらが勝っているかということです。所得効果が代替効果を上回らないうちは，財 X の需要量は増加します。この場合にも，財 X は財 Y の補完財であると同時に粗補完財でもあります。ところが，所得効果が大きくマイナスに働いて代替効果を上回ると，財 X の需要量は減少します。つまり，この場合には，財 X は財 Y の補完財であるけれども粗代替財であるという奇妙なことが起こるわけです。

　以上，一般的には代替財と粗代替財，補完財と粗補完財は一致すると考えられますが，理論的には一致しない場合もありうることが分かりました。代替財・補完財はあくまでも理論的な概念であり，統計データから代替効果や所得効果を観測することはできないため，実証研究においては粗代替財・粗補完財のみが分析の俎上に載せられます。

問1　下図は，ある消費者の予算制約線（黒色の直線）と，無差別曲線（青色の曲線）を3本描いたものである。この消費者の所得および第2財の価格は変化しないものとして，第1財の価格の変化に伴う予算制約線および価格消費曲線を描きなさい。

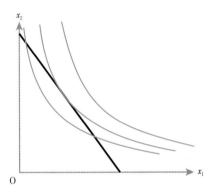

問2　下図は，ある消費者の予算制約線（黒色の直線）3本と，無差別曲線（青色の曲線）3本を描いたものである。ただし，3本の予算制約線は，この消費者の所得および第2財の価格を一定として，第1財の価格がそれぞれ100円，150円，300円の場合に対応している。このとき，以下の問いに答えなさい。

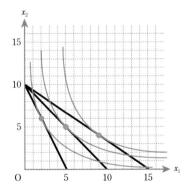

(1)　この消費者の第1財の価格の変化に伴う価格消費曲線を描きなさい。

(2)　この消費者の第1財に対する需要曲線を描きなさい。

問3　以下の(1)～(3)の図は，ある消費者の予算制約線（黒色の直線）2本と，無

差別曲線（青色の曲線）2本を描いたものである。(1)～(3)のそれぞれについて，この消費者の所得および第2財の価格は変化しないものとして，第1財の価格が下落したときの第1財の需要量の変化に関するスルツキー分解を図示しなさい。また，第1財は上級財であるか下級財であるか答えなさい。さらに，第1財はギッフェン財であるか否か答えなさい。

(1)

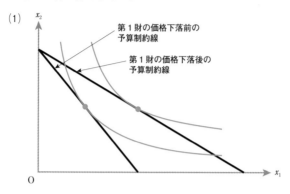

(2)

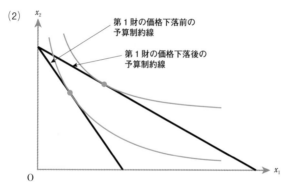

(3)

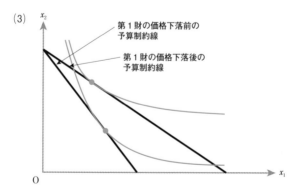

問4 下図は，ある消費者の予算制約線（黒色の直線）2本と，無差別曲線（青色の曲線）2本を描いたものである。この消費者の所得および第2財の価格は変化しないものとして，第1財の価格が上昇したときの第1財の需要量の変化に関するスルツキー分解を図示しなさい（問3では第1財の価格が「下落」する場合を考えたが，ここでは「上昇」する場合を考えることに注意）。

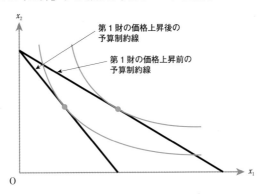

問5 「価格」，「需要量」，「代替効果」，「所得効果」という用語を用いて，ギッフェン財とはどのような財か説明しなさい。

第Ⅳ部

生産者の行動

　第Ⅲ部では需要について深く掘り下げて，消費者の行動を詳しく考察しました。それに続いて，第Ⅳ部では供給について深く掘り下げて，生産者の行動を詳しく考察します。ミクロ経済学では，生産者は生産技術の制約のもとで，利潤を最大にするように財・サービスの生産量を決めると考えます。第9講から第12講にかけて順に考察を積み上げていくと，生産者の利潤最大化行動の結果として供給曲線を導くことができます。供給曲線という単純な1本の曲線の背後で生産者がどのような生産活動を行っているかを詳しく見ていくことにしましょう。

第9講
生産関数と等産出量曲線

■第Ⅲ部では需要曲線の背後にある消費者の行動がどのようなものであるかについて学びました。これに続いて，第Ⅳ部では供給曲線の背後にある生産者の行動がどのようなものであるかについて学びます。具体的には，生産者は生産要素を用いて自らの利潤が最大になるよう生産物を生産する，と想定して分析を行います。まず本講では，生産要素の投入量と生産物の生産量の関係を表す生産関数と，生産関数を別の角度から眺めた等産出量曲線について学びます。

9.1 生産プロセス

　生産とは，人や企業などが投入物を使って財・サービスをつくることを意味します。財・サービスをつくるために必要な投入物を生産要素（factors of production）といい，つくられた財・サービスを生産物（products）といいます。生産要素を投入（input），生産物を産出（output）ということもあります。レストランを例に考えてみると，料理という生産物をつくるために必要な生産要素には，メニューに応じた食材（魚，肉，野菜，果物など），飲料，調味料，電気，ガス，調理器具，食器，テーブル，椅子，シェフの調理，接客係の給仕，店舗，店舗の敷地などさまざまなものがあります。

　現実の生産の現場では，さまざまな生産要素が絡み合い，複雑な生産プロセスを経て生産物が生み出されます。生産をたった1人で行う生産活動もあれば，何万人もの従業員を抱える大企業で行われる生産活動もあります。企業などの組織の内部には，企画，営業，経理などいろいろな部局があり，多種多様な業務が行われています。しかしながら，議論を単純にするために，

図 9-1　生産者の概念

本書ではこのような組織内部で行われている業務の詳細は捨象し，図 9-1のように生産者を「生産要素を投入すると生産物を産出するブラックボックス」と見なします[1]。

　実際の生産プロセスにおいては，さまざまな生産要素が投入され，生産物が生産されます。1つの生産プロセスにおいて1種類の生産物が生産されることも，2種類以上の生産物が生産されることもあります[2]。本書では分析を容易にするため，1つの生産プロセスにおいて1種類の生産物のみが生産されるものと仮定します。

9.2　生産要素の分類

■ 土地・労働・資本

　経済学では，生産プロセスに投入される生産要素を土地（land），労働（labor），資本（財）（capital（goods））に分類することがあります。「土地」は生産が行われる地表のある特定の区画だけではなく，その地上や地下に存在するすべての天然資源（水資源，農林水産資源，鉱物資源など）も含めた総称です。「労働」は人の生産活動のことです[3]。「資本（財）」は，過去に生産さ

1　組織内部に関する問題はこれまで経営学の研究対象でしたが，近年のゲーム理論の進展に伴って，組織の問題を経済学的に分析する「組織の経済学」という分野が開拓されつつあります。
2　たとえば原油を精製するとガソリン，軽油，ナフサ，灯油，重油，コールタールなどが同時に生産されるように，1つの生産プロセスにおいて2種類以上の財が生産されることを結合生産（joint production）といいます。
3　労働投入量を測る場合，経済学ではしばしば人時（man-hour）という単位を使います。これは，すべての労働者のすべての労働時間を合算したもので，1人が1時間の労働を行ったとき

れた生産物のうち，別の生産物を生産するために使用される道具，機械，生産設備，工場などの総称で，物的資本（physical capital）とも呼ばれます[4]。この分類を前節のレストランの例にあてはめると，店舗の敷地は土地に，シェフの調理や接客係の給仕は労働に，店舗，調理器具，食器，テーブル，椅子は資本に相当します。食材，飲料，調味料，電気，ガスなどの原材料やエネルギーも，突き詰めれば他の業者が土地，労働，資本を用いて生産した生産物ですから，やはり資本に相当します。3種類の生産要素のうち資本は土地と労働からつくられるため，資本を除いた土地と労働のことを本源的生産要素（primary factor of production）といいます。

■ 可変的生産要素と固定的生産要素

　上述の生産要素の分類とは別に，経済学にはもう一つの生産要素の分類方法があります。生産者が生産量を増加させるためには，当然のことですが生産要素の投入量を増加させなければなりません。しかし，ここで注意しなければならないことは，生産要素の中にはその投入量を容易に変化させられるものと容易に変化させられないものがあるということです。前節のレストランの例では，客の予約がたくさん入ったとき，食材，飲料，調味料，電気，ガスなどの原材料やエネルギーはすぐにでもその投入量を増やすことができますが，店舗のような生産要素はすぐにその投入量を増やすことはできません。ある一定期間のうちに投入量を変化させられる生産要素を可変的（variable）生産要素，その期間のうちに投入量を変化させられない生産要素を固定的（fixed）生産要素といいます。そして，一部の生産要素の投入量を変化させることができない，つまり，固定的生産要素が存在するような期間のことを短期（short-run）といいます。それに対して，すべての生産要素の投入量を変化させることができる，つまり，固定的生産要素が存在しないような期間のことを長期（long-run）といいます。

　の労働投入量が「1人時」です。1人が10時間働く場合でも，10人が1時間ずつ働く場合でも，どちらの労働投入量も10人時ということになります。ただし，本書では，理解しやすいように労働投入量を単純に労働者の人数で説明することがあります。

4　日常用語などでは「資本」はしばしば「資金」あるいは「資本金」を意味しますので，混同しないように気をつけてください。

ここで，短期というのは何ヶ月，長期というのは何年などと具体的な期間があらかじめ定まっているわけではないことに注意してください。経済学で使われる短期と長期という概念は，生産者の意思決定問題を「一部の生産要素の投入量を変化させることができない場合」と「すべての生産要素の投入量を変化させることができる場合」に分類する概念です。また，ある生産要素が可変的であるか固定的であるかもあらかじめ定まっているわけではなく，どういった意思決定問題を考えるかによって変わってきます。たとえば，レストランのオーナーが既存店舗のメニューの見直しをしている場合，食材，飲料，調味料，電気，ガスなどの原材料やエネルギーは可変的生産要素ですが，店舗の敷地や建物は固定的生産要素です。したがって，この場合にはオーナーは短期の意思決定問題を考えていることになります。これに対して，オーナーが第2号店の新規出店を検討している場合，新たに敷地を探し建物を建てることになるので，原材料やエネルギーのみならず店舗の敷地や建物も含めたすべての生産要素が可変的生産要素です。したがって，この場合にはオーナーは長期の意思決定問題を考えていることになります。このように，ある生産要素が可変的であるか固定的であるか，ひいては短期か長期かは，どういう意思決定問題を考えるかによって変わってくるのです。

9.3　可変的生産要素が1つの場合の生産関数---

■ 生産可能性集合と生産関数

　一般的に，生産物を生産するにはさまざまな生産要素が使われます。しかし，いきなり複数の生産要素を考慮に入れると話がややこしくなるので，まず本節では労働のみが可変的生産要素であり，それ以外の土地や資本は固定的生産要素であるものとします。労働投入量を l，生産量を y と書くことにします。このとき，労働投入量 l と生産量 y の実現可能な組み合わせの領域を描くと，典型的な場合には図 9-2 の灰色の領域（横軸および太線の境界を含む）のようになります。このような，投入量と生産量の組み合わせのうち技術的に実現可能なものの集合のことを生産可能性集合（production possibility

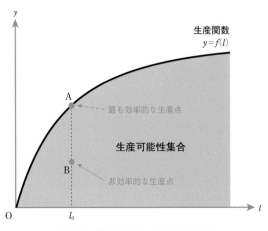

図 9-2　**生産可能性集合と生産関数**

set）といいます。

　いま，図 9-2 の労働投入量 l_0 を考えましょう。点 l_0 を通る垂直線が太い曲線と交わる点を A とすると，労働を l_0 投入することにより実現可能な生産量は線分 Al_0 によって表されます。この線分上の点 B は，点 A と同じ労働投入量 l_0 であるにもかかわらず点 A よりも生産量が少ないため，いわば労働者が怠けているような効率の悪い状態を表しています。これに対して，生産可能性集合の境界線上の点 A は，労働を l_0 投入して実現することができる最大の生産量に対応しており，最も効率の良い状態を表しています。一般に，労働投入量が l のときに実現可能な最大の生産量を $f(l)$ と書くことにすると，この集合の上部の境界線（図 9-2 の太い曲線）は関数 $y=f(l)$ によって表されます。このような，生産要素投入量と実現可能な最大の生産量の関係を表す関数のことを生産関数（production function）といいます[5]。生産関数は当該生産者の有する最も効率的な技術を表すものといえます。ミクロ経済学では，生産者は常に生産要素を最も効率的に投入して実現可能な最大の生

5　なお，生産関数 $y=f(l)$ は，労働以外の生産要素は固定的であるので，「短期の生産関数」を表しています。

産量を達成しているものと見なします。

■ 限界生産物

　図9-2の生産関数の形状を見ると，労働投入量をゼロから増やしていくと，はじめのうちは生産量が急激に増えますが，徐々に生産量の増え方が緩やかになっていくことが分かります。こうした様子をきちんと表現するために必要となる新しい概念を導入しましょう。

　まず，直観的な説明からはじめます。ある生産要素の投入量を追加的に1単位増加させたときの生産量の増加分をその生産要素の限界生産物（marginal product）といいます。労働投入量が l_0 であるときの労働の限界生産物は，

$$\frac{\Delta f(l_0)}{\Delta l_0} = \frac{f(l_0 + \Delta l_0) - f(l_0)}{\Delta l_0} \tag{9.1}$$

と書くことができます。ただし，Δl_0 は労働投入量 l_0 の増加分，$\Delta f(l_0)$ は生産量 $f(l_0)$ の増加分を表します[6]。図9-3に示すように，労働投入量が点Aの l_0 から点Bの $l_0 + \Delta l_0$ まで Δl_0 だけ増加するとき，生産量は $f(l_0)$ から $f(l_0 + \Delta l_0)$ まで増加するので，$\Delta f(l_0) = f(l_0 + \Delta l_0) - f(l_0)$ が成り立っています。このとき，労働の限界生産物は直角三角形ABCの斜辺ABの傾きと等しくなることが分かります。

　以上で直観的に説明した限界生産物を厳密に定義しましょう[7]。Δl_0 を限りなく0に近づけたときの（9.1）式の極限値を $MP(l_0)$ と表すと，

$$MP(l_0) = \lim_{\Delta l_0 \to 0} \frac{f(l_0 + \Delta l_0) - f(l_0)}{\Delta l_0}$$

となります。この $MP(l_0)$ を労働投入量が l_0 であるときの労働の限界生産物といいます。図9-3に示すように，ある点Aにおける労働の限界生産物 $MP(l_0)$ は，点Bを点Aに限りなく近づけたときの斜辺ABの傾き，言い換えると，点Aにおける生産関数の微分係数，すなわち接線（青色の直線）の

6　上での説明においては，この「Δl_0」を便宜上「生産要素投入量の1単位の増加」としています。

7　厳密な限界生産物の定義は微分係数と深く関係しています。微分係数については**第1講**の**1.2.5節**および**1.2.6節**を参照してください。

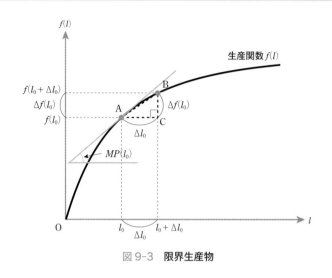

図9-3　限界生産物

傾きに等しくなります。つまり，厳密に定義された労働の限界生産物 $MP(l)$ は生産関数の接線の傾きによって表されます。

■2種類の生産関数

　ミクロ経済学の教科書には，可変的生産要素が労働のみの場合の短期の生産関数としてしばしば2つのタイプの生産関数が登場します。一つは，図9-4 のように，点A，点B，点C と労働投入量が増えるにつれて労働の限界生産物が逓減していくタイプの生産関数です。こうしたタイプの生産関数を「限界生産物逓減型」の生産関数と呼ぶことにします。もう一つは，図9-5 のように，点A，点B，点C と労働投入量が増えるにつれて，はじめのうちは労働の限界生産物が逓増していくけれども，やがて反転して逓減していくタイプの生産関数です。こうしたタイプの生産関数を「S字型」の生産関数と呼ぶことにします。

　なぜミクロ経済学の教科書では上記の2種類の生産関数に注目するのでしょうか。生産関数は生産者の技術を表すものなので，生産者の業種や規模などに応じて異なると考えられます。それにもかかわらず，ミクロ経済学で

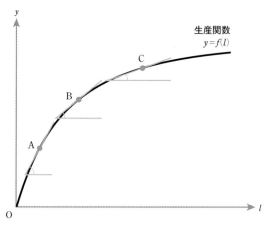

図 9-4　限界生産物逓減型の生産関数

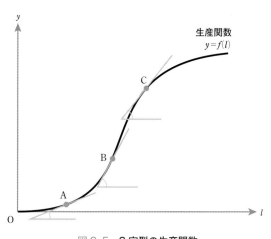

図 9-5　Ｓ字型の生産関数

はこうした違いを超えた普遍性を持つ生産関数として上記の 2 種類の生産関
数に注目します。その理由について以下で詳しく考察することにしましょう。

■ 労働の生産効率

　労働の限界生産物は，「労働投入量を追加的に 1 単位増加させたときの生

産量の増加分」，言い換えれば「労働の生産効率」を表しています。一般に，労働投入量が増加すると，労働の生産効率が上昇（労働の限界生産物が増加）することもあれば，労働の生産効率が低下（労働の限界生産物が減少）することもあります。

労働投入量の増加が労働の生産効率の上昇をもたらす理由としては，分業や協働が可能になることが挙げられます。たとえば，複数の段階からなる生産工程を労働者1人がすべて担当している場合，労働者が増えればそれを細分化して各労働者がそれぞれ別の生産工程を担当するようにすれば，作業が単純化されるので労働の生産効率が上昇するでしょう[8]。

逆に，労働投入量の増加が労働の生産効率の低下をもたらす理由としては，固定的な生産要素の存在が足枷（あしかせ）になることが挙げられます。労働投入量が増加しても，労働以外の生産要素が増加しないなら，相対的に労働が過剰になってしまいます。相対的に労働が過剰になると，労働者1人が用いることのできる土地や資本が減少してしまうので，労働の生産効率が低下するでしょう。たとえば，農家が畑で農作物を生産しているケースについて考えてみましょう。生産量を増やすためには生産要素の投入量を増やさなければなりません。しかし，畑を増やすには新たに土地を買って土壌改良をしなければならないので長い時間がかかります。つまり，畑は固定的な生産要素です。そこで，畑は増やさずに労働投入量だけを増やすとどうなるでしょうか。畑の面積が一定ならそれを管理するのに必要な労働量は決まっているので，労働投入量を増やしていくと，労働者1人当たりの耕作面積が小さくなる（つまり，労働者1人当たりの仕事量が減る）ため，労働の生産効率は低下することになるでしょう。もう一つの例として，労働者が産業用ロボットを操作して製品を組み立てているケースについて考えてみましょう。産業用ロボットを増やすには多額の投資資金が必要なので容易に増やすことはできません。

---

8 分業により労働の生産効率が上昇することは，アダム・スミスの時代から知られています。彼は『国富論』の中で自分が観察したピン（裁縫用の待ち針）工場の例を紹介しています。その工場では，ピンの製造工程を18の段階に分け，労働者1人が2，3の工程を担当するよう割り当てており，労働者1人当たり1日に4800本のピンを生産していたそうです。労働者1人がすべての工程を一貫して担当すると1日に最大でも20本程度しか生産できないことから，それに比べるとこの工場では労働の生産効率が実に240倍に達していたことになります。

つまり，産業用ロボットは固定的な生産要素です。そこで，産業用ロボットは増やさずに労働投入量だけを増やすとどうなるでしょうか。産業用ロボットの台数が一定ならそれらを管理するのに必要な労働量は決まっているので，労働投入量を増やしていくと，労働者1人当たりの管理する産業用ロボットの台数が少なくなる（つまり，労働者1人当たりの仕事量が減る）ため，労働の生産効率は低下することになるでしょう。

■ 生産関数の形状の違い

　これまでの話をまとめると，労働投入量が増加すると，分業や協働によって労働の生産効率が上昇（労働の限界生産物が増加）する場合も，固定的な生産要素の存在が足枷となって労働の生産効率が低下（労働の限界生産物が減少）する場合もありうることになります。ここで注意しなければならない点が2つあります。第一は，分業や協働による労働の生産効率の上昇の度合は生産工程の複雑さに応じて異なるという点です。複雑な生産工程を数少ない労働者で担っている場合には，労働者を増やすことで分業や協働が進み生産効率の上昇を見込むことができます。しかし，もともと生産工程が単純なため分業や協働をすることにほとんど意味がないような場合には，労働者を増やしても生産効率の上昇はあまり見込めないでしょう。第二は，分業や協働により労働の生産効率が上昇するのは労働投入量が相対的に少ない局面においてであるという点です。多くの労働者を雇っている場合にはすでに分業や協働が進んでいるはずなので，労働者を増やしたところで生産効率の上昇は見込めないでしょう。

　以上より，労働投入量をゼロから増やしていくとき，分業や協働をしてもあまり効果が上がらないような生産工程においては，比較的すぐに労働の生産効率が低下する（限界生産物が逓減する）ようになると考えられます。このような生産工程を有する生産者の生産関数を表したものが図9-4の限界生産物逓減型の生産関数なのです。それに対して，分業や協働をすると大きな効果が上がるような生産工程においては，はじめのうちは労働の生産効率が上昇する（限界生産物が逓増する）ものの，次第に労働の生産効率が低下する（限界生産物が逓減する）ようになると考えられます。このような生産工程を

有する生産者の生産関数を表したものが図9-5のS字型の生産関数なのです。

9.4 可変的生産要素が2つの場合の生産関数---

■ 生産可能性集合と生産関数

　前節では可変的生産要素が1つの場合の生産関数を考えましたが，現実世界では生産物をつくるために複数の可変的生産要素が使われています。そこで，本節では可変的生産要素が2つの場合の生産関数を考えてみることにしましょう[9]。

　本節では労働に加えて資本も可変的生産要素であるものとします。労働投入量をl，資本投入量をkと書くことにすると，投入の組み合わせ（input bundle）は(l, k)と表すことができます。また，投入の組み合わせ(l, k)によって実現可能な最大の生産量を$f(l, k)$とすると，生産関数は$y=f(l, k)$となります。ただし，yは生産量を表します。2種類の可変的生産要素を底面の横軸と縦軸に，生産量を垂直軸にとり，生産関数のグラフの一例を描くと，その形状は図9-6のような3次元の曲面になります。このとき，この3次元の曲面と底面（l–k平面，すなわちl軸とk軸を含む平面）とで囲まれた領域が生産可能性集合となっています。

■ 長期の生産関数と短期の生産関数の関係

　いま，生産要素が労働と資本のみであるとすると，すべての生産要素が可変的であるため，生産関数$y=f(l, k)$は「長期の生産関数」を表していることになります。ここで，資本投入量を$k=\bar{k}$という値に固定したときの生産関数を考えると，この生産関数$y=f(l, \bar{k})$は，資本が固定的生産要素であるため，「短期の生産関数」を表していることになります[10]。両者の関係を図示

9　消費者の理論と同じく，2種類の可変的生産要素のケースで成り立つ事柄は，可変的生産要素が3種類以上のケースでも成り立つことが知られています。

10　$\bar{k}$は定数ですから，$y=f(l, \bar{k})$の変数から定数である$\bar{k}$を省略して$y=f(l)$と書いても構いません。このように生産関数の変数から定数である固定的生産要素の投入量を省略したものが，前節で学んだ短期の生産関数$y=f(l)$に他なりません。

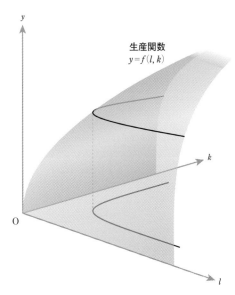

図 9-6　可変的生産要素が 2 つの場合の生産関数：限界生産物逓減型

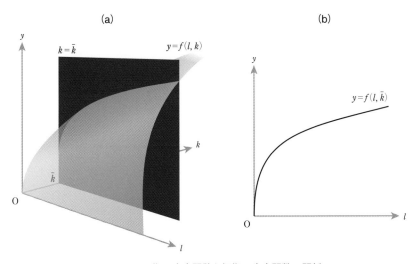

図 9-7　長期の生産関数と短期の生産関数の関係

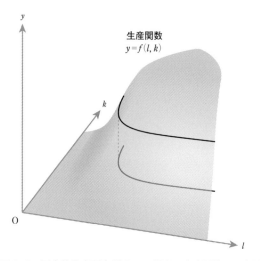

生産関数
$y=f(l, k)$

図9-8　可変的生産要素が2つの場合の生産関数：S字型

したのが図9-7です。(a) には長期の生産関数 $y=f(l, k)$ を y-l 平面（y 軸と l 軸を含む垂直な平面）と平行な $k=\overline{k}$ という黒い平面で切った様子が、(b) にはその切り口が描かれています。この切り口の曲線が短期の生産関数 $y=f(l, \overline{k})$ に該当します。

■ 限界生産物逓減型の生産関数とS字型の生産関数

図9-7 (b) のグラフの形状から明らかなように、図9-6は可変的生産要素が2つの場合の「限界生産物逓減型」生産関数を描いたものです。それに対して、可変的生産要素が2つの場合の「S字型」生産関数を描いたものが図9-8です。図9-7と同様に、この生産関数を y-l 平面と平行な平面で切り、その切り口を描くと短期の生産関数が描けます。それが図9-5のようなS字型になることは容易に想像することができるでしょう。

■ 等産出量曲線

上で見たように、可変的生産要素が2つの場合の生産関数のグラフは3次

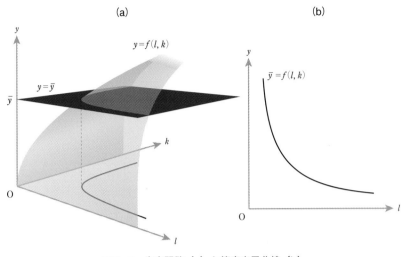

図9-9　生産関数（a）と等産出量曲線（b）

元の曲面になるため，それをそのまま用いると分析がとても難しくなってしまいます。そこで，分析を容易にするために，**第5講**の消費者理論において登場した無差別曲線によく似た等産出量曲線（iso-product curve）［あるいは等量曲線（isoquant）］というものが用いられます。等産出量曲線はある一定の生産量を達成する投入の組み合わせをつなぎ合わせた曲線です。つまり，等産出量曲線は産出量が等しくなるような投入の組み合わせを表す曲線です。

　無差別曲線を効用関数のグラフから導出したのと同様にして，等産出量曲線は生産関数のグラフから導出できます。まず，図9-9（a）にあるとおり，生産関数 $y = f(l, k)$ を l-k 平面と平行な $y = \bar{y}$ という黒い平面で切ります。次に，その切り口を l-k 平面に投影して，図9-9（b）のような曲線を描きます。こうして描いた曲線はある生産量 $\bar{y}$ を達成する投入の組み合わせ (l, k) をつなぎ合わせた曲線なので，ある生産量 $\bar{y}$ に対する等産出量曲線に他なりません。無差別曲線上のどの消費の組み合わせも同じ効用をもたらすのと同様に，等産出量曲線上のどの投入の組み合わせも同じ生産量を達成します。なお，図9-8のS字型の生産関数の場合でも，同様に等産出量曲線を求めること

ができることを確認してください。無差別曲線が任意の効用水準に対して描くことができるように，等産出量曲線も任意の生産量に対して描くことができます。

■ 等産出量曲線の性質

　以下での分析を円滑に行うため，生産者の生産技術は次の2つの性質を満たすと仮定します。これらは**第5講**で説明した消費者の選好の単調性と凸性に類似したものです。

　一つ目は技術の単調性（monotonicity）という性質です。これは，生産要素をたくさん投入するほど生産量が多くなるという性質です。もう少し厳密にいえば，一方の生産要素の投入量が増え，もう一方の生産要素の投入量が減らなければ，生産量が多くなるという性質です。たとえば，技術の単調性が満たされていれば（労働者5人，産業用ロボット3台）という組み合わせの生産量よりも（労働者6人，産業用ロボット3台）という組み合わせの生産量の方が多くなります。**第5講**の図5-1の「x_1」を「労働」，「x_2」を「資本」，「効用」を「生産量」と読み替えると，技術の単調性を視覚的に表したものになります。

　二つ目は技術の凸性（convexity）という性質です。いま，同じ生産量が得られる2つの投入の組み合わせA，Bがあるとき，l–k平面上でこれらに対応する2点A，Bを結ぶ線分ABを描きます。このとき，線分AB上の点がもたらす生産量は点A，Bがもたらす生産量以上になるというのがこの性質です。選好の凸性のときと同じように考えると，技術の凸性は，一方の生産要素に片寄って多く投入するより，両方の生産要素をバランスよく投入するほど生産量が多くなることを意味することが分かります。**第5講**の図5-2の「緑茶」を「労働」，「羊羹」を「資本」，「効用」を「生産量」と読み替えると，技術の凸性を視覚的に表したものになります。

　技術の単調性と凸性が満たされていれば，等産出量曲線は，

① 　右下がりである

② 　右上に位置するものほど多くの生産量をもたらす

③　互いに交わらない

④　原点に対して凸である

という4つの性質を持つことを示せます。等産出量曲線のこれら4つの性質
は，**第5講**の **5.2節**で説明した無差別曲線の4つの性質と実質的に同じです。
また，技術の単調性と凸性から等産出量曲線のこれら4つの性質を導く手順
も，選好の単調性と凸性から無差別曲線の4つの性質を導いた手順と同じで
す。読者の皆さんは自力で導くことができるか挑戦してみてください。

■ 技術的限界代替率

　第5講の **5.3節**では，消費者の限界代替率という重要な概念を定義しまし
た。本節では，それときわめて類似した生産者の技術的限界代替率という概
念を定義します。

　まず，技術的限界代替率を直観的に定義しましょう。等産出量曲線が右下
がりであるという性質は，生産量を一定に保つ場合，労働投入量を増やせば
資本投入量を節約することができ，資本投入量を増やせば労働投入量を節約
することができることを意味します。生産量を変化させないという条件の下
で，労働の投入量を1単位増やすときにそれと引き替えに減らすことがで
きる資本の投入量を労働の資本に対する技術的限界代替率（marginal rate of
technical substitution）といいます。

　続いて，技術的限界代替率を厳密に定義することにしましょう[11]。いま，
労働投入量がΔl（プラスの値）変化するなら，資本投入量がΔk（マイナスの
値）変化しても生産量が変わらないものとします[12]。すると，労働によって
資本を代替する率（交換比率）は$-\Delta k/\Delta l$と表すことができます[13]。しかしな
がら，Δlの大きさによって交換比率$-\Delta k/\Delta l$は異なるので，こうした恣意

11　**5.3節**における限界代替率の厳密な定義と同様に，厳密な技術的限界代替率の定義は微
　　分係数と深く関係しています。微分係数については**第1講**の **1.2.5節**および **1.2.6節**を参照し
　　てください。

12　上での直観的な説明においては，この「Δl」を便宜上「労働の投入量の1単位の増加」
　　としています。

13　Δlはプラスの値，Δkはマイナスの値なので，$-\Delta k/\Delta l$はプラスの値であることに注意
　　してください。

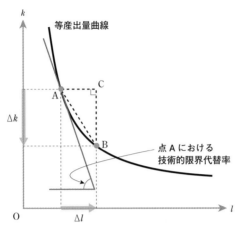

図 9-10　厳密な技術的限界代替率

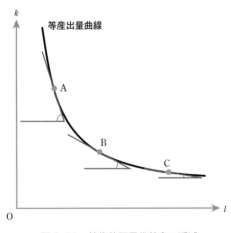

図 9-11　技術的限界代替率の逓減

性を排除しなければ厳密な議論ができません。そのために，Δl を限りなく 0 に近づけたとき，すなわち $\Delta l \to 0$ としたときの $-\Delta k / \Delta l$ の極限値

$$\lim_{\Delta l \to 0}\left(-\frac{\Delta k}{\Delta l}\right)$$

を考え，これを労働の資本に対する技術的限界代替率と定義します。

図9-10の点Aを見てください。点Aの投入の組み合わせから労働がΔl（プラスの値）変化すると，投入の組み合わせは点Cとなり，生産量はもとの水準より多くなります。このとき，点Cの投入の組み合わせから資本がΔk（マイナスの値）変化すると，投入の組み合わせはもとの等産出量曲線上の点Bとなり，生産量はもとの水準と同じになります。ここで，労働によって資本を代替する率$-\Delta k/\Delta l$は直角三角形ABCの斜辺ABの傾きの絶対値に等しくなることに着目してください。そうすれば，Δlを限りなく0に近づけたとき（点Bを点Aに限りなく近づけたとき），$-\Delta k/\Delta l$の極限値は点Aにおける等産出量曲線の接線（灰色の直線）の傾きの絶対値に等しくなることが分かります。したがって，等産出量曲線上のある点における労働の資本に対する技術的限界代替率は，その点における等産出量曲線の接線の傾きの絶対値に等しくなります。

　図9-11から分かるように，等産出量曲線が原点に対して凸であるならば，点A，点B，点Cというように等産出量曲線に沿って労働投入量が増え資本投入量が減るにつれて，等産出量曲線の接線の傾きの絶対値はだんだん小さくなっていきます。かくして，労働の資本に対する技術的限界代替率は労働投入量の増加に伴いだんだん小さくなっていきます。これを技術的限界代替率逓減の法則（law of diminishing marginal rate of technical substitution）といいます。

9.5　規模に関する収穫

■ 規模に関する収穫

　9.3節で学んだ限界生産物という概念は，ある生産要素の投入量を増加させたときに生産量がどのように増加するかを表すものでした。それに対して，本節では規模に関する収穫（returns to scale）という概念について学びます。これは，すべての生産要素の投入量を同じ比率で増加させたときに生産量がどのように増加するか，言い換えると，生産規模を拡大させたときに生産量がどのように増加するかを表すものです。

いま，生産要素が労働と資本のみであるとして，生産関数を $y=f(l, k)$ と書くことにしましょう。この生産関数は，すべての生産要素が可変的であるため，長期の生産関数です。ここで，「すべての生産要素の投入量を t 倍（ただし $t>1$）したときの生産量 $f(tl, tk)$」と「もとの生産量 $f(l, k)$ の t 倍」の大きさを比較してみましょう。すべての生産要素の投入量を t 倍（ただし $t>1$）したとき，

- 生産量がちょうど t 倍になるなら，すなわち $f(tl, tk) = tf(l, k)$ が成り立つなら，規模に関して収穫一定（constant returns to scale）
- 生産量が t 倍より小さくなるなら，すなわち $f(tl, tk) < tf(l, k)$ が成り立つなら，規模に関して収穫逓減（decreasing returns to scale）
- 生産量が t 倍より大きくなるなら，すなわち $f(tl, tk) > tf(l, k)$ が成り立つなら，規模に関して収穫逓増（increasing returns to scale）

といいます[14]。

皆さんの中には「現実世界のどのような生産関数も規模に関して収穫一定なのではないか」と考える人がいるかも知れません。たとえば，あるパソコン工場で労働者たちが毎月 1000 台のパソコンを生産しているとすれば，同じ規模で同じ生産設備の工場をもう 1 棟建設し，同じ技能を有する労働者たちを新規で同数雇えば，毎月の生産量は 2000 台に増えると考えるのが自然だからです。ところが，規模が 2 倍になるのに伴い，よりいっそう分業や協働が進むため生産効率が向上する可能性があります。これとは反対に，会社の規模を拡大すると組織運営が非効率になるため，生産効率が低下し規模に関して収穫が逓減する可能性もあります[15]。

---

14 「規模に関して収穫逓増」を「規模の経済（economies of scale）」，「規模に関して収穫逓減」を「規模の不経済（diseconomies of scale）」ということがあります。

15 この場合，もちろん組織運営にあたる経営者の人数も増えるのですが，人数が増えると意思決定を行う際に調整が必要になったり対立が生じたりするため，「船頭多くして船山に登る」のことわざのように組織運営が混乱する可能性があると考えられます。しかしながら，「経営者の管理能力」を隠れた生産要素と見なして，他の生産要素の規模が拡大するのに伴って「経営者の管理能力」の質も向上するなら，言い換えると，隠れた生産要素である「経営者の管理能力」も含めてすべての生産要素の規模（量だけではなく質も含む）が拡大するなら，規模に関する収穫逓減が起こることはありえない，という主張もあります。

■ 規模に関する収穫と生産関数の形状

　規模に関して収穫一定・収穫逓減・収穫逓増が成り立つとき，生産関数はどのような形状をしているのでしょうか。当初の投入の組み合わせを(l_0, k_0)，生産量をy_0として，労働と資本の投入量を2倍，3倍とした場合，すなわち，投入の組み合わせを$(2l_0, 2k_0)$，$(3l_0, 3k_0)$と増やした場合，生産量がどう変化するかを考えてみましょう。図9-12を見てください。この図には，原点Oと任意の点(l_0, k_0)を通る青色の直線がl-k平面上に描かれています。原点O，点(l_0, k_0)，点$(2l_0, 2k_0)$，点$(3l_0, 3k_0)$が，この青色の直線上に等間隔で並んでいることに注意してください。また，この直線とy軸を含む平面によって生産関数を切ったときの切り口が太線で描かれています。規模に関して収穫一定の場合には，労働と資本の投入量を2倍にすると生産量も$2y_0$と2倍に，労働と資本の投入量を3倍にすると生産量も$3y_0$と3倍になります。したがって，生産関数の切り口は図9-12 (a) のように右上がりの直線になることが分かります。規模に関して収穫逓減の場合には，労働と資本の投入量を2倍にしても生産量はたとえば$1.5y_0$と2倍より少なくなり，労働と資本の投入量を3倍にしても生産量はたとえば$1.8y_0$と3倍より少なくなります。したがって，生産関数の切り口は図9-12 (b) のように次第に接線の傾きが緩やかになっていく右上がりの曲線になることが分かります。規模に関して収穫逓増の場合には，労働と資本の投入量を2倍にすると生産量はたとえば$2.8y_0$と2倍より多くなり，労働と資本の投入量を3倍にすると生産量はたとえば$5.6y_0$と3倍より多くなります。したがって，生産関数の切り口は図9-12 (c) のように次第に接線の傾きが急になっていく右上がりの曲線になることが分かります。

　以上の考察より，規模に関して収穫一定・収穫逓減・収穫逓増のときの生産関数の形状は図9-13のようになります。規模に関して収穫一定の場合には，労働と資本の投入量をt倍に増やすと生産量もt倍に増えるので，生産関数の形状は図9-13 (a) のようになり，原点からの稜線は図9-12 (a) に描かれている太い直線のようになります。規模に関して収穫逓減の場合には，労働と資本の投入量をt倍に増やしても生産量はt倍までは増えないため，生産関数の形状は図9-13 (b) のようになり，原点からの稜線は図9-12

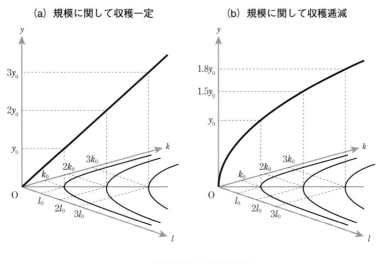

(a) 規模に関して収穫一定　　(b) 規模に関して収穫逓減

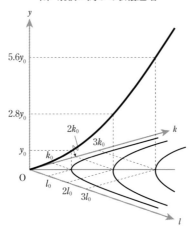

(c) 規模に関して収穫逓増

図 9-12　規模に関する収穫と生産関数の切り口

（b）に描かれている上に凸の太い曲線のようになります。規模に関して収穫逓増の場合には，労働と資本の投入量を t 倍に増やすと生産量は t 倍よりも増えるため，生産関数の形状は図 9-13（c）のようになり，原点からの稜線は図 9-12（c）に描かれている下に凸の太い曲線のようになります。

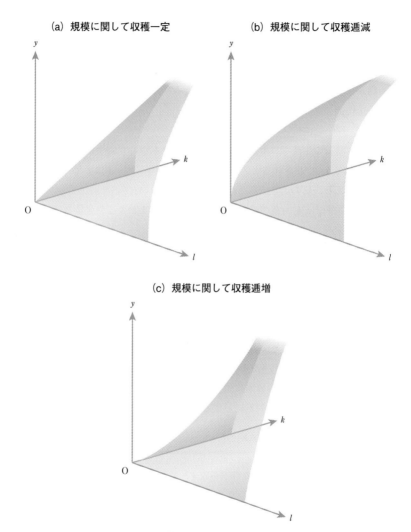

(a) 規模に関して収穫一定　　　　　　　(b) 規模に関して収穫逓減

(c) 規模に関して収穫逓増

図 9-13　規模に関する収穫と生産関数の形状

問1　以下の問いに答えなさい。

(1)　限界生産物とはどのような概念か説明しなさい。

(2)　可変的生産要素が1種類のみのとき，その投入量が増えるにつれて限界生産物が逓減していくような生産関数のグラフを描きなさい。

(3)　可変的生産要素が1種類のみのとき，その投入量が増えるにつれて限界生産物がはじめのうちは逓増していくけれどもやがて反転して逓減していくような生産関数のグラフを描きなさい。

問2　ある生産者の生産プロセスにおいて労働と資本が可変的生産要素であり，生産関数が $y = f(l, k)$ で表されるとする。ただし，y は生産量，l は労働投入量，k は資本投入量である。このとき，以下の問いに答えなさい。

(1)　生産関数が $f(l, k) = lk$ で表されるとき，生産量4および生産量9に対応する等産出量曲線を描きなさい。

(2)　生産関数が $f(l, k) = l^2 k$ で表されるとき，生産量36および生産量64に対応する等産出量曲線を描きなさい。

問3　ある生産者の等産出量曲線 $\bar{y} = f(l, k)$ が下図のように描かれるとする。ただし，l は労働投入量，k は資本投入量，$f(l, k)$ はそれらを生産要素とする生産関数，$\bar{y}$ はある特定の生産量である。このとき，以下の問いに答えなさい。

(1)　労働の資本に対する技術的限界代替率とはどのような概念か説明しなさい。

(2)　点Aにおける（労働の資本に対する）技術的限界代替率を求めなさい。

(3)　点Bにおける（労働の資本に対する）技術的限界代替率を求めなさい。

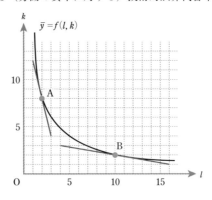

問4 ある生産者の生産プロセスにおいて労働と資本が可変的生産要素であり，生産関数が $y = f(l, k)$ で表されるとする。ただし，y は生産量，l は労働投入量，k は資本投入量である。生産関数が以下のように特定される場合，その生産プロセスが規模に関して収穫一定，収穫逓減，収穫逓増のいずれに該当するか，理由を付して答えなさい。

(1) $y = f(l, k) = lk$

(2) $y = f(l, k) = \dfrac{1}{2}(\sqrt{l} + \sqrt{k})$

(3) $y = f(l, k) = \sqrt{lk}$

第10講
費用最小化と総費用関数

■第9講では，生産物を生産するには生産要素が必要であること，生産要素の投入量によって生産物の生産量が変わること，生産要素の投入量と生産物の生産量の関係は生産関数によって表されることを学びました。本講では，ある生産量を生産するという条件の下で，生産要素をどのように投入するのが最適なのか，すなわち，生産要素をどのように投入すると費用を最小にすることができるのかについて学び，生産量と費用の関係を導出します。

10.1 生産者の利潤最大化行動と費用最小化行動

ミクロ経済学では，生産者は生産関数で表される技術的制約の下で自らの利潤を最大にするような生産量を選択する，と想定して分析を行います。本書では，この生産者の利潤最大化行動を以下の2つの問題に分けて考えます。

(1) ある生産量を生産するためにかかる費用を最小にする問題
(2) (1)の最小化された費用のもとで利潤を最大にする問題

本講では(1)について考察し，(2)については**第12講**で分析することにします。

10.2 総費用，可変費用，固定費用

生産物の生産にかかる費用全体を総費用（total cost）といいます[1]。総費用

は，生産量が変化するとそれに伴って変化します。生産量がyであるときの総費用を$C(y)$と表すことにしましょう。このような，生産量と総費用の関係を表す関数を総費用関数（total cost function）といいます。

　総費用は，生産量の変化に伴って変化する部分と変化しない部分とに分けることができます。これは，生産要素に可変的生産要素と固定的生産要素が存在することに起因しています。可変的生産要素にかかる費用は生産量の変化に伴って変化することから可変費用（variable cost）といいます。一方，固定的生産要素にかかる費用は生産量とは無関係に一定額であることから固定費用（fixed cost）といいます。第9講の9.2節で説明したように，可変的生産要素と固定的生産要素は生産者がどのような意思決定問題を考えているかに応じて決まる相対的な概念です。たとえば，店舗や工場の増設といった長期の意思決定問題ではなく，直近の生産量の決定といった短期の意思決定問題を考えるときには，原材料やエネルギーにかかる費用などは可変費用にあたり，店舗や工場の建設費，機械設備などの購入費，土地や事務所などの賃料，銀行からの借入に対する返済，研究開発費，広告費などは固定費用にあたると考えてよいでしょう[2]。

　生産量がyのときの可変費用を$C_v(y)$，固定費用をC_fと表すことにしましょう。総費用のうち，生産量が変化するのに伴って変化する部分が可変費用で，変化しない部分が固定費用ですから，総費用$C(y)$は

$$C(y) = C_v(y) + C_f \qquad (10.1)$$

と表されます。ただし，長期においては，すべての生産要素が可変的であるため，総費用は可変費用のみとなります。

1　誤解が生じない限り，「総費用」のことを単に「費用」と表現することがあります。

2　ある費目が可変費用であるか固定費用であるかを必ずしも明確に区分できない場合があることに注意してください。たとえば，企業会計上は「労働にかかる費用」のことを人件費といいますが，直近の生産量の決定といった短期の意思決定問題を考えるときには，常時雇用の労働者の人件費は固定費用にあたり，生産水準に応じて労働時間が調整される臨時雇用（パート）の労働者の人件費は可変費用にあたると考えられます。

10.3 生産量と総費用の関係：--------------------
可変的生産要素が1つの場合

本節と次節では，生産量と総費用の関係を表す総費用関数がどのようにして導かれるのかを明らかにします。まず本節では，可変的生産要素がただ1つの場合のみを取り上げます。具体的には，**9.3節**で扱った可変的生産要素が労働のみの場合の生産関数 $y=f(l)$ から総費用関数を導くことにしましょう。その際，生産関数として「限界生産物逓減型」および「S字型」の両方を順次扱うことにします[3]。以下では，労働投入量1単位あたりの賃金を w と表すことにします[3]。議論を単純にするため，w は一定であると仮定しましょう。

■ 限界生産物逓減型の生産関数の場合

まず，限界生産物逓減型の生産関数の場合について考えます。図10-1 を見てください。図10-1 **(a)** には限界生産物逓減型の生産関数 $y=f(l)$ のグラフが描かれています。このとき，総費用関数 $C(y)$ のグラフを描くにはどうすればよいのでしょうか。

⑴　はじめに，生産関数 $y=f(l)$ のグラフの横軸と縦軸を入れ換えたグラフを描きます。図10-1 **(a)** の $y=f(l)$ のグラフでは，「労働投入量が $\bar{l}$ のときの生産量は $\bar{y}$ である」と読み取ることができます。つまり，横軸で表される労働投入量を投入したときにどれだけの生産量が生産されるかが縦軸で測られています。ここで，図10-1 **(b)** のように，$y=f(l)$ のグラフの横軸と縦軸を入れ換えたグラフを描きます。すると，このグラフでは，「生産量 $\bar{y}$ を生産するときに必要な労働投入量は $\bar{l}$ である」と読み替えることができます。つまり，横軸で表される生産量を生産するときにどれだけの労働投入量が必要であるかが縦軸で測られています。

⑵　次に，可変費用関数 $C_v(y)$ のグラフを描きます。図10-1 **(c)** に図

3　**第9講**の脚注3で説明したように，経済学では労働投入量を測る場合「人時」という単位がしばしば使われます。労働投入量の単位が「人時」の場合，賃金 w は時給を表します。

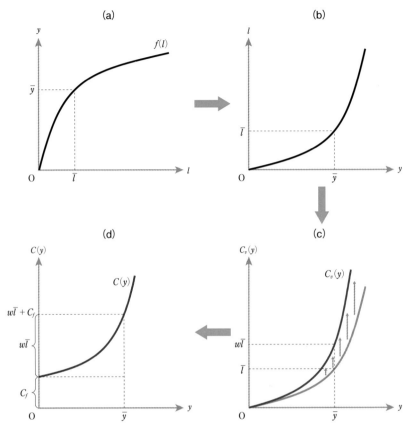

図 10-1　限界生産物逓減型の生産関数からの総費用関数の導出：
　　　　 可変的生産要素が 1 つの場合

10-1 (b) のグラフが淡い灰色で描かれています。淡い灰色のグラフ上
の点 $(\overline{y}, \overline{l})$ を見ると分かるように，生産量 $\overline{y}$ を生産するときに必要な
労働投入量は $\overline{l}$ です。ゆえに，生産量 $\overline{y}$ に対応する可変費用 $C_v(\overline{y})$ は
「労働投入量 $\overline{l}$」に「労働投入量 1 単位当たりの賃金 w（定数）」を掛け
た値 $w\overline{l}$ になります。したがって，生産量 $\overline{y}$ とそれに対応する可変費用
$C_v(\overline{y})$ の組み合わせは点 $(\overline{y}, w\overline{l})$ で表されます。淡い灰色のグラフ上の
他の点についても同様に考えると，可変費用関数 $C_v(y)$ のグラフは濃い

灰色の曲線のように描くことができます。このようにして得られた可変費用関数 $C_v(y)$ のグラフは，結局のところ図 10-1 **(b)** のグラフを縦軸方向に w 倍したものになります。なお，図 10-1 **(a)** において労働投入量が 0 のときは生産量も 0，すなわち $f(0) = 0$ であるので，図 10-1 **(c)** において生産量が 0 のときは可変費用も 0，すなわち $C_v(0) = 0$ であることに注意してください。

(3) 最後に，総費用関数 $C(y)$ のグラフを描きます。生産量 $\overline{y}$ のときの総費用 $C(\overline{y})$ は「生産量 $\overline{y}$ のときの可変費用 $C_v(\overline{y})$」と「固定費用 C_f」を足した $C_v(\overline{y}) + C_f$，すなわち，$w\overline{l} + C_f$ になります。したがって，生産量 $\overline{y}$ とそれに対応する総費用 $C(\overline{y})$ の組み合わせは図 10-1 **(d)** の点 $(\overline{y}, w\overline{l} + C_f)$ で表されます。他の生産量についても同様に考えると，総費用関数 $C(y)$ のグラフは図 10-1 **(d)** のように描くことができます。このようにして得られた総費用関数 $C(y) = C_v(y) + C_f$ のグラフは，結局のところ図 10-1 **(c)** の可変費用関数 $C_v(y)$ のグラフを固定費用 C_f の分だけ上方にシフトさせたものに他なりません。なお，生産量が 0 のときは総費用は $C(0) = C_v(0) + C_f = C_f$，すなわち固定費用に等しくなります。

以上のように，可変的生産要素が 1 つの場合について，限界生産物逓減型の生産関数 $y = f(l)$ から総費用関数 $C(y)$ を導出することができました。図 10-1 **(a)** と図 10-1 **(d)** を比べれば分かるように，生産関数の形状と総費用関数の形状には密接な関係があります。図 10-1 **(a)** では，生産関数の接線の傾きは労働投入量が増えるほど緩やかになっていきます。つまり，労働の限界生産物が逓減していきます。これに対して，図 10-1 **(d)** では，総費用関数の接線の傾きは生産量が増えるほど急になっていきます。労働の限界生産物が逓減することにより，生産量を増やすために追加的に必要となる労働投入量が増加し，それに伴って追加的にかかる総費用も増加するからです。図 10-1 **(d)** のように接線の傾きが逓増していく総費用関数を「限界費用逓増型」の総費用関数といいます。ここで登場した「限界費用」という用語は，さしあたり「総費用関数の接線の傾き」と同義であると理解しておいてください。「限界費用」については**第 11 講**の **11.3 節**で詳しく学びます。

■S字型の生産関数の場合

　S字型の生産関数の場合についても，限界生産物逓減型の生産関数の場合とまったく同じ手順を踏むことにより，総費用関数を導くことができます。図10-2（a）のS字型の生産関数から図10-2（d）のような形状の総費用関数が導かれることを各自で確認してください。図10-2（d）のように，はじめのうちは接線の傾きが緩やかになっていくが，次第に急になっていく総費用関数を「逆S字型」の総費用関数といいます。**第9講**の**9.3節**で学んだように，はじめのうちは分業や協働の効果が大きく働き労働の生産効率が上昇する（限界生産物が逓増する）ものの，次第に固定的な生産要素の存在が足

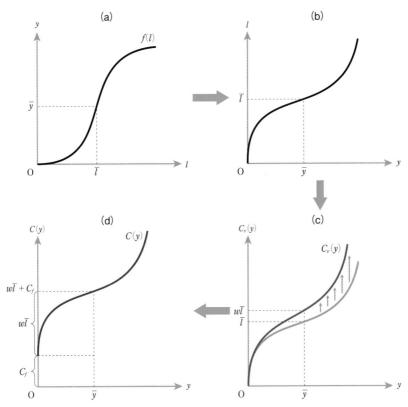

図10-2　S字型の生産関数からの総費用関数の導出：可変的生産要素が1つの場合

栱となって労働の生産効率が低下する（限界生産物が逓減する）状況を表したものがＳ字型の生産関数でした。生産関数がＳ字型の場合には，はじめのうちは分業や協働の効果が大きく働き労働の生産効率が上昇するため，増産する際に追加的に生じる費用は逓減していきます。しかし，次第に固定的な生産要素の存在が足枷となって労働の生産効率が低下するため，増産する際に追加的に生じる費用は逓増していきます。したがって，生産関数がＳ字型の場合には，総費用関数は逆Ｓ字型となるのです。

　以上で，可変的生産要素が１つである場合について，限界生産物逓減型およびＳ字型の２つのタイプの生産関数から，それぞれ形状の異なる総費用関数を導くことができました。なお，**9.3 節**で説明したように，生産関数 y $=f(l)$ は，労働投入量 l とそれを最も効率的に用いて得られる最大の生産量 y の関係を表しています。したがって，ここで導出された総費用関数 $C(y)$ は生産量 y を生産するために必要な最小の総費用を表していることに注意してください。

10.4　生産量と総費用の関係： 可変的生産要素が２つの場合

　本節では，可変的生産要素が２つある場合，生産関数から総費用関数がどのように導かれるかについて考えます。**第 9 講**の **9.4 節**と同様に，可変的生産要素は労働 l および資本 k であり，生産関数は $y=f(l, k)$ であるとします。

■可変費用の最小化

　ある生産量 $\bar{y}$ を生産するとき，合理的な生産者は労働 l および資本 k をどのように組み合わせて生産プロセスに投入するのでしょうか。図 10-3 を用いて考えてみましょう。この図には，生産量が $\bar{y}$ のときの等産出量曲線（黒色の曲線），すなわち，生産量 $\bar{y}$ を生産するのに必要な労働 l および資本 k の投入の組み合わせが描かれています。生産量 $\bar{y}$ を生産するのに必要な投入の組み合わせはたくさんありますが，どのような組み合わせでもよいというわけではありません。生産者が合理的であるなら，総費用が最小になるような

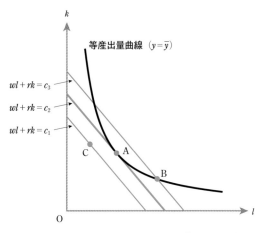

図 10-3　生産量が $\bar{y}$ のときの可変費用の最小化

投入の組み合わせを選ぶはずです。総費用のうち固定費用は生産量とは関係なく一定ですから，総費用が最小になるということは可変費用が最小になることを意味します。それでは，生産量 $\bar{y}$ を生産するとき，可変費用が最小になる投入の組み合わせはどのように決まるのでしょうか。

　この問題について考えるためには，それぞれの投入の組み合わせに対してどれだけの可変費用がかかるのかを考慮する必要があります。前節と同様に，労働投入量 1 単位あたりの賃金を w と表します。資本投入量 1 単位あたりの費用は資本のレンタルコスト（rental cost of capital）と呼ばれます。これを r と表します。たとえば，引越業者がトラックという資本をリース契約で借りているならば，トラック 1 台あたりのリース料が資本のレンタルコスト r にあたります[4]。議論を単純にするため，以下では生産要素の価格である w と r

---

4　資本をリースではなく自己保有している場合でも，主に以下の 2 つの費用がかかります。第一は，建物・機械・設備などを使用すると物理的に摩耗してしまったり，時間の経過とともに経済的価値が減少してしまったりする資本減耗（capital consumption）で，これは資本を使用するときの費用と見なすことができます。第二は，資本を購入するときに必要となる資金にかかる利子（interest）です。資金を銀行などから借りる場合には，利子が費用にあたるのは明らかでしょう。資金を銀行などから借りずに自己資金で賄う場合でも，機会費用（opportunity cost）［ある選択肢を選んだときに，選ばれなかった他の選択肢から得られたであろう潜在的な利益の

は一定であると仮定します。労働投入量が l，資本投入量が k であるときの可変費用は $wl + rk$ と書けるので，それが c という値になるような労働と資本の投入の組み合わせは，

$$wl + rk = c \tag{10.2}$$

という式で表すことができます。これを等費用線（iso-cost line）といいます。等費用線は可変費用がある一定の値になるような投入の組み合わせを表しています。ここでは，この「一定の値」は c です。(10.2) 式を変形すると，

$$k = -\frac{w}{r}l + \frac{c}{r} \tag{10.3}$$

となるので，l–k 平面にこの式のグラフを描くと，**第6講**に登場した予算制約線と同様の右下がりの直線になります。予算制約線の傾きの絶対値が財の価格比（相対価格）を表していたのと同様に，等費用線の傾きの絶対値 w/r は生産要素の価格比を表しています[5]。

　図10-3には可変費用が c_1, c_2, c_3 である場合の等費用線（青色の直線）が3本描かれています。ただし，$c_1 < c_2 < c_3$ となっています。c_2 に対応する等費用線は中央の直線，c_1 に対応する等費用線はそれより左下の直線，c_3 に対応する等費用線はそれより右上の直線によって表されています。なぜこのような位置関係になるかといえば，(10.3) 式より等費用線の縦軸切片は c/r であり，r は一定と仮定しているので，可変費用が大きくなるほど等費用線の縦軸切片も大きくなるからです。

　それでは，生産量 $\bar{y}$ を生産するとき，可変費用が最小になる投入の組み合わせはどのように決まるのでしょうか。結論からいうと，生産量 $\bar{y}$ を生産するとき，可変費用が最小になる投入の組み合わせは等産出量曲線と等費用線が接する点Aになり，そのときの最小の可変費用は c_2 となります。たとえば，点Bは点Aと同じ等産出量曲線上に位置しているため，その投入の組

中で最大のもの］を考慮すると，自己資金で金融商品を購入していたら得られたであろう利子が費用にあたります。以上より，自己保有の資本のレンタルコストは「資本減耗＋利子」ということになります。

5　生産要素の価格である w と r は一定であると仮定したので，生産要素の価格比 w/r も一定になります。

み合わせでも生産量 $\bar{y}$ を生産することは可能です。しかし，点 B は c_3 に対応する等費用線上に位置しているため，その投入の組み合わせによる可変費用は c_2 より高い c_3 となります。また，c_2 より低い c_1 に対応する等費用線上の点，たとえば点 C の投入の組み合わせではそもそも生産量 $\bar{y}$ を生産することは不可能です。以上の考察をまとめると，可変費用が最小になる投入の組み合わせは等産出量曲線と等費用線が接する点で表されることになります。なお，等産出量曲線の接線の傾きの絶対値が技術的限界代替率を表し，等費用線の傾きの絶対値が生産要素の価格比を表すことを思い出せば，可変費用が最小になる投入の組み合わせにおいては技術的限界代替率と生産要素の価格比が等しくなることも分かります。

以上の生産者の費用最小化の論理と**第6講**で説明した消費者の効用最大化の論理は，とてもよく似ています。右下がりで原点に対して凸の曲線と右下がりの直線とが接する点が最適な状態であるという数学的な構造はまったく同じです。しかし，決定的に違う点があります。効用最大化の場合は，予算を所与として（すなわち予算制約線を固定して）効用が最大になる無差別曲線を選び最適な消費の組み合わせを求めました。それに対して，費用最小化の場合は，生産量を所与として（すなわち等産出量曲線を固定して）費用が最小になる等費用線を選び最適な投入の組み合わせを求めました。つまり，直線を固定するか曲線を固定するかという点と，最大化か最小化かという点で両者は対照的です。

■拡張経路

さて，これまでの説明で，可変的生産要素が2つ存在する場合，ある生産量を生産するのに必要な最小の可変費用を求める方法が分かりました。この方法を用いて，総費用関数を導出することにしましょう。以下では，**第9講**で登場した2種類の3次元の生産関数，すなわち，限界生産物逓減型（図9-6参照）およびS字型（図9-8参照）の生産関数について，順次考察を進めていきます。

まず，生産量を y_1, y_2, y_3, y_4, y_5 と等間隔で増加させます。つまり，

$$y_2 = y_1 + a,$$

$$y_3 = y_2 + a,$$

$$y_4 = y_3 + a,$$

$$y_5 = y_4 + a$$

（a は正の定数）

とします。このとき，各生産量に対応する等産出量曲線はどのように描けるでしょうか。図10-4を見てください。図10-4 **(a)** には図9-6の限界生産物逓減型の生産関数から得られる等産出量曲線が，図10-4 **(b)** には図9-8のS字型の生産関数から得られる等産出量曲線が描かれています。等産出量曲線が地図の等高線に相当するものであることを思い出してください。たとえば，標高100メートル毎に等高線を描くとすれば，山の急斜面では等高線どうしの間隔が狭くなり，緩やかな丘では等高線どうしの間隔が広くなります。同様のことは等産出量曲線の図でも起こります。図9-6の限界生産物逓減型の生産関数から得られる等産出量曲線を描いた図10-4 **(a)** においては，生産量が $y_1, y_2, y_3, \cdots$ と等間隔で増加するにつれ，等産出量曲線の間隔が次第に広くなっていることを確認してください。また，図9-8のS字型の生産関数から得られる等産出量曲線を描いた図10-4 **(b)** においては，生産量が $y_1, y_2, y_3, \cdots$ と等間隔で増加するにつれ，生産関数の勾配が急になるあたり（y_2 から y_3 にかけて，および，y_3 から y_4 にかけて）で等産出量曲線の間隔が狭くなっていることを確認してください[6]。

　それでは，等産出量曲線と等費用線を用いて総費用関数を導出してみましょう。まず，生産量を変化させたときに可変費用が最小となる投入の組み合わせがどのように変化するかを考えます。図10-4に示すように，生産量を $y_1, y_2, y_3, \cdots$ と増加させていくと，可変費用を最小にする投入の組み合わせは点A，点B，点C，$\cdots$ と移動していき，それに伴って可変費用の値は $c_1, c_2, c_3, \cdots$ と増加していきます。このように生産量を変化させていったときに可変費用が最小となる投入の組み合わせが描く軌跡，すなわち，等産出量曲線と等費用線の接点の軌跡（灰色の曲線）を拡張経路（expansion path）といいま

6　ここでの説明と，**第9講の9.5節**における「規模に関する収穫」についての説明とを混同しないように気をつけてください。ここでは生産量を等間隔で増加させていますが，**9.5節**では生産要素の投入量を等間隔で増加させています。

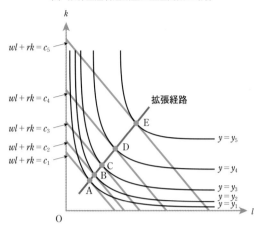

(a) 限界生産物逓減型の生産関数の場合

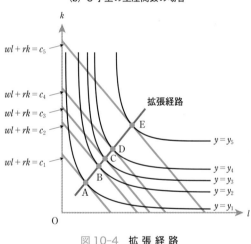

(b) S字型の生産関数の場合

図10-4 拡張経路

す。通常，この拡張経路は固定的生産要素が存在しない場合，すなわち，長期の総費用関数を導出する際に登場します。しかしここでは，可変的生産要素が2つあるが，それ以外に土地という固定的生産要素が存在するような短期の総費用関数を導出すると考えてください。

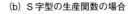

(a) 限界生産物逓減型の生産関数の場合

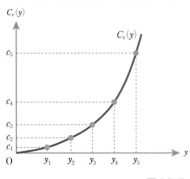

(b) S 字型の生産関数の場合

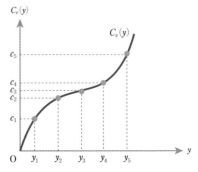

図 10-5 可変費用関数

続いて，図 10-4 を見ながら，生産量を変化させたときに可変費用および総費用がどのように変化するかを考えます。横軸に生産量，縦軸に可変費用をとり，生産量とそれを生産するのに必要な最小の可変費用との関係，すなわち，可変費用関数 $C_v(y)$ のグラフを描くと，図 10-5 のようになります。生産量を $y_1, y_2, y_3, \cdots$ と増加させると可変費用も $c_1, c_2, c_3, \cdots$ と増加します。このとき，図 10-4 (a) の限界生産物逓減型の生産関数の場合は，図 10-5 (a) に示すように，生産量の増加に伴って可変費用の増加分が次第に大きくなっていきます。図 10-4 (b) の S 字型の生産関数の場合は，図 10-5 (b) に示すように，生産量の増加に伴って可変費用の増加分ははじめのうちは次第に小さくなっていきますが，やがて次第に大きくなっていきます。このようにして，可変的生産要素が 2 つ存在する場合でも，図 10-1 (c) および図 10-2 (c) と同じ形状の可変費用関数 $C_v(y)$ を求めることができました。最後に，図 10-1 (d) および図 10-2 (d) と同様にして，可変費用関数 $C_v(y)$ に固定費用 C_f を加えることにより総費用関数 $C(y) = C_v(y) + C_f$ を得ることができます。図 10-6 (a) には，限界生産物逓減型の生産関数の場合の総費用関数が描かれています。この場合には，総費用関数は限界費用逓増型になります。図 10-6 (b) には，S 字型の生産関数の場合の総費用関数が描かれています。この場合には，総費用関数は逆 S 字型になります。なお，可変的

(a) 限界生産物逓減型の生産関数の場合

(b) S字型の生産関数の場合

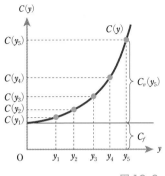

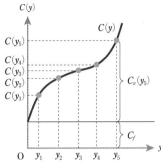

図 10-6 総費用関数

生産要素が1つの場合と同じく，こうして得られた総費用関数 $C(y)$ は，生産量 y を生産するために必要な最小の総費用を表しています。

■ Active Learning

問1 ある生産者の生産プロセスにおいて労働のみが可変的生産要素であり，生産関数が $y = f(l) = \sqrt{l}$ で表されるとする。ただし，y は生産量，l は労働投入量，$f(l)$ は労働投入量 l における生産量である。また，賃金を 1000 円，固定費用を 20000 円とする。このとき，以下の問いに答えなさい。

(1) この生産者の生産関数のグラフを描きなさい。

(2) 可変費用関数を求め，そのグラフを描きなさい。

(3) 総費用関数を求め，そのグラフを描きなさい。

問2 ある生産者の生産プロセスにおいて労働と資本が可変的生産要素であり，賃金が 1000 円，資本のレンタルコストが 2000 円であるとする。このとき，以下の問いに答えなさい。ただし，等費用線を描くときは，傾き，縦軸切片，横軸切片の値を明記すること。

(1) この生産者の可変費用が 40000 円となる等費用線を求め，そのグラフを描きなさい。

(2) 可変費用が 80000 円となる等費用線を求め，そのグラフを描きなさい。

問3　下図は，ある生産者の等産出量曲線（黒色の曲線）3本と等費用線（青色の直線）を描いたものである。生産要素の価格は変化しないものとして，この生産者の拡張経路を描きなさい。

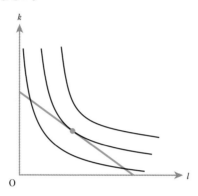

問4　ある生産者の生産プロセスにおいて労働と資本が可変的生産要素であるとする。下図は，この生産者の等産出量曲線（黒色の曲線）5本と，等費用線（青色の直線）5本を描いたものである。図中の $y = y_1$, $y = y_2$, … という表記は生産量が y_1, y_2, …である場合の等産出量曲線に対応していること，$c_v = c_1$, $c_v = c_2$, … という表記は可変費用が c_1, c_2, …である場合の等費用線に対応していることを表している。ただし，生産量 y_1, y_2, …は一定量で増加しているものとする。このとき，以下の問いに答えなさい。

(1)　この生産者の拡張経路を描きなさい。

(2)　可変費用曲線を描きなさい。

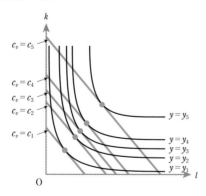

第 11 講
平均費用と限界費用

■第 10 講では，生産量と総費用の関係，すなわち，総費用関数を導出しました。本講では，次の第 12 講で生産者の利潤最大化行動を分析するための準備として，平均費用および限界費用という概念を中心にさまざまな費用概念とその性質について学びます。

11.1　2 種類の総費用関数

第 10 講では，生産量 y とそれを生産するために必要な最小の総費用 $C(y)$ との関係を表す総費用関数

$$C(y) = C_v(y) + C_f \tag{11.1}$$

を導出しました。ただし，$C_v(y)$ は生産量が y のときの可変費用，C_f は固定費用を表しています。

本講では，企業の利潤最大化行動を分析するために必要となる，平均費用，平均可変費用，平均固定費用，限界費用という概念について学びます。これらはすべて総費用関数から派生する概念です。総費用関数については，**第 10 講**において 2 つのタイプ，すなわち，限界費用逓増型（図 10-6 **(a)** 参照）と逆 S 字型（図 10-6 **(b)** 参照）を導出しました。総費用関数の形状が異なると生産者のふるまいも少し異なってきます。ミクロ経済学の教科書ではたいていはどちらか一方の形状の総費用関数を想定して議論が展開されますが，本書では両方とも取り扱うことにします。まず **11.2 節**と **11.3 節**では限界費用逓増型の総費用関数の場合について，続いて **11.4 節**と **11.5 節**で

は逆S字型の総費用関数の場合について，平均費用曲線や限界費用曲線などを導出します。

11.2 平均費用： --- 限界費用逓増型の総費用関数の場合

本節では，総費用関数が限界費用逓増型である場合について，平均費用，平均可変費用，平均固定費用を定義し，それらの性質を明らかにします。

■ 平均費用，平均可変費用，平均固定費用

まず，生産量1単位当たりの総費用のことを平均費用（average cost）といいます。生産量が y のときの平均費用を $AC(y)$ と表すことにすると，

$$AC(y) = \frac{C(y)}{y} \tag{11.2}$$

と定義されます。次に，生産量1単位当たりの可変費用のことを平均可変費用（average variable cost）といいます。生産量が y のときの平均可変費用を $AVC(y)$ と表すことにすると，

$$AVC(y) = \frac{C_v(y)}{y} \tag{11.3}$$

と定義されます。さらに，生産量1単位当たりの固定費用のことを平均固定費用（average fixed cost）といいます。生産量が y のときの平均固定費用を $AFC(y)$ と表すことにすると，

$$AFC(y) = \frac{C_f}{y} \tag{11.4}$$

と定義されます。ここで，（11.1）から（11.4）式より，

$$AC(y) = \frac{C(y)}{y} = \frac{C_v(y) + C_f}{y} = \frac{C_v(y)}{y} + \frac{C_f}{y}$$

$$= AVC(y) + AFC(y) \tag{11.5}$$

が成り立つことが分かります。これは，平均費用は平均可変費用と平均固定

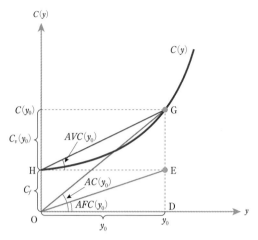

図 11-1　平均費用，平均可変費用，平均固定費用の図解：
限界費用逓増型の総費用関数の場合

費用の和に等しいことを意味します。

　このように定義された平均費用，平均可変費用，平均固定費用と総費用との関係を図解すると，図 11-1 のようになります。まず，生産量 y_0 を線分 OD の長さによって表せば，生産量が y_0 のときの総費用は線分 GD の長さに等しくなるので，（11.2）式の平均費用の定義より $AC(y_0) =$ GD/OD が成り立ちます。GD/OD は線分 OG の傾きを表すので，生産量が y_0 のときの平均費用 $AC(y_0)$ は「原点 O」と「生産量 y_0 に対応する総費用曲線上の点 G」とを結ぶ線分 OG の傾きに等しくなります。次に，OD＝HE なので，線分 HE の長さは生産量 y_0 に等しくなります。また，生産量が y_0 のときの総費用は線分 GD の長さに等しく，固定費用は線分 ED の長さに等しいので，生産量が y_0 のときの可変費用（＝総費用－固定費用）は線分 GE の長さに等しくなります。ゆえに，（11.3）式の平均可変費用の定義より $AVC(y_0) =$ GE/HE が成り立ちます。したがって，生産量が y_0 のときの平均可変費用 $AVC(y_0)$ は「総費用曲線の縦軸切片に対応する点 H」と「生産量 y_0 に対応する総費用曲線上の点 G」とを結ぶ線分 HG の傾きに等しくなります。最後に，線分 OD

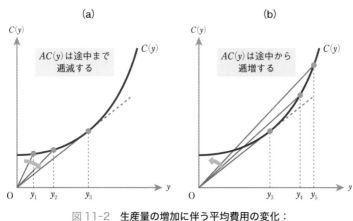

図11-2　生産量の増加に伴う平均費用の変化：
限界費用逓増型の総費用関数の場合

の長さは生産量 y_0 に等しく，線分 ED の長さは固定費用に等しいので，(11.4) 式の平均固定費用の定義より $AFC(y_0) = ED/OD$ が成り立ちます。したがって，生産量が y_0 のときの平均固定費用 $AFC(y_0)$ は「原点 O」と「総費用曲線の縦軸切片を通る水平線と生産量 y_0 を通る垂直線の交点 E」とを結ぶ線分 OE の傾きに等しくなります。

　以上を踏まえて，平均費用曲線，平均可変費用曲線，平均固定費用曲線を描いてみましょう。まず，図11-2を見てください。図11-2 (a) では，生産量が y_1, y_2, y_3 と増加するにつれて平均費用は逓減していきます。生産量が y_3 に達すると，原点と生産量 y_3 に対応する総費用曲線上の点とを結ぶ線分は総費用曲線に接し，平均費用は最小となっています。そして，図11-2 (b) では，生産量が y_3, y_4, y_5 と増加するにつれて平均費用は逓増していきます。したがって，図11-4に示すように，生産量の増加に伴って平均費用ははじめのうち減少するものの，やがて最小点に達すると増加に転じます。すなわち，平均費用曲線 $AC(y)$ は U 字型の曲線になることが分かります。

　次に，図11-3を見てください。この図から分かるように，生産量が y_1, y_2, y_3 と増加するにつれて平均可変費用は逓増していきます。これは**第９講**

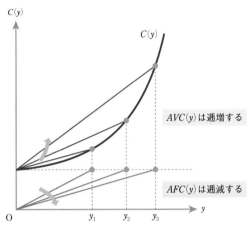

図11-3 生産量の増加に伴う平均可変費用と平均固定費用の変化：
　　　　限界費用逓増型の総費用関数の場合

の **9.3 節**で説明したように，固定的な生産要素が足枷になって限界生産物が
逓減することによります。これとは対照的に，生産量が y_1, y_2, y_3 と増加する
につれて平均固定費用は逓減し，限りなくゼロに近づいていきます。これは，
固定的な生産要素が存在する限り必ず成り立つ性質です。たとえば，1000
万円の設備投資をして工場を建設し，その工場で自動車を生産する場合につ
いて考えましょう。生産台数がたった1台だとしたら平均固定費用は1000
万円です。生産台数が2台になれば平均固定費用は500万円，10台なら100
万円，1000台なら1万円というように，生産台数を増やせば増やすほど平
均固定費用は減少し，限りなくゼロに近づいていきます。以上より，図
11-4 に示すように，平均可変費用曲線 $AVC(y)$ は右上がりの曲線，平均固
定費用曲線 $AFC(y)$ は横軸に限りなく近づいていく右下がりの曲線となりま
す。

　（11.5）式によれば，平均費用 $AC(y_0)$ は平均可変費用 $AVC(y_0)$ と平均固定
費用 $AFC(y_0)$ を足し合わせたものなので，グラフ上では平均費用曲線 $AC(y)$
は平均可変費用曲線 $AVC(y)$ と平均固定費用曲線 $AFC(y)$ を縦方向に足し合

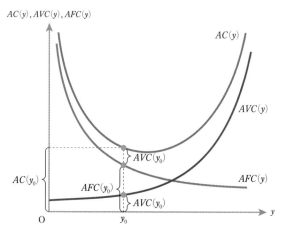

図11-4　平均費用曲線，平均可変費用曲線，平均固定費用曲線：
　　　　限界費用逓増型の総費用関数の場合

わせたものになります。たとえば，図11-4において，生産量がy_0のときの平均費用の値$AC(y_0)$が，平均可変費用の値$AVC(y_0)$と平均固定費用の値$AFC(y_0)$を足し合わせたものになっていることを確認してください。このことから，平均費用曲線$AC(y)$は平均可変費用曲線$AVC(y)$や平均固定費用曲線$AFC(y)$よりも常に上に位置することも分かります。

　平均費用曲線がU字型の曲線になるのはとても重要な性質なので，最後になぜそうなるのか経済学的な直観をまとめておきます。生産量がきわめて少ないときには，生産量1単位当たりの固定費用である平均固定費用はきわめて大きい値になります。しかし，生産量が増加するにつれて平均固定費用は逓減していくので，それに伴い平均費用も逓減していきます。ところが，生産量がある程度まで増加してくると，固定的生産要素の存在が足枷となるため，生産量1単位当たりの可変費用である平均可変費用が急激に増加していき，それに伴って平均費用も急激に増加していきます。以上のような理由から，平均費用曲線はU字型の曲線になるのです。

11.3 限界費用：-----------------------------------限界費用逓増型の総費用関数の場合

　本節では，総費用関数が限界費用逓増型である場合について，限界費用を定義し，その性質を明らかにします。

■ 限界費用

　まず，直観的な説明からはじめます。生産量を追加的に 1 単位増加させたときの総費用の増加分を限界費用（marginal cost）といいます。生産量が y のときの限界費用を $MC(y)$ で表すことにすると，

$$MC(y) = \frac{\Delta C(y)}{\Delta y} = \frac{C(y + \Delta y) - C(y)}{\Delta y} \tag{11.6}$$

と書くことができます。ただし，Δy は生産量 y の増加分，$\Delta C(y)$ は総費用 $C(y)$ の増加分を表します[1]。図 11-5 に示すように，生産量が点 A の y_0 から点 B の $y_0 + \Delta y_0$ まで Δy_0 だけ増加するとき，総費用は $C(y_0)$ から $C(y_0 + \Delta y_0)$ まで増加するので，$\Delta C(y_0) = C(y_0 + \Delta y_0) - C(y_0)$ が成り立っています。このとき，限界費用は直角三角形 ABC の斜辺 AB の傾きと等しくなることが分かります。

　以上で直観的に説明した限界費用を厳密に定義しましょう[2]。生産量が y のときの限界費用 $MC(y)$ は，

$$MC(y) = \lim_{\Delta y \to 0} \frac{\Delta C(y)}{\Delta y} = \lim_{\Delta y \to 0} \frac{C(y + \Delta y) - C(y)}{\Delta y}$$

と定義されます。図 11-5 に示すように，点 A における限界費用 $MC(y_0)$ は，点 B を点 A に限りなく近づけた（Δy_0 を限りなく 0 に近づけた）ときの斜辺 AB の傾き，言い換えると，点 A における総費用曲線の接線（黒色の直線）の傾きに等しくなります。つまり，厳密に定義された限界費用 $MC(y)$ は総費用曲線の接線の傾きによって表されます。

---

[1]　上での説明においては，この「Δy」を便宜上「生産量の 1 単位の増加」としています。

[2]　記号は重複しますが，厳密な定義においても限界費用を $MC(y)$ と表します。厳密な限界費用の定義は微分係数と深く関係しています。微分係数については**第 1 講の 1.2.5 節**および**1.2.6 節**を参照してください。

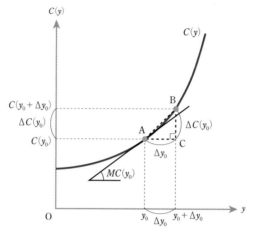

図 11-5　限界費用の図解

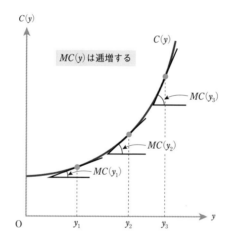

図 11-6　生産量の増加に伴う限界費用の変化：
限界費用逓増型の総費用関数の場合

　図 11-6 のような総費用曲線のもとでは，生産量の増加に伴い接線の傾き
が増加していくので，限界費用は逓増していきます。こうした理由から，**第
10 講**の **10.3 節**以降，このような形状の総費用関数のことを「限界費用逓増
型」と呼んできました。図 11-7 に描かれているように，総費用曲線が限界

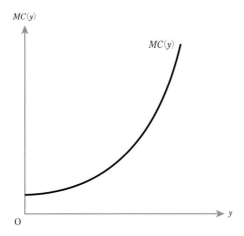

図 11-7　限界費用曲線：限界費用逓増型の総費用関数の場合

費用逓増型である場合には，限界費用曲線は右上がりの曲線になります。

■ 平均費用と限界費用の関係

　ここで，平均費用と限界費用の関係について考えましょう。まず，U字型をしている平均費用曲線の最小点に着目します。図 11-2 では，生産量が増加していくと，y_3 に達するまでは平均費用は逓減し，y_3 のとき最小になり，y_3 を超えると逓増しました。平均費用が最小になるときに何が起こっているかを描いたのが図 11-8 です。この図の生産量 y_A は図 11-2 の生産量 y_3 を置き換えたものです。図 11-8 (a) を見ると，生産量 y_A において $AC(y_A) = MC(y_A)$，すなわち，平均費用と限界費用が等しくなっていることが分かります。なぜなら，線分 OA の傾きで表される平均費用と，総費用曲線 $C(y)$ の接線の傾きで表される限界費用とが，点 A において等しくなっているからです。一方で，限界費用曲線は，図 11-7 に描いたとおり生産量の増加に伴って逓増していきます。以上の考察から，平均費用曲線と限界費用曲線の関係は図 11-8 (b) のようになることが分かります。つまり，総費用曲線が限界費用逓増型である場合には，限界費用曲線は逓増しながら U 字型の平

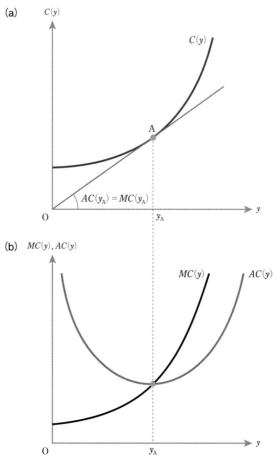

図11-8　平均費用と限界費用の関係：限界費用逓増型の総費用関数の場合

均費用曲線の最小点を通過します。

　図11-8 **(b)** を見ると，限界費用が平均費用を下回るとき（すなわち，生産量が y_A より少ないとき）平均費用は逓減し，限界費用が平均費用を上回るとき（すなわち，生産量が y_A より多いとき）平均費用は逓増しています。これは平均概念と限界概念について一般的に成り立つ性質であり，日常的にも同じようなことが起こります。たとえば，あるクラスで試験を実施したところ，

平均点（これが平均費用に対応します）が70点であったとしましょう。そのクラスに転校生が新たに入ってきたので同じ試験を実施したところ，転校生の得点（これが限界費用に対応します）がたとえば60点で平均点の70点を下回ったとすると，転校生も含めたクラスの平均点は70点より下がります。逆に，転校生の得点がたとえば80点で平均点の70点を上回ったとすると，転校生も含めたクラスの平均点は70点より上がります。

■ 平均可変費用と限界費用の関係

　次に，平均可変費用と限界費用の関係について考えましょう。図11-9から明らかなように，総費用関数が限界費用逓増型である場合，生産量が正の値であれば，限界費用 $MC(y)$ は平均可変費用 $AVC(y)$ より大きい値になります。

　それでは，生産量がゼロのときには限界費用と平均可変費用の関係はどうなっているでしょうか。このことを調べるために，生産量が0のときの限界費用 $MC(0)$ を計算してみましょう。限界費用 $MC(0)$ は，生産量を0から追加的に1単位増加させたときの総費用の増加分なので，（11.6）式より，

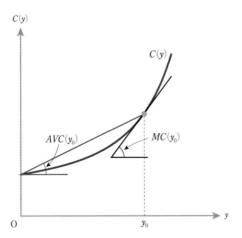

図11-9　平均可変費用と限界費用の関係：
　　　　限界費用逓増型の総費用関数の場合

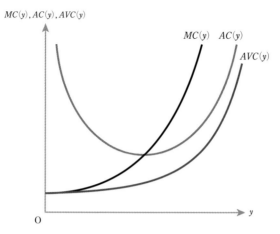

図 11-10　限界費用曲線，平均費用曲線，平均可変費用曲線：
　　　　　限界費用逓増型の総費用関数の場合

$$MC(0) = \frac{C(1) - C(0)}{1 - 0} = \frac{\{C_v(1) + C_f\} - \{C_v(0) + C_f\}}{1}$$

$$= \frac{C_v(1)}{1} = AVC(1) \tag{11.7}$$

と求めることができます（ここで，**第10講**の**10.3節**で見たように $C_v(0) = 0$ で
あることに留意してください）。したがって，生産量1単位がきわめて微小で
ある極限を考えれば，$MC(0) = AVC(0)$ が成り立つと見なすことができます。
つまり，生産量がゼロのときには限界費用と平均可変費用が等しくなる，す
なわち，限界費用曲線 $MC(y)$ と平均可変費用曲線 $AVC(y)$ の縦軸切片が一致
することが分かります。

　以上の考察を踏まえれば，総費用曲線が限界費用逓増型である場合には，
限界費用曲線，平均費用曲線，平均可変費用曲線は図11-10のように描く
ことができます。

■ 限界費用と可変費用の関係

　最後に，限界費用と可変費用の関係について考えましょう。結論からいう

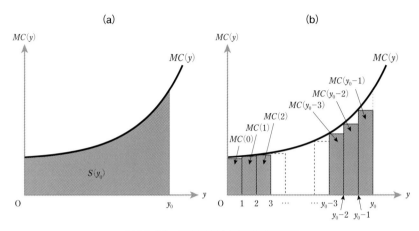

図11-11　限界費用と可変費用の関係

と，図11-11 **(a)** に示すように，限界費用曲線の下側の領域のうち生産量 y_0 までの面積 $S(y_0)$ は，y_0 を生産するのに必要な可変費用 $C_v(y_0)$ と等しくなります。このことを示すために，$S(y_0)$ を図11-11 **(b)** のように生産量 1 単位ごとに短冊の形に近似的に分解してみましょう[3]。このとき，たとえば一番右の短冊は，縦の長さが $MC(y_0-1)$，横幅が 1 なので，その面積は $MC(y_0-1)$，すなわち，生産量が y_0-1 のときの限界費用と等しくなります。このとき，(11.6) 式を用いて，

$$MC(y_0-1) = \frac{C(y_0) - C(y_0-1)}{y_0 - (y_0-1)}$$

と書くことができます。同様にして，$S(y_0)$ を一番右の短冊から一番左の短冊までの面積の総和と見なすと，次のように計算することができます[4]。

3　ここでは，生産量は整数で表されるものとします。

4　ここでは $S(y_0)$ を横幅が 1 の短冊の面積の総和で近似していますが，限界費用 $MC(y)$ を 0 から y_0 まで定積分すれば $S(y_0)$ が生産量が y_0 のときの可変費用 $C_v(y_0)$ に等しくなることを示すことができます。高校で数 II を学んだ人は挑戦してみてください。

$$S(y_0) = MC(y_0-1) + MC(y_0-2) + \cdots + MC(1) + MC(0)$$

$$= \frac{C(y_0)-C(y_0-1)}{y_0-(y_0-1)} + \frac{C(y_0-1)-C(y_0-2)}{(y_0-1)-(y_0-2)} + \cdots + \frac{C(2)-C(1)}{2-1} + \frac{C(1)-C(0)}{1-0}$$

$$= \frac{C(y_0)-C(y_0-1)}{1} + \frac{C(y_0-1)-C(y_0-2)}{1} + \cdots + \frac{C(2)-C(1)}{1} + \frac{C(1)-C(0)}{1}$$

$$= \{C(y_0)-C(y_0-1)\} + \{C(y_0-1)-C(y_0-2)\} + \cdots$$
$$\quad + \{C(2)-C(1)\} + \{C(1)-C(0)\}$$

$$= C(y_0) - C(0)$$

$$= C(y_0) - C_f$$

$$= C_v(y_0) \tag{11.8}$$

ただし，**第10講**の**10.3節**で見たように $C(0) = C_f$ であることに留意してください。（11.8）式より，$S(y_0) = C_v(y_0)$，すなわち，限界費用曲線の下側の領域のうち生産量 y_0 までの面積 $S(y_0)$ は，生産量 y_0 を生産するのに必要な可変費用 $C_v(y_0)$ と等しくなることが示されました。

11.4 平均費用：逆S字型の総費用関数の場合---

　本節と次節では，総費用関数が逆S字型である場合について，平均費用曲線や限界費用曲線などを導出します。**11.2節**と**11.3節**では総費用関数が限界費用逓増型である場合について考えましたが，総費用関数が逆S字型に変わると導出される曲線の性質の一部が変わります。必要な図はすべて掲載しますが，説明の重複をできるだけ避けるため，曲線の性質が変わるところに焦点を絞って説明していくことにします。

■ 平均費用，平均可変費用，平均固定費用

　まず，図11-12を見てください。総費用関数が逆S字型であっても，図11-12 (a) のように生産量が y_3 より少ないうちは生産量の増加に伴い平均費用は逓減していきますが，生産量が y_3 に達すると，原点と生産量 y_3 に対応する総費用曲線上の点とを結ぶ線分は総費用曲線に接し，平均費用は最小

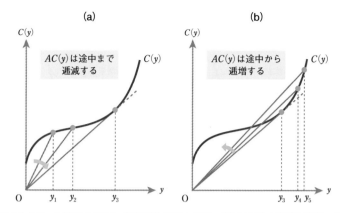

図 11-12　生産量の増加に伴う平均費用の変化：逆 S 字型の総費用関数の場合

となっています。そして，図 11-12 (b) のように生産量が y_3 を超えて増加すると平均費用は逓増していきます。したがって，図 11-14 に示すとおり，総費用関数が逆 S 字型の場合でも，平均費用曲線 $AC(y)$ は U 字型の曲線になります。

　次に，図 11-13 を見てください。図 11-13 (a) のように，生産量が y_3 より少ないうちは生産量の増加に伴い平均可変費用は逓減していきます。生産量が y_3 に達すると，総費用曲線の縦軸切片と生産量 y_3 に対応する総費用曲線上の点とを結ぶ線分は総費用曲線に接し，平均可変費用は最小になっています。そして，図 11-13 (b) のように，生産量が y_3 を超えて増加すると平均可変費用は逓増していきます。したがって，図 11-14 に示すとおり，総費用関数が逆 S 字型の場合には平均可変費用曲線 $AVC(y)$ は U 字型の曲線になります。なお，総費用関数が逆 S 字型であっても，固定費用は一定ですから，生産量が増加するにつれて平均固定費用は逓減していきます。したがって，図 11-14 に示すとおり，総費用関数が逆 S 字型の場合でも平均固定費用曲線 $AFC(y)$ は右下がりの曲線になります。

　総費用関数が逆 S 字型の場合について，平均費用曲線，平均可変費用曲線，平均固定費用曲線の関係をまとめて図示したのが図 11-14 です。図 11-4

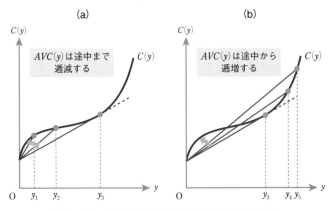

(a)

$AVC(y)$は途中まで
逓減する

$C(y)$

(b)

$AVC(y)$は途中から
逓増する

$C(y)$

図 11-13　生産量の増加に伴う平均可変費用の変化：
逆 S 字型の総費用関数の場合

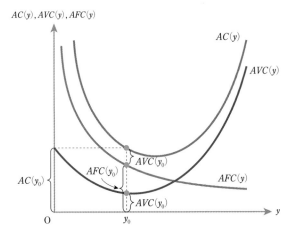

$AC(y), AVC(y), AFC(y)$

$AC(y)$

$AVC(y)$

$AFC(y)$

$AC(y_0)$

$AVC(y_0)$

$AFC(y_0)$

$AVC(y_0)$

図 11-14　平均費用曲線，平均可変費用曲線，平均固定費用曲線：
逆 S 字型の総費用関数の場合

のときと同様，総費用関数が逆 S 字型の場合でも，平均費用曲線 $AC(y)$ は
平均可変費用曲線 $AVC(y)$ や平均固定費用曲線 $AFC(y)$ よりも常に上に位置
します。図 11-4 との違いは，平均可変費用曲線 $AVC(y)$ が U 字型の曲線に
なっていることだけです。

11.5 限界費用：逆S字型の総費用関数の場合····

■限界費用

　総費用関数が逆S字型になると，限界費用逓増型の場合と比べて最も変化するのは限界費用曲線の形状です。図11-15から分かるように，生産量がy_3より少ないうちは生産量の増加に伴い総費用曲線の接線の傾きは逓減していきますが，生産量がy_3を超えて増加すると総費用曲線の接線の傾きは逓増していきます[5]。つまり，生産量がy_3より少ないときは生産量の増加に伴い限界費用は逓減し，y_3を超えて増加すると限界費用は逓増していきます。したがって，図11-16に示すとおり，総費用関数が逆S字型の場合には，限界費用曲線$MC(y)$はU字型の曲線になります。

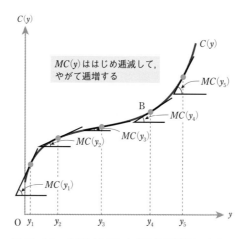

図11-15 　生産量の増加に伴う限界費用の変化：
　　　　　逆S字型の総費用関数の場合

5 　図11-15の生産量y_3に対応する総費用曲線上の点のように，接線の傾きが「減少から増加へ」あるいは「増加から減少へ」入れ替わる点のことを変曲点（inflection point）といいます。

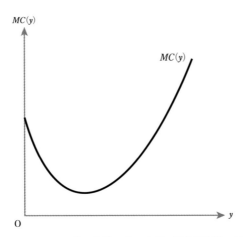

図 11-16　限界費用曲線：逆 S 字型の総費用関数の場合

■限界費用と平均費用の関係

　11.3節で説明した限界費用と平均費用の間に成り立つ重要な関係は，総費用関数が逆 S 字型の場合でも同様に成り立ちます。すなわち，図 11-17 **(b)** に示すように，総費用関数が逆 S 字型である場合でも，限界費用曲線 $MC(y)$ は逓増しながら U 字型の平均費用曲線 $AC(y)$ の最小点を通過します。このことを，図 11-17 **(a)** の生産量 y_A が図 11-12 の生産量 y_3 に対応していることに留意しながら確認してください。

■限界費用と平均可変費用の関係

　総費用関数が逆 S 字型である場合には，限界費用曲線は U 字型の平均費用曲線の最小点を通過するだけではなく，U 字型の平均可変費用曲線の最小点も通過します。このことを理解するために，まず図 11-13 を見返してください。図 11-13 では，生産量が増加していくと，y_3 に達するまでは平均可変費用は逓減し，y_3 のとき最小になり，y_3 を超えると逓増しました。平均可変費用が最小になるときに何が起こっているかを描いたのが図 11-17 です。ただし，図 11-17 の生産量 y_B は図 11-13 の生産量 y_3 を置き換えたも

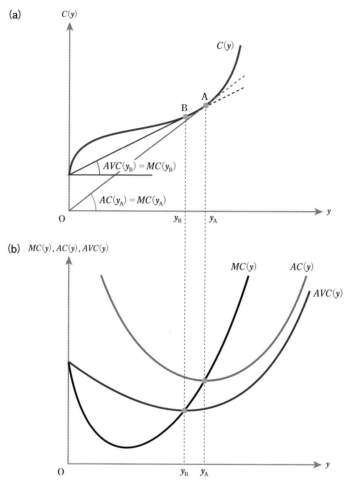

図 11-17　限界費用，平均費用，平均可変費用の関係：
逆 S 字型の総費用関数の場合

のです（図 11-12 の生産量 y_3 と図 11-13 の生産量 y_3 は異なる値であることに注意してください）。図 11-17 (b) において，平均可変費用曲線 $AVC(y)$ が U 字型になっており，生産量 y_B で最小になっていることを確認してください。それと同時に，生産量 y_B において $AVC(y_B) = MC(y_B)$，すなわち，平均可変

費用と限界費用が等しくなっていることが分かります。なぜなら，図 11-17 (a) において，縦軸切片に対応する点と点 B とを結んだ線分の傾きで表される平均可変費用と，総費用曲線 $C(y)$ の接線の傾きで表される限界費用とが，点 B において等しくなっているからです。そして，生産量が y_B に達してからは，平均可変費用は反転して逓増しているのに対して（図 11-13 参照），限界費用は相変わらず逓増し続けています（図 11-15 参照）。以上の考察から，図 11-17 (b) に示すとおり，総費用関数が逆 S 字型の場合には，限界費用曲線 $MC(y)$ は U 字型の平均可変費用曲線 $AVC(y)$ の最小点も通過することが明らかになりました。なお，総費用関数が逆 S 字型の場合でも，生産量がゼロのときには限界費用と平均可変費用が等しくなる，すなわち，限界費用曲線と平均可変費用曲線の縦軸切片が一致します。これは，(11.7) 式が総費用関数の形状にかかわらず成り立つことから明らかでしょう。

■ 限界費用と可変費用の関係

最後に，総費用関数が逆 S 字型である場合でも，限界費用曲線の下側の領域のうち生産量 y までの面積は，y を生産するのに必要な可変費用 $C_v(y)$ と等しくなるということに言及しておきます。これは，図 11-11 に関する説明および (11.8) 式が総費用関数の形状にかかわらず成り立つことから明らかでしょう。

■ Active Learning

問 1　ある生産者の総費用曲線 $C(y)$ が下図のように描かれるとする。ただし，y は生産量である。このとき，以下の問いに答えなさい。

(1) 生産量が 10 のときのこの生産者の平均費用，平均可変費用，平均固定費用，限界費用を求めなさい。

(2) 平均費用曲線，平均可変費用曲線，平均固定費用曲線，限界費用曲線を描きなさい。なお，生産量が 10 のときの平均費用，平均可変費用，平均固定費用，限界費用の値を明記すること。

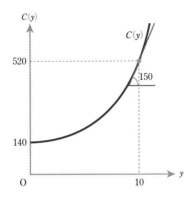

問2　固定費用が正の値で，限界費用が逓増するような総費用曲線の下では，平均費用曲線がU字型となることを説明しなさい。

問3　限界費用がはじめは逓減するが，途中から逓増するような総費用曲線を描きなさい。

問4　ある生産者の総費用関数が $C(y) = 4y + 80$ で表されるとする。ただし，y は生産量である。このとき，以下の問いに答えなさい。
(1)　生産量が 10 のときのこの生産者の平均費用，平均可変費用，平均固定費用，限界費用を求めなさい。
(2)　平均費用関数，平均可変費用関数，平均固定費用関数，限界費用関数を求めなさい。
(3)　平均費用曲線，平均可変費用曲線，平均固定費用曲線，限界費用曲線を描きなさい。なお，(1)で求めた各値をグラフ上に明記すること。

問5　ある生産者の総費用関数が $C(y) = y^2 + 120$ で表されるとする。ただし，y は生産量である。このとき，以下の問いに答えなさい。
(1)　生産量が 10 のときのこの生産者の平均費用，平均可変費用，平均固定費用，限界費用を求めなさい。
(2)　平均費用関数，平均可変費用関数，平均固定費用関数，限界費用関数を求めなさい。
(3)　平均費用曲線，平均可変費用曲線，平均固定費用曲線，限界費用曲線を描きなさい。なお，(1)で求めた各値をグラフ上に明記すること。

第12講
利潤最大化行動と供給曲線

■本講では，第11講で学んださまざまな費用概念を用いて，完全競争市場における生産者の利潤最大化行動について分析を行い，生産者の利潤最大化行動の帰結として供給曲線を導出し，その性質について学びます。

12.1 生産者の利潤最大化行動--------------------

第10講の10.1節で説明したように，本書では生産者の利潤最大化行動を以下の2つの問題に分けて考えることにしました。

(1)　ある生産量を生産するためにかかる費用を最小にする問題
(2)　(1)の最小化された費用のもとで利潤を最大にする問題

第10講では(1)の問題について考察を行い，「ある生産量」と「その生産量を生産するためにかかる最小の総費用」の関係を表す総費用関数を導出しました。第11講では，総費用関数から派生するさまざまな費用概念について学びました。本講ではそれらの費用概念を用いて(2)の問題について考察を行い，利潤を最大にする生産量がどのように決定されるかを明らかにします。ただし，本講では，主に総費用曲線が図11-17 (a) のような逆S字型であり，限界費用曲線，平均費用曲線，平均可変費用曲線が図11-17 (b) のような形状である場合について考えます。総費用曲線が図11-8 (a) のような限界費用逓増型であり，限界費用曲線，平均費用曲線，平均可変費用曲線が図11-10のような形状である場合については，必要に応じて触れることにしましょう。

■ 利 潤

　ミクロ経済学では，生産者は自らの儲け，すなわち，収入から総費用を差し引いた利潤（profit）をできるだけ大きくするように行動すると想定します。このような行動を利潤最大化（profit maximization）行動といいます。本書では，生産者は 1 種類の生産物のみを生産すると想定しているので，生産者の収入は「生産物の価格×生産物の販売量」と計算することができます。また，話をできるだけ単純にするため，生産された生産物はすべて市場に供給され販売されると仮定します。つまり，生産物の在庫は考えないことにします。このとき，生産者の収入は「生産物の価格×生産物の生産量」と書き換えることができます。したがって，生産量が y のときの利潤を $\pi(y)$ と表すことにすると，

$$\pi(y) = p \cdot y - C(y) \qquad (12.1)$$

と書くことができます。ただし，p は生産物の価格，$C(y)$ は生産量が y のときの総費用です。本講では完全競争市場における利潤最大化行動を考えるので，生産者は市場で決まる価格 p を所与として，つまり，プライス・テイカーとして行動します[1]。したがって，生産者が生産量 y を決めれば収入 $p \cdot y$ が決まり，総費用 $C(y)$ も決まるので，利潤 $\pi(y)$ が決まります。

■ 利潤最大化の条件

　いま，生産者がなにがしかの生産を行い，なにがしかの利潤を得ているものとします。このとき，合理的な生産者にとって気がかりなのは，果たして利潤が最大になっているかということです。もし利潤が最大になっていないなら，生産量を変更してもっと利潤を増やそうとするでしょう。こうした問題を考える上で役立つ概念が限界収入と限界費用です。限界収入（marginal revenue）とは生産量を追加的に 1 単位増やしたときに得られる収入の増加分のことをいい，生産量が y のときの限界収入を $MR(y)$ と表すことにします。また，**第 11 講**で学んだように，限界費用 $MC(y)$ とは生産量を追加的に

1　完全競争市場ではない市場において，利潤最大化行動をとる生産者がどのように価格を設定するかについては**第 15 講**で学びます。

1単位増やしたときにかかる総費用の増加分のことです。ここで，限界収入が限界費用より大きい場合と小さい場合について考えてみましょう。

⑴　限界収入 $MR(y)$ が限界費用 $MC(y)$ より大きい場合

　　限界収入 $MR(y)$ が限界費用 $MC(y)$ より大きければ，生産量を追加的に1単位増やすと，収入の増加分が総費用の増加分より大きいので利潤が増えます。逆に，生産量を追加的に1単位減らすと，収入の減少分が総費用の減少分より大きいので利潤が減ります。

⑵　限界収入 $MR(y)$ が限界費用 $MC(y)$ より小さい場合

　　限界収入 $MR(y)$ が限界費用 $MC(y)$ より小さければ，生産量を追加的に1単位増やすと，収入の増加分が総費用の増加分より小さいので利潤が減ります。逆に，生産量を追加的に1単位減らすと，収入の減少分が総費用の減少分より小さいので利潤が増えます。

このように，限界収入と限界費用が一致していなければ，生産量を増減させることにより利潤を増やす余地があることが分かります。このことは，完全競争市場であろうとなかろうと，生産者が生産を行うときには必ず成り立つ原則です。したがって，どのような市場においても，生産者が利潤を最大にするためには「限界収入＝限界費用」，すなわち，$MR(y)=MC(y)$ が成り立つような生産量を選ばなければなりません。

■ 完全競争市場における利潤最大化の条件

　さて，本講では完全競争市場を想定しているため，生産者はプライス・テイカーであり，市場で決まる価格のもとで生産物をいくらでも販売することができます。つまり，完全競争市場においては，限界収入 $MR(y)$ は生産量 y とは無関係に市場価格 p と等しくなります[2]。したがって，上で考察した利潤最大化の原則をあてはめると，完全競争市場においては，生産者が利潤を最大にするためには「市場価格＝限界費用」，すなわち，$p=MC(y)$ が成り立つ

---

[2]　完全競争市場では限界収入は生産量 y に依存しないので，$MR(y)$ の代わりに MR と表した方がよいかも知れません。しかし，**第15講**で説明するように，完全競争市場以外では限界収入は生産量 y に依存するので，一般性を持たせるために本講でも $MR(y)$ と表しています。

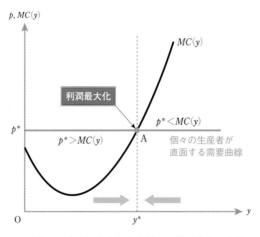

図 12-1　完全競争市場における利潤最大化の条件

ような生産量を選ばなければなりません。

　このことを図でも確認してみましょう。図12-1のように，縦軸に価格 p をとり，市場価格の値 p^* から水平線を描きます。この水平線は，実は完全競争市場において個々の生産者が直面する需要曲線を表しています。このことは次のように説明することができます。**第4講**の **4.1節**で学んだとおり，完全競争市場には生産者がきわめて多数存在するため，個々の生産者の供給量は市場全体の供給量に比べて微小です。それと同時に，市場価格 p^* のもとで決まる市場の需要量は個々の生産者にとっては莫大であり，市場価格 p^* のもとで生産物を限りなく販売できるように映ります。つまり，個々の生産者にとって市場の需要曲線は市場価格 p^* の値で水平になっているのです。

　さて，話を本題に戻しましょう。この水平な需要曲線と限界費用曲線 $MC(y)$ の交点を A とし，その点に対応する生産量を y^* とします。生産量が y^* より少ないとき，すなわち，点 A を通る垂直な点線より左側では $p^* > MC(y)$ が成り立っています。市場価格 p^* は限界収入なので，これは上の (1) のケースに相当します。したがって，この場合は生産量を増やすことで利潤を増やすことができます。逆に，生産量が y^* より多いとき，すなわち，点 A を通る

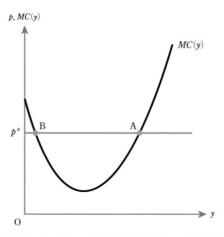

図 12-2　$p^* = MC(y)$ となる点が 2 つある場合

垂直な点線より右側では $p^* < MC(y)$ が成り立っており，これは上の (2) の
ケースに相当するので，生産量を減らすことで利潤を増やすことができます。
結局のところ，利潤を最大にするためには $p^* = MC(y^*)$ が成り立っている生
産量 y^* を選ぶ必要があることが分かります。

　ここで一つ注意しなければならないことがあります。限界費用曲線が U
字型の場合には，図 12-2 のように，$p^* = MC(y)$ となる点が 2 つ存在するこ
とがあります[3]。このうち，限界費用曲線が右上がりになっている点 A では
利潤が最大になっていますが，限界費用曲線が右下がりになっている点 B
では利潤が最大になっていません。実際，点 B の左側では $p^* < MC(y)$ と
なっているので，生産量を減らすことで利潤を増やすことができます。逆に，
点 B の右側では $p^* > MC(y)$ となっているので，生産量を増やすことで利潤
を増やすことができます。すなわち，点 B から離れるほど利潤を増やすこ
とができ，点 B では利潤がむしろ最小になっていることが分かります。結
局，利潤最大化の条件 $p^* = MC(y)$ を満たす点のうち，限界費用曲線 $MC(y)$

3　総費用曲線が限界費用逓増型である場合には，限界費用曲線は右上がりで U 字型にはなら
　ないため，$p^* = MC(y)$ となる点が 2 つ存在することはありえません。

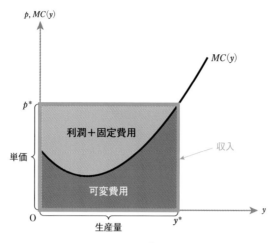

図12-3　生産量が y^* のとき利潤最大

が右上がりになっている点のみが有効であるといえます。

　それでは，続いて図12-1を用いて説明した生産者の利潤最大化行動を別の観点から特徴づけしてみましょう。図12-3には，図12-1と同じく限界費用曲線と市場価格 p^* を通る水平線が描かれています。ここで，水平線と限界費用曲線の交点の生産量を y^* とし，線分 Op^* と線分 Oy^* によって作られる長方形（青色の太枠の長方形）に注目します。この長方形の縦の辺の長さは市場価格（単価）p^*，横の辺の長さは生産量 y^* に等しいので，この長方形の面積は生産量が y^* のときの生産者の収入を表しています。さらに，**第11講の11.3節**で示したように，限界費用曲線の下側の領域のうち生産量 y^* までの領域（濃い灰色の領域）の面積は，生産量が y^* のときの可変費用に相当することを思い出してください。したがって，青色の太枠の長方形の面積（収入）から濃い灰色の領域の面積（可変費用）を差し引いた残り，すなわち，淡い灰色の領域の面積は，生産量が y^* のときの「利潤＋固定費用」を表すことが分かります。なぜならば，（12.1）式に（11.1）式を代入すると，

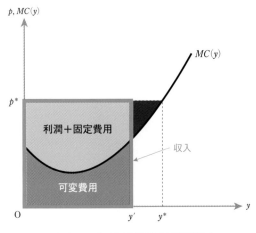

図 12-4　生産量を増やせば利潤増大

$$\pi(y) = p \cdot y - C(y)$$
$$= p \cdot y - (C_v(y) + C_f) \tag{12.2}$$

となるので，これを変形すれば，

$$p \cdot y - C_v(y) = \pi(y) + C_f \tag{12.3}$$

が得られます。(12.3) 式は，「収入－可変費用」が「利潤＋固定費用」と等しいことを物語っています。

　ここで，生産量が y^* とは異なる場合について考えてみましょう。まず，図 12-4 のように，生産量が y^* より少なく，たとえば y' であるとします。このとき，収入は縦軸上の p^* の点と横軸上の y' の点を向かい合う頂点とする長方形（青色の太枠の長方形）の面積によって表されます。また，可変費用は限界費用曲線の下側の領域のうち生産量 y' までの領域（濃い灰色の領域）の面積によって表されます。したがって，収入から可変費用を差し引いた残りである「利潤＋固定費用」は淡い灰色の領域の面積によって表されま

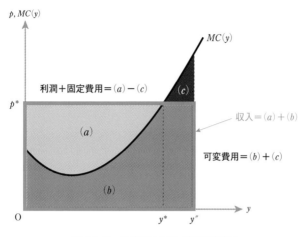

$p, MC(y)$

$MC(y)$

利潤＋固定費用＝$(a)-(c)$

(c)

p^*

(a)

収入＝$(a)+(b)$

可変費用＝$(b)+(c)$

(b)

O y^* y'' y

図 12-5　生産量を減らせば利潤増大

す。この淡い灰色の領域の面積は，図12-3の淡い灰色の領域の面積と比べて黒色の領域の面積の分だけ少ないことを確認してください。つまり，生産量がy^*より少ないときには「利潤＋固定費用」が小さくなるのです。固定費用は生産量にかかわらず一定の値なので，「利潤＋固定費用」が小さいということは「利潤」そのものが小さいことを意味します。したがって，生産量がy^*より少ない場合には，生産量を増やしてy^*に近づけることで黒色の領域の面積が小さくなり，利潤が増えることが分かります。

　次に，図12-5のように，生産量がy^*より多く，たとえばy''であるとします。このとき，収入は縦軸上のp^*の点と横軸上のy''の点を向かい合う頂点とする長方形（青色の太枠の長方形，すなわち，淡い灰色の領域 (a) と濃い灰色の領域 (b)）の面積によって表されます。また，可変費用は限界費用曲線の下側の領域のうち生産量y''までの領域（濃い灰色の領域 (b) と黒色の領域 (c)）の面積によって表されます。したがって，収入から可変費用を差し引いた残りである「利潤＋固定費用」は「淡い灰色の領域 (a) の面積から黒色の領域 (c) の面積を差し引いた残り」によって表されます。この「淡い灰色の領域の面積から黒色の領域の面積を差し引いた残り」は，図12-3

の淡い灰色の領域の面積と比べて黒色の領域の面積の分だけ少ないことを確認してください。つまり，生産量がy^*より多いときにも「利潤＋固定費用」が小さくなるのです。固定費用は生産量にかかわらず一定の値なので，「利潤＋固定費用」が小さいということは「利潤」そのものが小さいことを意味します。したがって，生産量がy^*より多い場合には，生産量を減らしてy^*に近づけることで黒色の領域の面積が小さくなり，利潤が増えることが分かります。

　以上の分析により，市場価格がp^*のとき，生産者は$p^* = MC(y^*)$となる生産量y^*を選択することで利潤を最大にできることが確認できました。市場価格がp^*のとき，縦軸上の点p^*を通る水平線と限界費用曲線$MC(y)$の交点の横軸座標y^*によって表される生産量が最大の利潤をもたらすというわけです。

12.2　供給曲線の導出----------------------------

　前節では生産者が利潤を最大化するための条件について学びました。しかしながら，状況によってはそもそも生産を行わない（生産量をゼロにする）方がよいこともありえます。最大化されたはずの利潤が大幅な赤字になってしまうときです。本節では，最大化された利潤の大きさについて詳しく考察することにしましょう。これからの議論では，完全競争市場における生産者の利潤最大化行動を大前提とします。つまり，生産者は完全競争市場で決まる市場価格pを所与として，$p = MC(y)$が成り立つように生産量yを決定するものとします。以下で生産量が話題に上がるときは，生産者が利潤最大化の原則に基づいて決定した生産量を指していることに注意してください。

■ 損益分岐点

　ニュースなどで企業の決算が話題になることがあります。黒字か赤字かは生産者にとっては重大問題でしょう。決算が黒字であることは利潤がプラスの値であること，すなわち，$\pi(y) > 0$を意味します。このとき，利潤の定義

式（12.1）を用いると，

$$\pi(y) > 0 \quad \Leftrightarrow \quad p \cdot y > C(y)$$

$$\Leftrightarrow \quad p > \frac{C(y)}{y} = AC(y)$$

が成り立ちます[4]。1つ目の「⇔」が意味することは，利潤がプラス（黒字）であることは，収入が総費用を上回ることと同値であるということです。不等式$p \cdot y > C(y)$の両辺を$y > 0$で割れば，その下の不等式が得られます。2つ目の「⇔」が意味することは，利潤がプラスであることは，$p > AC(y)$，すなわち，市場価格が平均費用を上回ることと同値であるということです。$AC(y)$はもちろん「生産量がyのときの平均費用」ですが，先に述べたようにこの生産量yは市場価格pのもとで利潤を最大にする生産量であることに留意してください。上式で不等号の向きを反対にすると，利潤がマイナス（赤字）であることは，収入が総費用を下回ることと同値であるということが分かります。また，利潤がマイナスであることは，$p < AC(y)$，すなわち，市場価格が平均費用を下回ることと同値であるということも分かります。利潤がゼロになる黒字と赤字の境目，すなわち，$p = AC(y)$となる点のことを損益分岐点（break-even point），そのときの価格を損益分岐価格（break-even price）といいます[5]。損益分岐点においては，収入と総費用が等しくなり，市場価格と平均費用が等しくなります。

　損益分岐点と損益分岐価格がどのように決まるかを描くと図12-6のようになります。まず，市場価格がたとえばp_1であるとすれば，利潤最大化を目指す生産者は$p_1 = MC(y_1)$が成り立つ生産量y_1を選びます。このときの平均費用は$AC(y_1)$であり，図から$p_1 > AC(y_1)$となっていることが分かります[6]。よって，利潤はプラスで，黒字が生じています。これに対して，市場価格がたとえばp_2のときには，利潤最大化を目指す生産者は$p_2 = MC(y_2)$が成り立

4　2つの条件p, qについて「$p \Leftrightarrow q$」と書く場合，pとqが同値（必要十分条件）であることを意味します。

5　企業会計で「営業利益」と呼ばれるものが経済学で登場する「利潤」，すなわち，「収入－総費用」に対応しています。したがって，企業会計の観点からすれば，損益分岐点は営業利益がゼロになる点であると言い換えることができます。

6　$AC(y_1)$は横軸上の点y_1を通る垂線と平均費用曲線の交点の縦軸座標によって表されるので，$p_1 > AC(y_1)$となっていることを確認できます。

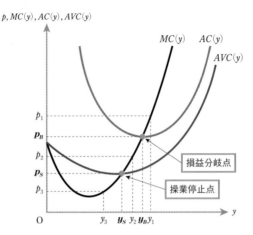

図12-6　損益分岐点と操業停止点：逆S字型の総費用関数の場合

つ生産量 y_2 を選びます。このときの平均費用は $AC(y_2)$ であり，図から $p_2 <$ $AC(y_2)$ となっていることが分かります。よって，利潤はマイナスで，赤字が生じています。以上の考察を踏まえれば，利潤がゼロになるのは，市場価格が p_B で，利潤最大化を目指す生産者が $p_B = MC(y_B)$ となる生産量 y_B を選ぶときであることが分かります。実際，図から $p_B = MC(y_B) = AC(y_B)$ が成り立っており，確かに利潤がゼロであることを確認することができます。結局，損益分岐点は平均費用曲線 $AC(y)$ の最小点 (y_B, p_B)，損益分岐価格はその点の縦軸座標 p_B によって表されることになります。市場価格が損益分岐価格 p_B を上回れば利潤はプラス（黒字）になり，下回れば利潤はマイナス（赤字）になるわけです。

■ 操業停止点

　図12-6 において，市場価格が p_2 や p_3 のときには，生産者が利潤最大化を目指して生産を行っても利潤はマイナスになります。つまり損失が発生します。それでは，生産を続けても損失が生じるのなら，ただちに生産をやめるべきでしょうか。実は，話はそれほど単純ではありません。生産者が生産

をやめるかどうかの判断をするには，「生産を続ける場合の損失（マイナスの利潤）」と「生産をやめる場合の損失（マイナスの利潤）」とを比較考慮しなければなりません。そして，「生産を続ける場合の損失」が「生産をやめる場合の損失」より大きいときには，生産をやめる決断をすることで損失を小さくすることができます。しかし逆に，「生産を続ける場合の損失」が「生産をやめる場合の損失」より小さいときには，生産を続ける方が得策だと考えられるのです。なぜこれが得策であるかは後ほど明らかになります。

さて，「生産を続ける場合の利潤」は，（12.2）式より，

$$\pi(y) = p \cdot y - (C_v(y) + C_f)$$

となります。これがマイナスの値のときには損失が発生していることになります。一方，「生産をやめる場合の利潤」は，（12.2）式に $y=0$ を代入して，

$$\pi(0) = -C_f$$

となります。これは明らかにマイナスの値なので損失が発生しています。つまり，生産量をゼロにすると固定費用の分だけ損失が生じます。

ここで，経済学において重要な役割を果たすサンク・コストという概念について触れておきましょう。サンク・コスト（埋没費用：sunk cost）とは，事業に投入された費用のうち，事業から撤退をするときに回収することが不可能な部分のことをいいます[7]。たとえば土地や事務所などの賃貸料，製品の研究開発や広告宣伝に投じた費用などは回収不可能なので100％サンク・コストです。これに対して，店舗や工場の建設や機械設備の購入などに投じた費用は，事業を撤退・縮小するときに店舗，工場，機械設備をもし売却することができるなら投じた費用の一部を回収することができるため，回収できなかった分がサンク・コストになります。本書では，話を単純にするため，固定費用がすべてサンク・コストであると想定して話を進めます。

さて，話をもとに戻しましょう。生産者が生産をやめるべきなのは「生産を続ける場合の利潤」が「生産をやめる場合の利潤」を下回る，すなわち，

7　「sunk（サンク）」は「沈む」という意味の英語の動詞 sink の過去分詞形です。

$\pi(y) < \pi(0)$ が成り立つときです。ここで，この不等式を変形すると，

$$\pi(y) < \pi(0) \quad \Leftrightarrow \quad p \cdot y - (C_v(y) + C_f) < -C_f$$
$$\Leftrightarrow \quad p \cdot y < C_v(y)$$
$$\Leftrightarrow \quad p < \frac{C_v(y)}{y} = AVC(y)$$

となることに注目してください。2つ目の「⇔」が意味することは，生産を続ける場合の方が生産をやめる場合より利潤が小さくなる（損失が大きくなる）ことは，収入が可変費用を下回ることと同値であるということです。3つ目の「⇔」が意味することは，生産を続ける場合の方が生産をやめる場合より利潤が小さくなる（損失が大きくなる）ことは，$p < AVC(y)$，すなわち，市場価格が平均可変費用を下回ることと同値であるということです。このときは生産をやめるべきです。上式で不等号の向きを反対にすると，生産を続ける場合の方が生産をやめる場合より利潤が大きくなる（損失が小さくなる）ことは，$p > AVC(y)$，すなわち，市場価格が平均可変費用を上回ることと同値であるということが分かります。このときは生産を続けるべきです。生産を続けるべきかやめるべきかの境目，すなわち，$p = AVC(y)$ となる点のことを操業停止点（shutdown point），そのときの価格を操業停止価格（shutdown price）といいます。操業停止点においては，収入と可変費用が等しくなり，市場価格と平均可変費用が等しくなります [8]。市場価格が操業停止価格を上回っているときには，たとえ赤字であっても生産を続ければ可変費用を回収でき，さらにサンク・コストである固定費用の一部も回収できることを理解してください。

　操業停止点と操業停止価格がどのように決まるかは図12-6に描かれています。まず，市場価格がたとえば p_2 のときには，利潤最大化を目指す生産者は生産を行うなら生産量 y_2 を選びます。このときの平均可変費用は $AVC(y_2)$ であり，図から $p_2 > AVC(y_2)$ となっていることが分かります。このとき，p_2

8　企業会計では収入を「売上高」，可変費用を「売上原価」といい，売上高から売上原価を差し引いた額を「売上総利益」といいます。売上総利益は一般に「粗利益」または「粗利」と呼ばれ，企業の最も基本となる利益を表す概念として頻繁に使われます。粗利益は経済学の用語でいえば「収入－可変費用」に相当することになるので，操業停止点は粗利益がゼロになる点であると言い換えることができます。

$< p_B$, つまり，市場価格が損益分岐価格を下回っているので利潤はマイナスですが，可変費用を回収しており，さらにサンク・コストである固定費用の一部も回収できているので生産を続けるべきです。これに対して，市場価格がたとえば p_3 のときには，利潤最大化を目指す生産者は生産を行うなら生産量 y_3 を選びます。このときの平均可変費用は $AVC(y_3)$ であり，図から p_3 $< AVC(y_3)$ となっていることが分かります。よって，この場合は可変費用すら回収できないので操業を停止するべきです。以上の考察を踏まえれば，操業停止を決定する境目になるのは，市場価格が p_S で，利潤最大化を目指す生産者が生産量 y_S を選ぶときであることが分かります。実際，図から $p_S =$ $MC(y_S) = AVC(y_S)$ が成り立っており，収入と可変費用が等しいことを確認することができます。したがって，利潤は固定費用の分だけマイナスになり，「生産をやめる場合の利潤」と等しくなっています。結局，操業停止点は平均可変費用曲線 $AVC(y)$ の最小点 (y_S, p_S)，操業停止価格はその点の縦軸座標 p_S によって表されることになります。市場価格が操業停止価格 p_S を下回るような低い水準であるなら，生産者はこの市場では操業しない方が得策だというわけです。

■ 限界費用逓増型の総費用曲線の場合

本節では，これまでのところ，総費用曲線が逆 S 字型である場合について損益分岐点と操業停止点を図解してきました。次に，総費用曲線が限界費用逓増型である場合について損益分岐点と操業停止点を図解してみましょう。

第 11 講の 11.3 節で学んだように，総費用曲線が限界費用逓増型であるとき，限界費用曲線，平均費用曲線，平均可変費用曲線は図 12-7 のような形状をしています。まず，損益分岐点は平均費用曲線 $AC(y)$ の最小点 $(y_B,$ $p_B)$，損益分岐価格はその点の縦軸座標 p_B によって表されます。もちろん，損益分岐点では $p_B = AC(y_B)$ が成り立っています。この点については，図 12-6 に沿ってなされた損益分岐点と損益分岐価格に関する説明がそのままあてはまりますので，各自で確かめてください。次に，操業停止点は平均可変費用曲線 $AVC(y)$ の最小点 (y_S, p_S)，操業停止価格はその点の縦軸座標 p_S によって表されます。もちろん，操業停止点では $p_S = AVC(y_S)$ が成り立ってい

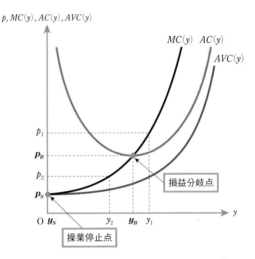

図 12-7　損益分岐点と操業停止点：限界費用逓増型の総費用関数の場合

ます。この点についても，図12-6に沿ってなされた操業停止点と操業停止
価格に関する説明がそのままあてはまりますが，少しだけ注意が必要です。
平均可変費用曲線 $AVC(y)$ は図12-6では U 字型でしたが，図12-7では右
上がりの曲線となっています。ですから，「平均可変費用曲線 $AVC(y)$ の最
小点」といっても U 字型の最小点ではなく，平均可変費用曲線 $AVC(y)$ の縦
軸切片が操業停止点となります。すなわち，総費用曲線が限界費用逓増型で
ある場合には $y_S = 0$ となります。

■ 供 給 曲 線

　これまでの考察から，合理的な生産者の最適な生産活動は以下のように特
徴づけることができます。

1. 市場価格と限界費用が等しくなるような生産量を求め，それに対応する
   平均費用と平均可変費用を計算します。
2. これらに基づき，以下のように生産を行うか行わないかを決めます。

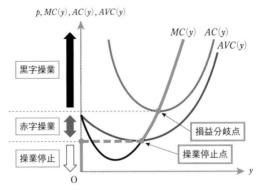

(a) 逆S字型の総費用関数の場合

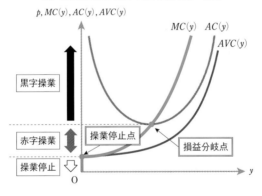

(b) 限界費用逓増型の総費用関数の場合

図12-8 供給曲線

① 市場価格が損益分岐価格を上回っているなら，利潤が黒字になるので
1で求めた生産量を生産します。

② 市場価格が損益分岐価格を下回っているが操業停止価格を上回ってい
るなら，利潤は赤字になりますが，サンク・コストである固定費用の一
部を回収できるので1で求めた生産量を生産します。

③ 市場価格が操業停止価格を下回っているなら，可変費用を回収するこ
とさえできないので生産を行いません。

以上を踏まえて，市場価格の変化に伴って生産者の最適な生産量がどのように変化するか描くと図12-8の青色の太線のようになります。市場価格が操業停止価格を上回る場合には限界費用曲線 $MC(y)$ に沿って生産量が決まります。そして，市場価格が操業停止価格を下回る場合には（最適な生産量がゼロなので）縦軸に沿って生産量が決まります。実は，こうして描いた市場価格と生産者の最適な生産量の関係を表すグラフこそが供給曲線に他ならないのです[9]。すなわち，供給曲線とは，市場価格とそれに基づいて最適な生産を行う生産者の供給量との関係を表すグラフなのです。

■ 生産者の収支

　本講の最後に，完全競争市場において利潤を最大にするよう生産を行っている生産者の収支の状態を図解してみましょう。図12-9を見てください。完全競争市場で操業している生産者は，市場価格が与えられると，市場価格と限界費用が一致するように生産量を選びます。いま市場価格が p^* であるとして，それを点Pで表します。つまり，線分 OP の長さが p^* に等しいわ

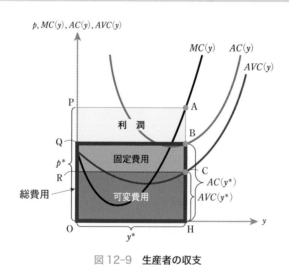

図12-9　**生産者の収支**

9　**第2講**で扱った供給曲線は，供給曲線の操業停止点より上の部分のみであったわけです。

けです。点 P を通る水平線と限界費用曲線 $MC(y)$ が交差する点を A とし，点 A から横軸に降ろした垂線の足を点 H とします。利潤を最大化したい生産者は $p^* = MC(y^*)$ が成り立つような生産量 y^* を選びます。この y^* は線分 OH の長さによって表されます。線分 AH が平均費用曲線 $AC(y)$ と交差する点を B，平均可変費用曲線 $AVC(y)$ と交差する点を C とすれば，生産量が y^* のときの平均費用 $AC(y^*)$ は線分 BH の長さによって，平均可変費用 $AVC(y^*)$ は線分 CH の長さによって表されます。このとき，完全競争市場で最適な生産量を選択している生産者の収支の内訳（収入，総費用，可変費用，固定費用，利潤）は以下のとおりになります。

---

1. 長方形 OPAH の面積は収入を表す

この長方形の縦の長さ OP は市場価格 p^* と等しく，横の長さ OH は生産量 y^* と等しくなっています。したがって，この長方形の面積は収入を表します。

---

2. 長方形 OQBH の面積は総費用を表す

この長方形の縦の長さ OQ は生産量が y^* のときの平均費用 $AC(y^*)$ と等しく，横の長さ OH は生産量 y^* と等しくなっています。平均費用の定義より，

$$平均費用 \times 生産量 = 総費用$$

が成り立つので，この長方形の面積は総費用を表します。

---

3. 長方形 ORCH の面積は可変費用を表す

この長方形の縦の長さ OR は生産量が y^* のときの平均可変費用 $AVC(y^*)$ と等しく，横の長さ OH は生産量 y^* と等しくなっています。平均可変費用の定義より，

$$平均可変費用 \times 生産量 = 可変費用$$

が成り立つので，この長方形の面積は可変費用を表します。

> ### 4. 長方形 RQBC の面積は固定費用を表す
>
> この長方形の面積は，長方形 OQBH の面積（＝総費用）から長方形 ORCH の面積（＝可変費用）を差し引いた残りなので，固定費用を表します。

> ### 5. 長方形 QPAB の面積は利潤を表す
>
> この長方形の面積は，長方形 OPAH の面積（＝収入）から長方形 OQBH の面積（＝総費用）を差し引いた残りなので，利潤を表します。

なお，可変費用は，図12-3のように限界費用曲線の下側の領域の面積で表すこともできますし，図12-9のように原点と平均可変費用曲線上の点を向かい合う頂点とする長方形の面積でも表すことができることに注意してください。図形は異なりますが，理論上は面積が同じになるのです。

■ **Active Learning**

問1　ある生産者の限界費用関数が $MC(y) = 3y^2 + 1200$ で表されるとする。ただし，y は生産量である。このとき，以下の問いに答えなさい。

(1) 市場価格が 3900 のとき，この生産者の利潤が最大となる生産量を求めなさい。

(2) 市場価格が p のとき，利潤が最大となる生産量を求めなさい。ただし，$p > 1200$ とする。

問2　ある生産者の限界費用関数が $MC(y) = 2y + 180$ で表されるとする。ただし，y は生産量である。また，市場価格を 320 とする。このとき，以下の問いに答えなさい。

(1) この生産者の利潤が最大となる生産量を求めなさい。また，そのときの収入，可変費用，「利潤＋固定費用」を求めなさい。

(2) 生産量が 50 のときの収入，可変費用，「利潤＋固定費用」を求めなさい。

(3) 生産量が 90 のときの収入，可変費用，「利潤＋固定費用」を求めなさい。

問3 下図は，ある生産者の限界費用曲線 $MC(y)$，平均費用曲線 $AC(y)$，平均可変費用曲線 $AVC(y)$ を描いたものである。このとき，以下の問いに答えなさい。

(1) この生産者の損益分岐価格および損益分岐点における生産量はどれか，記号で答えなさい。

(2) 操業停止価格および操業停止点における生産量はどれか，記号で答えなさい。

(3) 供給曲線を描きなさい。

(4) 利潤が赤字であっても生産を継続するのはどのような場合か答えなさい。

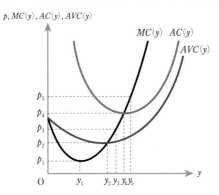

問4 下図は，ある生産者の限界費用曲線 $MC(y)$，平均費用曲線 $AC(y)$，平均可変費用曲線 $AVC(y)$ を描いたものである。いま，市場価格が図中の p^*（図中の●）であるとする。このとき，最適な生産量を図示しなさい。また，最適な生産量を選択したときの収入，総費用，可変費用，固定費用，利潤を図示しなさい。

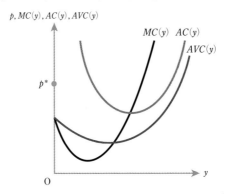

問5 下図は，ある生産者の限界費用曲線 $MC(y)$，平均費用曲線 $AC(y)$，平均可

変費用曲線 $AVC(y)$ を描いたものである。いま，市場価格が図中の p^*（図中の●）であるとする。このとき，最適な生産量を図示しなさい。また，最適な生産量を選択したときの収入，総費用，可変費用，固定費用，利潤を図示しなさい。

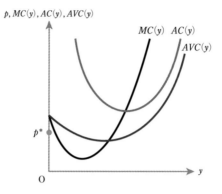

第 V 部

余剰による市場分析

　第 V 部では余剰という概念を使って経済の状態を分析します。余剰は，経済的厚生，すなわち，経済的な幸福度を測るための尺度で，それが大きくなるか小さくなるかを調べることによって経済の状態を比較・評価することができます。第 13 講では余剰の概念を定義します。そして，経済学の最重要命題，すなわち，完全競争市場の市場均衡では経済的厚生が最大になるという命題が成り立つことを示します。第 14 講では，政府が経済政策を通じて市場に介入すると余剰がどのように変化するかをいくつかの例を使って分析します。これらの分析を通じて，ミクロ経済学の視点から政府の経済政策を評価する際に余剰の概念が重要な役割を果たすことが理解できます。

第13講
市場均衡の評価

■本講では，まず経済主体の経済的厚生を表す尺度である消費者余剰，生産者余剰，社会的余剰という概念について学びます。続いて，これらの尺度を用いて，完全競争市場の市場均衡が経済的厚生という観点から見てどのような性質を持っているのかについて考えます。

13.1 余剰と経済的厚生------------------------

　第2講から第12講では，完全競争市場において合理的な消費者・生産者がどのような消費・生産活動を行うか，そしてその結果，価格と取引量がどのように決まるか分析してきました。第1講で学んだように，こうした分析のことを実証的分析といいます。しかし，ミクロ経済学の役割は実証的分析を行うことだけに留まるわけではありません。現実の経済における市場がもしうまく機能していなかったなら，その市場にはどのような問題があるかを分析し，それを解決するにはどのような対策をとればよいかについて提言を行うこともミクロ経済学の重要な役割なのです。第1講で学んだように，こうした分析のことを規範的分析といいます。

　現実の経済において完全競争市場と見なせる市場はかなりまれであるにもかかわらず，本書ではこれまで完全競争市場を前提として分析を行ってきました。その理由は，完全競争市場が「効率的な資源配分を達成する」という意味において理想的に機能する市場だからです。完全競争市場と見なせる市場は現実の経済にはほとんど存在しませんが，理想的に機能する完全競争市場について理解していれば，それと比較することにより，現実の市場がうま

く機能していない場合そこにはどのような問題があるのかを明らかにすることができるのです。

そこで本講では，完全競争市場の市場均衡がどのような性質を持っているのかを分析し，規範的分析の基礎固めをします。規範的分析では，望ましい経済状態とはどのようなものであるかを評価するための尺度が必要となります。この尺度のことをミクロ経済学では余剰（surplus）と呼んでいます。余剰は，経済活動を行ったときに得ることができる便益や利益を金額で表したもので，経済的側面における人間の幸福度，すなわち，経済的厚生（economic welfare）を表す指標であるといえます。以下では，市場取引によって消費者が得る便益を表す消費者余剰，生産者が得る利益を表す生産者余剰，そして社会全体が得る便益や利益を表す社会的余剰について考えていきましょう。

13.2 消費者余剰

■ 消費者余剰の定義

私たち消費者が買い物をするとき，欲しいと思う商品でも買うときと買わないときがあります。これは，提示されている価格の分だけのお金を支払う価値があるかを考えた上で行動しているためと考えられます。つまり，消費者はいくらまでなら支払ってもよいかを暗黙のうちに想定して購買行動をすると考えられます。このような，消費者が支払ってもよいと思う最高額のことを支払許容額（willingness to pay）といいます[1]。いま，ジーンズを買いに来た消費者の支払許容額が5000円であるとしましょう。もしジーンズの価格が3000円ならばこの消費者はジーンズを買うことになります。ところが，もし価格が6000円ならばこの消費者はジーンズを買わないはずです。このように，価格が支払許容額以下であれば消費者は財を買い，価格が支払許容額を上回っていれば買わないわけです[2]。同じ財であっても支払許容額は消費

1　これ以外に「支払意思額」という用語が使われることもあります。
2　支払許容額は「消費者が支払ってもよいと思う最高額」なので，価格が支払許容額に等しい
　場合には消費者は購入します。

者によって異なることに留意してください。

　さて，支払許容額が5000円である消費者が価格3000円のジーンズを買ったとすると，この消費者は5000円までは支払ってもよいと思っていたけれども実際には3000円の支払いで済むことになるので，何だか2000円分得をした気分になるでしょう。すなわち，この消費者は，支払許容額5000円から実際の支払額3000円を差し引いた2000円分の便益を受けることになるといえます。このような，消費者が消費活動を行ったときに得られる便益を金額で表したものを消費者余剰（consumer surplus）といいます。具体的には，

消費者余剰＝支払許容額－実際の支払額　　　　　(13.1)

と定義されます。つまり，消費者余剰は，消費者が本来なら支払ってもよいと思っていたけれど実際には支払わなくて済んだ金額を表しています。

■ 需要曲線と消費者余剰

　消費者余剰は需要曲線を用いると簡単に図示することができます。以下でそのことを確かめてみましょう。

　いま，ある財を1個だけ購入することを検討している消費者が7人いて，その支払許容額を大きい順に並べると1000円, 900円, …, 400円というように100円ずつ小さくなっていくとします。これらの消費者に対して支払許容額の大きい順に1, 2, …, 7と番号をつけることにします。消費者の支払許容額を横幅1の棒グラフで表し，それを消費者1から順に左から右に並べたものが図13-1です。このとき，財の価格がたとえば550円であったとすると，7人の消費者の購入量は合計で何個になるでしょうか。価格が550円なので，支払許容額が550円以上である消費者は購入し，550円より小さい消費者は購入しないはずです。したがって，消費者5（支払許容額600円）までは購入し，消費者6（支払許容額500円）以降は購入しないことが分かります。結局，7人の消費者によるこの財の購入量は合計で5個になることが分かります。

　このように考えてみると，図13-1が実は需要曲線と表裏一体をなしているということに気がつくでしょう。このことは，図13-1を図13-2のように少しだけ変更してみると明らかになります。図13-1の棒グラフを合わせ

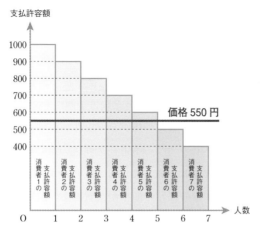

図 13-1　消費者の支払許容額を大きい順に並べたグラフ

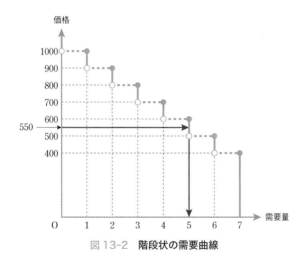

図 13-2　階段状の需要曲線

た図形の上部と右端の輪郭が，図 13-2 の青色の実線・点線による階段状の折れ線グラフに対応しています。実は，この青色のグラフの実線部分がこのケースの需要曲線に他ならないのです[3]。実際，縦軸座標の 550（円）のとこ

3　ここでは需要量が実数のような連続的な値ではなく整数のような離散的な値である場合を考えているため，青色のグラフの破線部分は需要曲線として有効ではありません。

ろから水平に移動して需要曲線とぶつかる点の横軸座標は5（個）となっていることを確認してください。

　それでは，消費者余剰は需要曲線を用いてどのように図示することができるのでしょうか。市場価格が550円で，需要量が5個である場合について考えてみましょう。まず，(13.1) 式の定義に従えば，消費者1の支払許容額は1000円ですから，消費者1の消費者余剰は1000 − 550 = 450円となります。ここで図13-1を見ると，一番左の棒グラフ全体の面積が消費者1の支払許容額を表しており，その棒グラフの550円の紺色の線より下側の部分の面積が消費者1の実際の支払額に一致しています。したがって，その棒グラフの550円の紺色の線より上側の部分の面積が消費者1の消費者余剰を表すことが分かります。同じことを図13-3で確認してみましょう。一番左の棒グラフ全体の面積が消費者1の支払許容額を，その下側の青色の部分の面積が消費者1の実際の支払額を表しています。したがって，青色の部分を取り除いた残りの水色の部分の面積が消費者1の消費者余剰に相当します。同様に，消費者2の支払許容額は900円ですから，消費者2の消費者余剰は900 − 550 = 350円となります。図13-3では，左から2番目の棒グラフ全体の面積が消費者2の支払許容額を，その下側の青色の部分の面積が消費者2の実際の支払額を表しているので，青色の部分を取り除いた残りの水色の部分の面積が消費者2の消費者余剰に相当します。このように考えていくと，消費者5までを合算した支払許容額は図13-3の太枠で囲まれた領域の面積（4000）に等しく，実際の支払額は青色の領域の面積（2750）に等しく，消費者余剰は水色の領域の面積（1250）に等しくなることが分かります。

　それでは，これまで考察したことを一般化してみましょう。消費者は7人ではなく多数いると考えます。購入する財の単位が十分に小さく，消費者の人数が十分に多い場合には，需要曲線は図13-4のように右下がりの連続的な曲線で描くことができます[4]。価格が p_0 円のときの需要量を x_0 個とすると，x_0 個目を購入する消費者の支払許容額はちょうど p_0 円であり，支払許

---

[4]　図13-2では消費者が7人と少ないので需要曲線は階段状のグラフとなりました。もし消費者の人数が増えていけば階段の幅は狭くなっていき，無限大になったところで需要曲線は連続的な曲線となります。このことから，消費者の人数が十分に多い場合には，需要曲線を連続的な曲線と見なすことが許されるというわけです。

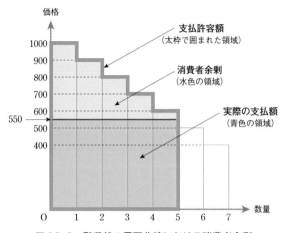

図 13-3　階段状の需要曲線における消費者余剰

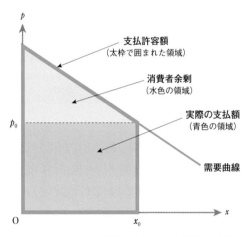

図 13-4　一般的な需要曲線における消費者余剰

容額がそれ以上である消費者は全員購入することになります。このとき，この財を購入する消費者の支払許容額の合計は太枠で囲まれた領域の面積に等しくなります。言い換えれば，需要量が x_0 のときの支払許容額は需要曲線の下方領域のうち x_0 までの面積で表されます。また，この財を購入する消費者の実際の支払額の合計「$p_0 \times x_0$」は青色の領域（長方形）の面積に等し

くなります。したがって，それらの残差である消費者余剰は水色の領域の面積で表されることになります。

13.3 　生産者余剰 --------------------------------

■ 生産者余剰の定義

　前節では市場取引によって消費者が得る便益を表す消費者余剰について考えました。本節ではそれと対になる概念である生産者余剰について考えましょう。生産者が生産活動を行ったときに得られる利益を表したものを生産者余剰（producer surplus）といいます。具体的には，

$$生産者余剰 = 収入 - 可変費用 \qquad (13.2)$$

と定義されます。第 12 講の（12.3）式より「収入 − 可変費用 = 利潤 + 固定費用」ですから，（13.2）式で定義される生産者余剰を書き直すと

$$生産者余剰 = 利潤 + 固定費用 \qquad (13.3)$$

となります。つまり，生産者余剰は利潤そのものではなく，利潤に固定費用を加えたものと一致します。第 12 講の脚注 8 で説明したように，企業会計でよく使われる粗利益という概念は経済学の用語でいえば「収入 − 可変費用」と表すことができるので，生産者余剰は粗利益を経済学的に言い換えたものということになります。収入，生産者余剰，可変費用，固定費用，利潤

図 13-5　収入，生産者余剰，可変費用，固定費用，利潤の関係

の関係を図示すると図13-5のようになります。

　なお，**第12講**の**12.2節**で学んだように，固定費用がすべてサンク・コ
ストであるなら「生産量ゼロのときの利潤＝－固定費用」となるので，
(13.3) 式より，生産者余剰は

生産者余剰＝利潤－生産量ゼロのときの利潤

と書き換えることができます。すなわち，生産者余剰は，操業しないときと
比較して，操業することによって生産者の利潤がどれくらい増加するかを表
していると解釈することができます。

■ 供給曲線と生産者余剰

　需要曲線を用いて消費者余剰を図示することができるのと同様に，生産者
余剰は供給曲線を用いて図示することができます。図13-6を見てください。
価格が p_0 円のときの供給量を x_0 個とすると，生産者の収入「$p_0 \times x_0$」は図の
太枠で囲まれた領域（長方形）の面積で表されます。また，

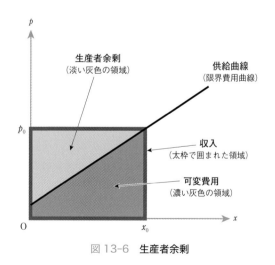

図13-6　**生産者余剰**

① 第12講の12.2節で学んだように，供給曲線は限界費用曲線に他ならないこと（図12-8参照），

② 第11講の11.3節で学んだように，生産量が x_0 のときの可変費用は，限界費用曲線の下側の領域のうち x_0 までの面積で表されること（図11-11参照）

を踏まえると，生産量が x_0 のときの可変費用は，供給曲線の下側の領域のうち x_0 までの面積，すなわち，図13-6の濃い灰色の領域の面積で表されます。したがって，収入から可変費用を差し引いた残りである生産者余剰は図13-6の淡い灰色の領域の面積で表されることが分かります。

13.4 社会的余剰

■ 社会的余剰の定義

これまで，市場取引によって消費者が得る便益を表す消費者余剰と，市場取引によって生産者が得る利益を表す生産者余剰について考えてきました。これらに対して，市場取引によって社会全体が得る便益や利益を合計したものを社会的余剰（social surplus）あるいは総余剰（total surplus）といいます。第1講の1.1節で学んだように，経済主体には消費者と生産者の他に政府もあります。したがって，「社会全体」という場合には，政府も含めて考えなければなりませんが，さしあたり市場での財の取引によって便益や利益を得る経済主体が当該財の消費者と生産者のみに限られる場合には，社会的余剰は，

$$社会的余剰 ＝ 消費者余剰 ＋ 生産者余剰 \tag{13.4}$$

と書くことができます。典型的には，政府が市場取引に一切介入しない場合がこれにあたります[5]。

5　政府が市場取引に一切介入せず市場の消費者と生産者に自由に取引させることを自由放任主義（レッセ・フェール；laissez-faire）といいます。

市場取引は消費者と生産者の間でなされるのが基本ですが，事情に応じて政府が市場取引に介入することがあります。政府による市場取引への介入には，「規制」のような財政収支を伴わないものと，「課税」や「補助金交付」のような財政収支を伴うものとがあります。前者のケースでは，社会的余剰は（13.4）式に基づいて表すことができます。これについては **13.6 節**で考察します。後者のケースでは，「課税」や「補助金交付」によって政府の財政収支が発生するため，（13.4）式に変更を加える必要があります。これについては次の**第 14 講**で扱うことにします。

■ 完全競争市場均衡における社会的余剰

　政府が市場取引に一切介入しない場合，完全競争市場では市場均衡が実現します。それでは，完全競争市場の市場均衡における社会的余剰はどのように表されるでしょうか。図 13-4 と図 13-6 から答えは単純明快です。図 13-7 のように需要曲線と供給曲線が描かれる場合には，社会的余剰は太枠で囲まれた領域の面積によって表されます。もちろん，消費者余剰は水色の領域の面積に，生産者余剰は灰色の領域の面積に相当します。

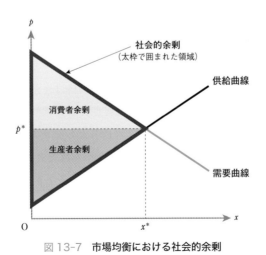

図 13-7　**市場均衡における社会的余剰**

　完全競争市場均衡の最適性----------------

　余剰は経済的厚生を表す指標なので，その値が大きいほど経済主体の幸福度が高いことを意味します。消費者余剰が大きければ消費者の幸福度は高く，生産者余剰が大きければ生産者の幸福度は高く，社会的余剰が大きければ社会全体の幸福度は高いというわけです。それでは，社会的余剰が最大になるのはどのようなときなのでしょうか。実は驚くべきことに，完全競争市場では図 13-7 に描かれているような市場均衡において社会的余剰は最大になります。すなわち，完全競争市場では，政府が市場取引に介入しない場合に実現する市場均衡において，社会的余剰が最大になり社会全体の幸福度が最大になるのです。本節ではこのことを確認します。そのために，以下では何らかの理由により生産量が市場均衡で決まる均衡取引量より少ない場合と多い場合について考えます[6]。

■ 過少生産の場合

　過少生産の場合を図示したのが図 13-8 です。通常なら，需要曲線と供給曲線①の交点 E で表される市場均衡が実現し，均衡価格は p^*，均衡取引量は x^* になります。ここで，何らかの理由により市場全体の生産量が x^* より少ない x' になったとしましょう。このとき，市場に供給される量が x' で固定されるので，供給曲線が一時的に x' を通る垂直線，すなわち，供給曲線②になったと見なせます。したがって，市場価格は生産量 x' がすべて需要されるように，供給曲線②と需要曲線の交点 A の縦軸座標 p' に決まります。

　このとき，消費者の支払許容額は台形 DOx'A の面積で，消費者の実際の支払額は長方形 p'Ox'A の面積で表されるので，消費者余剰は三角形 Dp'A（水色で表された(a)の領域）の面積になります。価格が p' に上昇し p^* より高くなったため，図 13-7 の通常の市場均衡が実現するときと比べて消費者余剰は減少しています。これに対して，生産者の収入は長方形 p'Ox'A の面積

6　「何らかの理由」として具体的にどのようなものが考えられるかについては，本講の **13.6 節**および**第 14 講**で明らかになります。

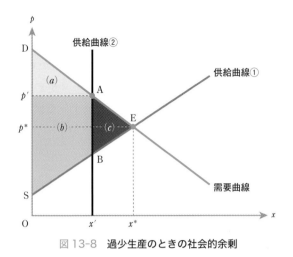

図 13-8　過少生産のときの社会的余剰

で，生産者の可変費用は台形 SOx'B の面積で表されるので，生産者余剰は台形 p'SBA（灰色で表された(*b*)の領域）の面積になります[7]。以上より，領域の記号を用いれば，消費者余剰と生産者余剰を合計した社会的余剰は，

$$社会的余剰 = a + b$$

と書くことができます。結果として，図 13-7 の通常の市場均衡が実現するときと比べて社会的余剰は三角形 ABE（黒色で表された(*c*)の領域）の面積の分だけ減少していることが分かります。このような，市場均衡が実現するときと比べて社会的余剰が減少する分のことを死重損失（deadweight loss）といいます[8]。

7　図 13-8 では，図 13-7 の通常の市場均衡が実現するときと比べて生産者余剰は増加しています。しかし，これは一般的に成り立つ現象ではなく，需要曲線の傾きがもっと緩やかなときには生産者余剰が減少することもあります。

8　「死重損失」の他に，「死重的損失」，「死荷重損失」，「死荷重」などの訳語が使われることもあります。いずれにせよ，「死重」とか「死荷重」が何を意味するのかはあまりはっきりしません。原語の「deadweight loss」はポール・サミュエルソンが 1950 年代に使いはじめたことにより流布したようですが，彼はなぜその用語を使ったかに関する説明はまったくしていません。それ以前には「dead loss」という表現が使われた例が 2 件あるそうです。興味のある人は以下の

■ 過剰生産の場合

　過剰生産の場合を図示したのが図13-9です。通常なら，需要曲線と供給曲線①の交点Eで表される市場均衡が実現し，均衡価格はp^*，均衡取引量はx^*になります。ここで，何らかの理由により生産量がx^*より多いx''になったとしましょう。このとき，市場に供給される量がx''で固定されるので，供給曲線が一時的にx''を通る垂直線，すなわち，供給曲線②になったと見なせます。したがって，市場価格は生産量x''がすべて需要されるように，供給曲線②と需要曲線の交点Bの縦軸座標p''に決まります。

　このとき，消費者の支払許容額は台形$DOx''B$の面積で，消費者の実際の支払額は長方形$p''Ox''B$の面積で表されるので，消費者余剰は三角形$Dp''B$（「水色で表された(a)の領域」＋「青色で表された(b)の領域」）の面積になります。よって，消費者余剰は，

$$消費者余剰 = a + b$$

と書くことができます。価格がp''に下落しp^*より低くなったため，図13-7の通常の市場均衡が実現するときと比べて消費者余剰は増加しています。これに対して，生産者の収入は長方形$p''Ox''B$（「淡い灰色で表された(c)の領域」＋「濃い灰色で表された(d)の領域」）の面積で，生産者の可変費用は台形$SOx''A$（「濃い灰色で表された(d)の領域」＋「青色で表された(b)の領域」＋「黒色で表された(e)の領域」）の面積で表されます。よって，生産者余剰は，

$$生産者余剰 = c + d - (d + b + e)$$

すなわち，

$$生産者余剰 = c - (b + e)$$

と書くことができます。価格がp''に下落しp^*より低くなったため，図13-7の通常の市場均衡が実現するときと比べて生産者余剰は減少してい

サイトを参照してください。Deardorff, A., "Origins of Terms in International Economics,"〔http://www-personal.umich.edu/~alandear/glossary/orig.html#DeadweightLoss〕（2022年3月22日閲覧）

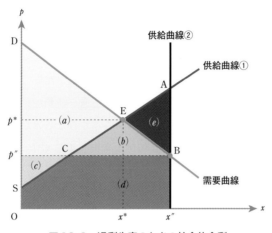

図 13-9　過剰生産のときの社会的余剰

す[9]。以上より，領域の記号を用いれば，消費者余剰と生産者余剰を合計した社会的余剰は，

$$社会的余剰 = a + c - e$$

と書くことができます。結果として，図 13-7 の通常の市場均衡が実現するときと比べて社会的余剰は三角形 ABE（黒色で表された (e) の領域）の面積の分だけ減少して死重損失が発生していることが分かります。

■完全競争市場均衡の最適性

　これまで生産量が均衡取引量 x^* と異なるケースについて考えてきました。生産量が均衡取引量 x^* より少なくても多くても，死重損失が発生して社会的余剰は市場均衡が実現するときと比べて減少することが分かりました。図 13-8 および図 13-9 から明らかなように，生産量が均衡取引量 x^* から離れれば離れるほど死重損失（黒色の三角形 ABE の面積）は大きくなります。逆

9　図 13-9 では生産者余剰はマイナスの値になっています。

に，生産量が均衡取引量 x^* に近づけば近づくほど死重損失は小さくなり，生産量が均衡取引量 x^* に等しくなると死重損失はゼロになります。これらのことから，完全競争市場では，政府が市場取引に介入しない場合に実現する市場均衡において，社会的余剰が最大になり社会全体の幸福度が最大になることが分かります。このようなことから，完全競争市場では，政府が市場取引に介入しない場合に実現する市場均衡は最適な資源配分をもたらすと評価されています。政府が市場取引に介入するとどうなるのかについては，次の **13.6 節**および**第 14 講**において具体例を考察しましょう。

　第Ⅲ部で説明したように，ミクロ経済学で想定する消費者は予算の制約の下で自己の効用を最大にするように合理的かつ利己的に消費活動を行います。また，**第Ⅳ部**で説明したように，ミクロ経済学で想定する生産者は技術の制約の下で自己の利潤を最大にするように合理的かつ利己的に生産活動を行います。このように合理的で利己的な経済主体が取引をする完全競争市場においては，**第 4 講**で学んだように，超過需要が生じるときには価格が上昇し超過供給が生じるときには価格が下落するという価格メカニズムが働き市場均衡が達成されます。そして，先ほど述べたように，市場均衡において社会的余剰が最大になり，最適な資源配分がもたらされます。要するに，個々の経済主体が自己の便益や利益だけを考えて経済活動を行っていれば，その結果，完全競争市場では市場均衡が実現し社会全体の経済的厚生が最大になり，最適な資源配分が実現するというわけです。実は，これがミクロ経済学で得られるさまざまな結論の中で最も重要な命題なのです [10]。

10　価格メカニズムが最適な資源配分をもたらすというミクロ経済学の最重要命題を説明する際に，アダム・スミスが『国富論』で使った「見えざる手（invisible hand）」という言葉が頻繁に引き合いに出されます。しかしながら，この言葉をこうした文脈で用いることはスミスの本意の一端しか表していないというのが学説史研究での定説となっています。スミスの本意についてはここでは触れませんが，『国富論』の中でたった一度しか登場しないこの言葉が，後世の経済学者によって都合良く切り取られ，拡大解釈されて独り歩きするようになってしまったようです。

　前節で，完全競争市場における市場均衡は社会全体の経済的厚生を最大にすると述べました。つまり，「市場のことは市場に任せておけばよい」というわけです。本節では，そのような完全競争市場に対して政府が財政収支を伴わない市場介入を行うとどうなるのか具体的に考察します。財政収支を伴わない市場介入にはさまざまなものがありますが，ここでは価格規制，数量規制，参入規制について考えてみましょう。なお，課税や補助金交付といった財政収支を伴う市場介入については次の**第 14 講**で考察します。

■ 価 格 規 制

　政府は，消費者あるいは生産者を保護するような目的で価格規制（price regulation）を行うことがあります。価格規制には主に 2 種類あります。一つは上限価格（price ceiling; price cap）規制で，価格に上限を設定するものです。もう一つは下限価格（price floor）規制で，価格に下限を設定するものです。

　まず，上限価格規制について考えましょう。上限価格が設定された場合の様子を描いたのが図 13-10 です。規制が行われる前の均衡価格を p^*，均衡取引量を x^* で表します。いま，政府が均衡価格 p^* より低い水準に上限価格 p' を設定したとします。このとき，仮に市場価格が上限価格 p' の水準より低いと超過需要のため価格が上昇し，結局市場価格は上限価格 p' の水準に一致することになります。したがって，規制が行われる前の均衡取引量 x^* より少ない生産量 x' が市場に供給されます。その結果，生産者余剰は三角形 $p'SA$（灰色で表された(b)の領域）の面積に等しくなります。それでは，消費者余剰はどのようになるのでしょうか。市場価格が p' であるときの本来の需要量は x'' ですが，市場には x' しか供給されないので，当然消費者は x' しか買うことができません。つまり，「買いたいけれども買うことのできない消費者」が存在する状態，言い換えれば，超過需要が発生している状態です。このような場合，現実の経済では「早い者勝ち」により買うことのできる消費者が決まります。しかし，それを考慮したモデルを考えると話がやや

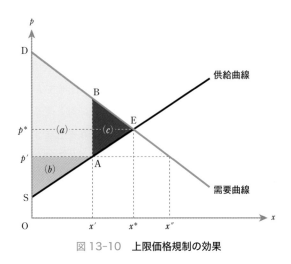

図 13-10　　上限価格規制の効果

こしくなるので，ここでは政府が買いたい消費者に対して財を割り当てると
考えましょう。たとえば，政府が支払許容額の大きい消費者から順番に，つ
まり，需要曲線の一番左上の点 D に対応する消費者から順番に財を割り当
てるとします[11]。このとき，消費者余剰は台形 Dp'AB（水色で表された(a)の領
域）の面積に等しくなります。なぜなら，供給量 x' を買うことのできる消費
者の支払許容額の合計は台形 DOx'B の面積に等しく，実際の支払額の合計
は長方形 p'Ox'A の面積に等しくなるからです。以上より，消費者余剰と生
産者余剰を合計した社会的余剰は，領域の記号を用いれば，

$$社会的余剰 = a + b$$

と書くことができます。したがって，政府が介入しないときの市場均衡の状
態と比べると，社会的余剰は三角形 ABE（黒色で表された(c)の領域）の面積
の分だけ減少して死重損失が発生していることが分かります。

11　このように財を割り当てるのが最も効率的な割り当て方です。ただし，実際には政府は
　　消費者の支払許容額を知ることはできないので，このように財を割り当てるのは現実問題として
　　は不可能です。

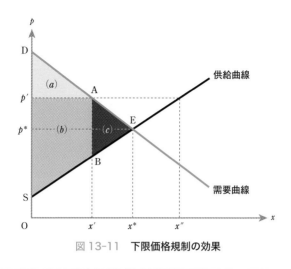

図 13-11　下限価格規制の効果

　上限価格規制の具体例としては家賃規制を挙げることができます。これは
貧しい人でも家を借りられるようにするために家賃に上限を設ける制度で，
世界の多くの国において行われてきました。わが国でも地代家賃統制令に基
づき 1939（昭和 14）年から 1986（昭和 61）年まで実施されていました。一
見すると貧しい人を救済するための人道的な規制なのですが，家賃を低く抑
えることで住宅供給が減少するため，かえって家に住めない人が増加してし
まうという皮肉な結果を招いた国もあります。

　次に，下限価格規制について考えましょう。下限価格が設定された場合の
様子を描いたのが図 13-11 です。いま，政府が均衡価格 p^* より高い水準に
下限価格 p' を設定したとします。このとき，仮に市場価格が下限価格 p' の
水準より高いと超過供給のため価格が下落し，結局市場価格は下限価格 p'
の水準に一致することになります。したがって，均衡取引量 x^* より少ない
消費量 x' が市場で需要されます。その結果，消費者余剰は三角形 Dp'A（水
色で表された(a)の領域）の面積に等しくなります。それでは，生産者余剰は
どのようになるのでしょうか。市場価格が p' であるときの本来の供給量は
x'' ですが，市場では x' しか需要されないので，当然生産者は x' しか売るこ

とができません。つまり，「売りたいけれども売ることのできない生産者」が存在する状態，言い換えれば，超過供給が発生している状態です。このような場合，現実の経済では先と同様「早い者勝ち」により売ることのできる生産者が決まります。しかし，上と同様の理由から政府がどの生産者が売ることができるかを定めると考えましょう。たとえば，政府が限界費用の低い生産者から順番に，つまり，供給曲線の一番左下の点 S に対応する生産者から順番に売ることができると定めるとします[12]。このとき，生産者余剰は台形 p'SBA（灰色で表された(b)の領域）の面積に等しくなります。なぜなら，需要量 x' に見合う分だけ売ることのできる生産者の収入は長方形 $p'Ox'$A の面積に等しく，可変費用は台形 SOx'B の面積に等しくなるからです。以上より，消費者余剰と生産者余剰を合計した社会的余剰は，

$$社会的余剰 = a + b$$

と表されます。したがって，政府が介入しないときの市場均衡の状態と比べると，社会的余剰は三角形 ABE（黒色で表された(c)の領域）の面積の分だけ減少して死重損失が発生していることが分かります。

　下限価格規制の具体例としては最低賃金制度を挙げることができます。これは最低賃金法に基づき国が賃金の最低額を定め，その額以上の賃金を労働者に支払うことを雇用主に義務づける制度です。これはもちろん労働者を保護することを目的とした制度なのですが，労働の費用が増加するために雇用を減らさざるをえない雇用主が多くなり，雇用機会がかえって減少してしまうという皮肉な結果をもたらす可能性があります。

■ 数 量 規 制

　政府は，生産者に対して生産量の上限を設定するという規制を行うことがあります。これは数量規制（quantitative regulation）と呼ばれ，生産者の利益を保護することや資源や環境を保護することを目的としてしばしば行われて

---

[12] このように定めるのが最も効率的な定め方です。ただし，消費者の支払許容額を知るすべがないのと同様に，実際には政府は生産者の限界費用を知ることはできません。したがって，このように定めるのは現実問題としては不可能です。

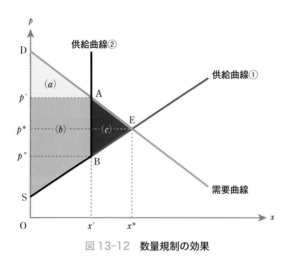

図 13-12　数量規制の効果

います。

　生産量の上限を x' とする数量規制が行われた場合の様子が図 13-12 に描かれています。供給曲線①（線分 SE を含む直線）は規制が行われていない場合の供給曲線を，供給曲線②は規制が行われた場合の供給曲線を表しています。生産量の上限が x' に設定された場合の供給曲線②は，生産量 x' までは規制が行われていない場合の供給曲線①と一致しており，生産量 x' のところで折れ曲がり垂直になります。どうしてこのような形状になるのでしょうか。そもそも規制がなければ，価格と最適生産量の関係は供給曲線①によって表されます。ゆえに，最適生産量が生産量の上限の x' となる市場価格を p'' とすれば，価格が p'' より低い場合には最適生産量が生産量の上限 x' を下回るため，供給曲線①に沿って供給量を決めることになります。しかし，価格が p'' より高い場合には，供給曲線①に基づく最適生産量が生産量の上限 x' を上回るため，上限の x' しか供給できないことになります。このような理由から，生産量の上限を x' とする数量規制が行われた場合には，供給曲線は供給曲線②のように生産量 x' のところで折れ曲がり垂直になるわけです。供給曲線②と需要曲線によって決まる均衡価格は規制が行われる前の均衡価

格 p^* より高い p' になり，均衡取引量は規制が行われる前の均衡取引量 x^* より少ない x' になります。このとき，消費者余剰は三角形 Dp'A（水色で表された(a)の領域）の面積で表され，生産者余剰は台形 p'SBA（灰色で表された(b)の領域）の面積で表されます [13]。ゆえに社会的余剰は，

$$社会的余剰 = a + b$$

となります。結局，数量規制が行われると，社会的余剰は三角形 ABE（黒色で表された(c)の領域）の面積の分だけ減少して死重損失が発生します。

　数量規制の具体例としては漁獲量の制限を挙げることができます。水産資源保護の観点から，特定の魚などに対して漁獲量の制限を課すことは世界的に行われており，日本でも水産庁が魚の種類ごとに漁獲量の上限を設定し，各漁船に割り当てています。そのため，漁獲量の制限がない場合と比べると，漁獲量は少なく価格は高値で取引されていることになります。

■ 参 入 規 制

　政府は，生産者の市場への参入を制限するという規制を行うことがあります。これは参入規制（entry regulation）と呼ばれ，競争が激化することで生ずる問題を避けることを目的としてしばしば行われています。

　参入規制が行われた場合の様子が図 13-13 に描かれています。供給曲線①は規制が行われていない場合の供給曲線を，供給曲線②は規制が行われた場合の供給曲線を表しています。参入規制が行われると，市場に参加する生産者の数が少なくなるため，供給曲線の傾きが大きくなります。第 2 講の図 2-7 で学んだように，個別生産者の供給曲線を水平方向に足し合わせたものが市場の供給曲線ですから，足し合わせるべき個別生産者の数が少なくなるなら，市場の供給曲線の傾きは当然大きくなるというわけです。参入規制が行われた場合，均衡価格は規制が行われる前の均衡価格 p^* より高い p' になり，均衡取引量は規制が行われる前の均衡取引量 x^* より少ない x' になります。このとき，消費者余剰は三角形 Dp'A（水色で表された(a)の領域）の面積

---

13 ただし，下限価格規制のときと同様に，限界費用の低い生産者から順番に売ることができるよう政府が定めていると仮定しています。

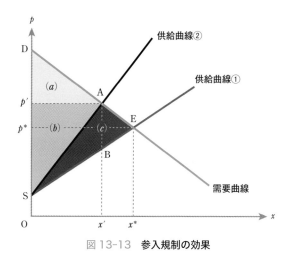

図 13-13　参入規制の効果

で表され，生産者余剰は三角形 p'SA（灰色で表された(b)の領域）の面積で表されます。ゆえに社会的余剰は，

$$社会的余剰 = a + b$$

となります。結局，参入規制が行われると，社会的余剰は三角形 ASE（黒色で表された(c)の領域）の面積の分だけ減少して死重損失が発生します。

　参入規制の具体例としては航空業に対する規制を挙げることができます。航空業への参入規制は，競争の激化によって安全性が低下することを防ぐために世界中で行われています。日本では 1952（昭和 27）年に制定された航空法により，事実上は日本航空（JAL），全日本空輸（ANA），日本エアシステム（JAS）の 3 社に事業運営を限定する方針がとられていました[14]。しかし，1986（昭和 61）年以降に段階的に参入規制が緩和され，1998（平成 10）年になってようやく新規参入が見られるようになりました。こうした新規参入の結果，便数は増加し航空運賃は安くなり，空の旅が多くの人に身近なものと

14　航空業に対するさまざまな規制は，当時歩みはじめたばかりの幼稚産業を保護するという目的もありました。

なったのです。

問1　以下の問いに答えなさい。
  (1)　ある財の需要関数が $x = -6p + 1200$ で表されるとする。ただし，p は価格，x は需要量である。価格が 150 のときのこの財の需要量を求めなさい。また，そのときの消費者の支払許容額，実際の支払額，消費者余剰を求めなさい。
  (2)　ある財の供給関数が $x = 8p$ で表されるとする。ただし，p は価格，x は供給量である。価格が 100 のときのこの財の供給量を求めなさい。また，そのときの生産者の収入，可変費用，生産者余剰を求めなさい。

問2　ある財の需要関数が $x^D = -4p + 840$ で，供給関数が $x^S = 3p$ で表されるとする。ただし，x^D は需要量，x^S は供給量，p は価格である。このとき，以下の問いに答えなさい。
  (1)　この財の均衡価格と均衡取引量を求めなさい。また，市場均衡における消費者余剰，生産者余剰，社会的余剰を求めなさい。
  (2)　何らかの理由により生産量が 240 になったとする。このときの消費者余剰，生産者余剰，社会的余剰，死重損失を求めなさい。
  (3)　何らかの理由により生産量が 480 になったとする。このときの消費者余剰，生産者余剰，社会的余剰，死重損失を求めなさい。

問3　ある財の需要関数が $x^D = -3p + 2400$ で，供給関数が $x^S = 5p$ で表されるとする。ただし，x^D は需要量，x^S は供給量，p は価格である。このとき，以下の問いに答えなさい。
  (1)　この財の均衡価格と均衡取引量を求めなさい。また，市場均衡における消費者余剰，生産者余剰，社会的余剰を求めなさい。
  (2)　政府により上限価格が 150 に規制されたとする。このとき市場で成立する価格と取引量を求めなさい。また，そのときの消費者余剰，生産者余剰，社会的余剰，死重損失を求めなさい。
  (3)　政府により下限価格が 400 に規制されたとする。このとき市場で成立する価格と取引量を求めなさい。また，そのときの消費者余剰，生産者余剰，社

会的余剰，死重損失を求めなさい。

問4　ある財の市場需要関数が$x^D = -4p + 360$で表されるとする。ただし，x^Dは市場の需要量，pは価格である。この財を供給する生産者はAとBという2つのグループに分かれており，グループAの供給関数は$x^{SA} = 2p$で，グループBの供給関数は$x^{SB} = 3p$で表されるとする。ただし，x^{SA}はグループAの供給量，x^{SB}はグループBの供給量である。このとき，以下の問いに答えなさい。

(1)　政府が両グループに対して市場への参加を認めるとする。このときの均衡価格と均衡取引量を求めなさい。また，そのときの消費者余剰，生産者余剰，社会的余剰を求めなさい。

(2)　政府がグループAに対しては市場への参加を認めるが，グループBに対しては参加を認めないとする。このときの均衡価格と均衡取引量を求めなさい。また，そのときの消費者余剰，生産者余剰，社会的余剰，死重損失を求めなさい。

第14講
経済政策の評価

■本講では，第13講で学んだ余剰の概念を用いて，政府の財政収支を伴う経済政策の効果を分析します。このような経済政策にはさまざまなものがありますが，本講では，間接税，補助金，米価政策，貿易政策を扱います。

14.1 社会的余剰：再考------------------------

第13講の13.4節では，市場取引によって社会全体が得る便益や利益の合計を社会的余剰と定義しました。このとき，「社会全体」をどのように捉えるかが問題になります。政府が市場取引に一切介入しない場合には，あるいは介入したとしても13.6節で紹介したような財政収支を伴わない規制である場合には，社会的余剰は（13.4）式，すなわち，

社会的余剰＝消費者余剰＋生産者余剰

で表すことができます。

しかし，政府が経済政策を通じて市場取引に介入する際には，課税のように財政収入を伴う場合や，補助金交付のように財政支出を伴う場合があります。たとえば，政府がある財の市場取引に税金を課すときには政府の収入が増えます。すると，収入が増えた分たとえば公共事業や社会保障などへの支出を増やすことができるので，その分だけ社会の便益は増加することになります。したがって，この財が市場取引されることによる社会全体の経済的厚生を考える場合には，消費者余剰および生産者余剰だけではなく，課税によって生じる政府の収入も加えるべきでしょう。逆に，政府がある財の市場

取引に補助金を交付するときには政府の支出が増えます。すると，支出が増えた分たとえば公共事業や社会保障などへの支出を減らさなければならないので，その分だけ社会の便益は減少することになります。したがって，この財が市場取引されることによる社会全体の経済的厚生を考える場合には，この財の消費者余剰および生産者余剰から補助金交付によって生じる政府の支出を差し引くべきでしょう。以上のような理由から，政府の財政収支を伴う経済政策の効果を考える場合には，社会的余剰は

$$
\begin{aligned}
社会的余剰 = &消費者余剰 + 生産者余剰 \\
&+ 当該財に関する政府の収入 \\
&- 当該財に関する政府の支出 \qquad (14.1)
\end{aligned}
$$

と書き直さなければならないことが分かります。これを踏まえて，以下ではいくつかの経済政策の効果を分析することにしましょう。

14.2 財の取引に対する課税--------------------

政府の経済政策にはさまざまなものがあります。まず本節では，政府が財の取引に対して税金を課すことの効果について考えます。

■ 従量税と供給曲線のシフト

政府は財の生産に対して間接税を課すことがあります[1]。間接税とは，法的に税金を納める義務のある人（納税義務者）と税金を負担する人（担税者）が異なる税のことをいいます。この間接税は，税額の算出方法に応じて従量税と従価税に分けることができます。従量税は課税対象となる財の量（重量，容量，個数など）に応じて税額が定められているもので，代表的な例としては酒税，揮発油（ガソリン）税，たばこ税が挙げられます[2]。これに対して，

1　現実には間接税は財の「出荷」に対して課されるのですが，ここでは生産者の在庫は考えずに生産量と出荷量が常に一致していると想定します。したがって，以下の記述では生産量に対して課税がなされるというような表現を使います。

2　たとえば，2022 年 10 月現在，ビール 1kℓに対する課税額は 200,000 円，ガソリン 1kℓに対す

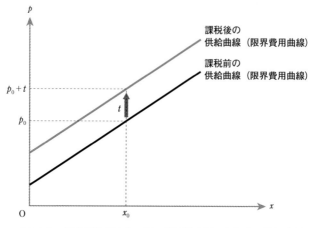

図14-1　財1単位当たり t 円の従量税を課した場合の供給曲線

従価税は課税対象となる財の価格に対して税率が定められているもので，代表的な例としては消費税を挙げることができます。

　財の生産に対して従量税が課せられた場合，市場での取引にどのような影響が生じるのか考えてみましょう[3]。この場合，納税によって生産者の費用が増加するため，供給曲線に変化が生じます。具体的には，供給曲線が生産量1単位当たりの税額分だけ上方にシフトします。このことは，**第12講**で学んだ「供給曲線が限界費用曲線そのものであること」を想起すれば理解することができます。図14-1を見てください。課税前の供給曲線（限界費用曲線）が黒色の直線で描かれており，生産量が x_0 のときの限界費用が p_0 円であるとします。限界費用が p_0 円であるということは，生産量を x_0 から追加的に1単位増やすと総費用が p_0 円増えることを意味します。このとき，生産量1単位当たり t 円の従量税が課せられたとすると，限界費用は $p_0 + t$ 円

る課税額は国税・地方税合わせて 53,800 円，紙巻きたばこ千本に対する課税額は国税・地方税合わせて 15,244 円となっています。これらを分かりやすく換算すると，缶ビール 350㎖ 1本当たり 70 円，ガソリン 1ℓ 当たり 53.8 円，紙巻きたばこ 1 本当たり 15.2 円となります。
3　従価税についても，少し複雑にはなりますが，基本的に以下と同じような分析を行うことができます。

になります。なぜなら，従量税が課せられた状態で生産量を x_0 から追加的に１単位増やすと，従量税 t 円分が上乗せされて総費用が $p_0 + t$ 円増えるからです。このことはどのような生産量に対しても同様に成り立つので，結局，生産量１単位当たり t 円の従量税が課せられると，供給曲線は t 円分だけ上方にシフトすることになります。図14-1では灰色の直線が課税後の供給曲線（限界費用曲線）を表しています。

　以上の説明はやや直観的なので，数式を用いて厳密に確認してみましょう。まず，従量税の課税前と課税後の生産者の総費用を $C(x)$ と $\tilde{C}(x)$ によって，課税前と課税後の限界費用を $MC(x)$ と $\widehat{MC}(x)$ によって表すことにします。ここで，生産量が x_0 であるとき，財１単位当たり t 円の従量税が課せられたとすると，総費用が tx_0 円増加します。つまり，

$$\tilde{C}(x_0) = C(x_0) + tx_0$$

が成り立ちます。この式と限界費用の定義式である**第11講**の（11.6）式を用いて課税後の限界費用を計算すると次のようになります。

$$
\begin{aligned}
\widehat{MC}(x_0) &= \frac{\tilde{C}(x_0 + \Delta x_0) - \tilde{C}(x_0)}{\Delta x_0} \\
&= \frac{\{C(x_0 + \Delta x_0) + t(x_0 + \Delta x_0)\} - \{C(x_0) + tx_0\}}{\Delta x_0} \\
&= \frac{\{C(x_0 + \Delta x_0) - C(x_0)\} + \{t(x_0 + \Delta x_0) - tx_0\}}{\Delta x_0} \\
&= \frac{C(x_0 + \Delta x_0) - C(x_0)}{\Delta x_0} + \frac{t(x_0 + \Delta x_0) - tx_0}{\Delta x_0} \\
&= MC(x_0) + t
\end{aligned}
$$

この式は，財１単位当たり t 円の従量税が課せられると，課税前に比べて限界費用が t 円だけ増えることを示しています。つまり，財に対して従量税が課せられた場合，供給曲線（限界費用曲線）が生産量１単位当たりの税額分だけ上方にシフトすることが分かります。

■ 課税の効果

さて，それでは従量税が課せられた場合，社会的余剰はどのようになるのでしょうか。図14-2を見てください。いま，生産者に財1単位当たりt円の従量税が課せられたとします。このとき，供給曲線は課税前と比べるとt円分上方にシフトします。その結果，均衡価格はp^*円から上昇してp'円となり，均衡取引量はx^*から減少してx'となります。消費者が支払う価格はp'円，需要量はx'なので，消費者余剰は三角形$Dp'A$（水色で表された領域(a)）の面積に等しくなります。また，生産者が受け取る価格はp''円，供給量はx'なので，生産者余剰は三角形$p'S'A$の面積で表されますが，これは三角形$p''SB$（灰色で表された領域(b)）の面積に等しくなります。**14.1 節**での議論を踏まえれば，社会的余剰を考えるにはさらに政府の税収入を考慮に入れなければなりません。政府の税収入は長方形$p'p''BA$（白色で表された領域(c)）の面積に等しくなります。なぜなら，線分ABの長さは生産量1単位当たりの従量税t円に等しく，線分$p'A$の長さは生産量x'に等しいため，「長方形$p'p''BA$の面積＝生産量1単位当たりの従量税×生産量＝税収入」となるからです。このケースでは政府による市場取引への介入は課税のみなの

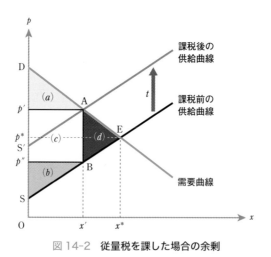

図14-2　従量税を課した場合の余剰

で，（14.1）式より，社会的余剰は台形 DSBA の面積に等しくなります。したがって，課税前と比べると三角形 ABE（黒色で表された領域(*d*)）の面積の分の死重損失が生じることが分かります。このように，政府が財の生産に対して従量税を課すと，政府に税収入が生じるものの，それを相殺して余りあるほど消費者余剰と生産者余剰が大きく減少するため，結果として死重損失が発生し社会全体の経済的厚生が損なわれることになります。死重損失が発生するのは，政府が従量税を課すことにより取引量が過小になるためです。

■ 税 の 帰 着

間接税については，それを実質的に負担することになるのは誰なのかが話題になることがあります。たとえば，酒税や揮発油税は生産者がビールやガソリンの出荷に対して納める義務を有しますが，生産者が納める税金は消費者への販売額から賄われるものです。それでは，間接税を実質的に負担するのは消費者なのでしょうか，それとも生産者なのでしょうか。

図14-3 を見てください。この図では，図14-2 に描かれている税収入の領域(*c*)と死重損失の領域(*d*)を，線分 p^*E を境にしてそれぞれ(*c*1)と(*c*2)，

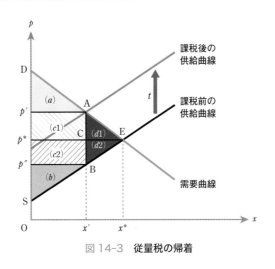

図14-3　従量税の帰着

$(d1)$ と $(d2)$ に分けてあります。政府が従量税を課さなければ，価格は p^* 円，取引量は x^* となり，消費者余剰は $(a) + (c1) + (d1)$，生産者余剰は $(b) + (c2) + (d2)$ となります。これに対して，政府が従量税を課すと，価格は p' 円，取引量は x' となり，消費者余剰は (a)，生産者余剰は (b)，政府の税収入は $(c1) + (c2)$ となります。政府の税収入のうち，もともと $(c1)$ は消費者余剰の一部であり，$(c2)$ は生産者余剰の一部だったので，それぞれが消費者と生産者が負担した従量税の額に相当すると考えられます。このことを以下で詳しく考察してみましょう。

政府が財 1 単位当たり t 円の従量税を課した場合，財 1 単位を販売すると生産者は一旦 p' 円の収入を得ますが，後で t 円だけ納税しなければならないので，手元に残る収入は結局 $p' - t = p''$ 円になります。課税前には財 1 単位を販売した収入は p^* 円だったので，課税後の収入は $p^* - p''$ 円だけ減ったことになります。このように，生産者は手元に残る収入の減少という形で財 1 単位当たり従量税を $p^* - p''$ 円だけ負担するわけです。これは図 14-3 の線分 BC の長さに相当します。ここで，線分 AB の長さが財 1 単位当たりの従量税 t 円に等しいことを考えると，従量税は生産者だけが負担するものではないことが分かります。従量税の残りの分を負担するのは消費者です。なぜなら，従量税の課税により財の価格が p^* 円から p' 円に上昇するため，消費者は財 1 単位の購入に対して $p' - p^*$ 円だけ余計に支払わなければならなくなるからです。このように，消費者は支払額の増加という形で財 1 単位当たり従量税を $p' - p^*$ 円だけ負担します。これは図 14-3 の線分 AC の長さに相当します。以上より，生産者の負担額を表す線分 BC と消費者の負担額を表す線分 AC を合わせると，従量税額を表す線分 AB に等しくなることが分かります[4]。このことは，生産者の負担額 $p^* - p''$ 円と消費者の負担額 $p' - p^*$ 円を足し合わせると

4 　線分 AC と BC の長さの比率は消費者と生産者の間接税の負担割合を表します。図 14-3 では両者の負担割合が同じくらいに描かれていますが，これらの負担割合がどう決まるかは需要曲線や供給曲線の傾き，ひいては需要や供給の価格弾力性に依存します。この点については本書では深入りしないので，興味のある読者は巻末に紹介する中級以上のミクロ経済学の教科書を参照してください。

$$(p^* - p'') + (p' - p^*) = p' - p'' = t$$

となることからも確認することができます。

　ここで，図 14-3 の($c1$)と($c2$)の領域に注目します。($c1$)に相当する長方形 $p'p^*$CA の縦の辺 AC は財 1 単位当たりの消費者の従量税負担額を表し，横の辺の長さは課税後の取引量 x' を表すので，($c1$)の面積は政府の税収入のうち消費者が負担する分を表していることが分かります。また，($c2$)に相当する長方形 p^*p''BC の縦の辺 BC は財 1 単位当たりの生産者の従量税負担額を表し，横の辺の長さは課税後の取引量 x' に相当するので，($c2$)の面積は政府の税収入のうち生産者が負担する分を表していることが分かります。以上の考察から明らかなように，間接税は消費者あるいは生産者のどちらか一方が負担するのではなく，実質的には双方が負担することになるのです。このことは，消費税を含めた間接税全般にあてはまります。したがって，たとえば「消費税はすべて消費者の負担になる」というような主張は誤解であることに注意してください。

14.3　財の取引に対する補助金 - - - - - - - - - - - - - - - - - - -

　前節では，政府が財の取引に対して間接税を課すことの効果について考えました。本節では，政府が財の取引に対して補助金を交付することの効果について考えます。

■ 補助金と供給曲線のシフト

　補助金とは政府が政策に沿った特定の事業を奨励・助成するために交付するもので，さまざまな目的と仕組みがあります。たとえば，天候に左右される農家の経営所得を安定させるために，政府は農産物の生産に対して補助金を交付することがあります[5]。

5　現実には農産物の「出荷」に対して補助金が交付されるのですが，ここでも農家の自家消費分は無視して生産量と出荷量が一致すると想定します。したがって，以下の記述では生産に対し

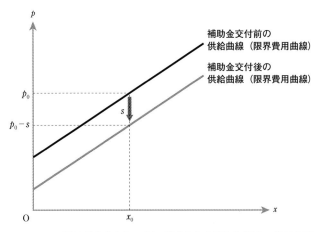

図 14-4　財 1 単位当たり s 円の補助金を交付した場合の供給曲線

　財の生産に対して補助金が交付された場合，市場での取引にどのような影響が生じるのでしょうか。補助金が交付されると生産者はその分を費用に充当することができます。つまり，補助金によって生産者の費用が減少するため，供給曲線に変化が生じます。具体的には，供給曲線が生産量 1 単位当たりの補助金分だけ下方にシフトします。図 14-4 を見てください。補助金交付前の供給曲線（限界費用曲線）が黒色の直線で描かれており，生産量が x_0 のときの限界費用が p_0 円であるとします。限界費用が p_0 円であるということは，生産量を x_0 から追加的に 1 単位増やすと総費用が p_0 円増えることを意味します。このとき，生産量 1 単位当たり s 円の補助金が交付されたとすると，限界費用は $p_0 - s$ 円になります。なぜなら，補助金が交付された状態で生産量を x_0 から追加的に 1 単位増やすと，補助金 s 円分が差し引かれて総費用が $p_0 - s$ 円しか増えないからです。このことはどのような生産量に対しても同様に成り立つので，結局，生産量 1 単位当たり s 円の補助金が交付されると，供給曲線は s 円分だけ下方にシフトすることになります。図

て補助金が交付されるというような表現を使います。

14-4 では灰色の直線が補助金交付後の供給曲線（限界費用曲線）を表しています。

　以上の説明を，数式を用いて厳密に確認してみましょう。従量税のときと同様に，補助金の交付前と交付後の生産者の総費用を $C(x)$ と $\tilde{C}(x)$ によって，限界費用を $MC(x)$ と $\widetilde{MC}(x)$ によって表すことにします。生産量が x_0 であるとき，財 1 単位に対して s 円の補助金が交付されたとすると，総費用が sx_0 円減少します。つまり，

$$\tilde{C}(x_0) = C(x_0) - sx_0$$

が成り立ちます。この式と**第 11 講**の（11.6）式を用いて補助金交付後の限界費用を計算すると次のようになります。

$$\widetilde{MC}(x_0) = \frac{\tilde{C}(x_0 + \Delta x_0) - \tilde{C}(x_0)}{\Delta x_0}$$

$$= \frac{\{C(x_0 + \Delta x_0) - s(x_0 + \Delta x_0)\} - \{C(x_0) - sx_0\}}{\Delta x_0}$$

$$= \frac{\{C(x_0 + \Delta x_0) - C(x_0)\} - \{s(x_0 + \Delta x_0) - sx_0\}}{\Delta x_0}$$

$$= \frac{C(x_0 + \Delta x_0) - C(x_0)}{\Delta x_0} - \frac{s(x_0 + \Delta x_0) - sx_0}{\Delta x_0}$$

$$= MC(x_0) - s$$

この式は，財 1 単位に対して s 円の補助金が交付されると，交付前に比べて限界費用が s 円だけ減ることを示しています。つまり，財に対して補助金が交付された場合，供給曲線（限界費用曲線）が生産量 1 単位当たりの補助金額分だけ下方にシフトすることが分かります。

■ 補助金交付の効果

　さて，それでは財の生産に対して補助金を交付した場合，社会的余剰がどのようになるのか順を追って見ていきましょう。

　まず，消費者余剰と生産者余剰について，図 14-5 を見てください。いま，

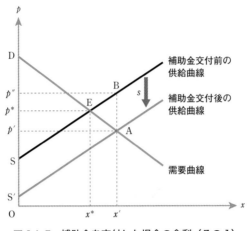

図14-5　補助金を交付した場合の余剰（その1）

生産者に生産量1単位当たり s 円の補助金が交付されたとします。このとき，供給曲線は補助金交付前と比べると s 円分下方にシフトします。その結果，均衡価格は p^* 円から下落して p' 円となり，均衡取引量は x^* から増加して x' となります。消費者が支払う価格は p' 円，需要量は x' なので，消費者余剰は三角形 $Dp'A$ の面積に等しくなります。また，生産者が受け取る価格は p' 円，供給量は x' なので，生産者余剰は三角形 $p'S'A$ の面積で表されますが，これは三角形 $p''SB$ の面積に等しくなります。このように，政府が財の生産に対して補助金を交付すると，消費者余剰と生産者余剰がともに増加することになります。

　次に，社会的余剰を求めるために，**14.1 節**での議論を踏まえて政府の補助金支出を考慮に入れます。政府の補助金支出は，図14-5の長方形 $p'p''BA$ の面積に等しくなります。なぜなら，線分 AB の長さは生産量1単位当たりの補助金 s 円に等しく，線分 $p'A$ の長さは生産量 x' に等しいため，「長方形 $p'p''BA$ の面積＝生産量1単位当たりの補助金×生産量＝補助金支出」となるからです。

　最後に，図14-5を描き直した図14-6に基づいて社会的余剰を求めてみ

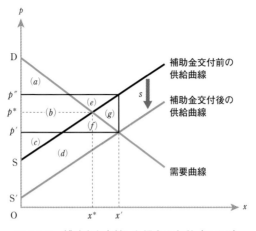

図14-6　補助金を交付した場合の余剰（その2）

ましょう。この図では，実線で囲まれた領域がそれぞれ$(a) \sim (g)$と表示されています。まず，消費者余剰は，

$$消費者余剰 = a + b + f$$

と表されます。生産者余剰は，

$$生産者余剰 = c + d = b + c + e$$

と表されます（$b + c + e$と$c + d$が等しいことに注意してください）。そして，政府の補助金支出は，

$$政府の補助金支出 = b + e + f + g$$

と表されます。ここで（14.1）式より，社会的余剰は，

$$社会的余剰 = (a + b + f) + (b + c + e) - (b + e + f + g)$$
$$= a + b + c - g$$

となります。補助金交付前の社会的余剰は$a + b + c$ですから，補助金交付後

には領域(g)（図14-5の三角形 ABE）の面積の分だけ死重損失が生じることになります。このように，政府が財の生産に対して補助金を交付すると，消費者余剰と生産者余剰は増加するものの，それを相殺して余りあるほどの補助金支出が生じるため，結果として死重損失が発生し社会全体の経済的厚生が損なわれることが分かります。死重損失が発生するのは，政府が補助金を交付することにより財の取引量が過大になるためです。

14.4 二重米価制

前節では補助金交付の効果について説明しました。これに類する効果をもたらす経済政策にはさまざまなものがあります。その一例として，日本でかつて実際に行われていた二重米価制が挙げられます。

わが国では，1942（昭和17）年に制定された食糧管理法に基づき，米の需給や価格を安定させるために食糧管理制度が制定され，1995（平成7）年に食糧管理法が廃止されるまで米の需給や価格が管理されていました。この制度の下では，政府が生産者（稲作農家）から生産者米価といわれる高い価格で米を買い取り，消費者に対して消費者米価といわれる低い価格で米を売り渡す「二重米価制」が行われていました。生産者は高い価格で米を売り渡すことができ，消費者は低い価格で米を買い入れることができたため，二重米価制は双方が恩恵を受ける制度のように見えますが，社会全体の経済的厚生の観点から見るとどうだったのでしょうか。

図14-7 を見てください。図14-6 と比べると(d)の領域の形が異なりますが，この図でも実線で囲まれた領域がそれぞれ$(a) \sim (g)$と表示されています。政府は，介入しない場合の均衡価格p^*より高い価格p^pを生産者米価と定め，その価格の下で生産される米x'を生産者からすべて買い取るとします。そして，生産者から買い取った米x'がすべて売り尽くされるような価格$p^c(p^c < p^*)$を消費者米価と定め，その価格で米x'を消費者にすべて売り渡すとします。このとき，消費者は価格p^cで米をx'だけ買うので，消費者余剰は，

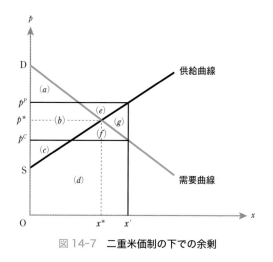

図 14-7　二重米価制の下での余剰

$$消費者余剰 = a + b + f$$

となります。生産者は価格 p^P で米を x' だけ売るので，生産者余剰は，

$$生産者余剰 = b + c + e$$

となります。それでは，政府の収入と支出はどうなるでしょうか。政府の収入は米を消費者に売り渡すときの販売額なので，

$$政府の収入 = 「消費者米価 p^C」 \times 「政府の販売量 x'」$$
$$= c + d$$

となります。政府の支出は米を生産者から買い取るときの購入額なので，

$$政府の支出 = 「生産者米価 p^P」 \times 「政府の購入量 x'」$$
$$= b + c + d + e + f + g$$

となります。政府は生産者から高く買い取った米を消費者に安く売り渡すわけですから，支出が収入を上回るため政府の収支は赤字になります。具体的には，

$$政府の赤字額 = 政府の支出 - 政府の収入$$
$$= (b + c + d + e + f + g) - (c + d)$$
$$= b + e + f + g$$

となります。最後に，（14.1）式より，社会的余剰は，

$$社会的余剰 = (a + b + f) + (b + c + e) + (c + d) - (b + c + d + e + f + g)$$
$$= a + b + c - g$$

となります。政府が介入しない場合の社会的余剰は $a + b + c$ ですから，それと比べると領域 (g) の面積の分だけ死重損失が生じることになります。このように，二重米価制の下では，消費者余剰と生産者余剰は増加するものの，それを相殺して余りあるほど政府の赤字が生じるため，結果として死重損失が発生し社会全体の経済的厚生が損なわれることが分かります。死重損失が発生するのは，二重米価制により米の取引量が過大になるためです。

14.5 貿易政策------------------------------------

　本節では，余剰の観点から政府の貿易政策の効果について考えましょう。

　国際貿易のあり方には，基本的に自由貿易と保護貿易の2つがあります。自由貿易とは，国家が何らの制限も加えない状況下で行われる外国との貿易取引のことをいいます。保護貿易とは，自国の産業を保護・育成することを目的として，国家が外国との貿易取引に対して何らかの制限を加えて規制することをいいます。貿易に対する規制は貿易障壁と呼ばれ，輸入財に対して課税する関税障壁と，輸入量を制限するなどの非関税障壁とがあります。

　自由貿易と保護貿易のどちらが望ましいのかについてはそれぞれの考え方があり，一概に決着をつけることはできません。保護貿易は，16 〜 18 世紀のイギリスやフランスなどの絶対王政国家による重商主義政策が最初の形態であるといわれています。その後，18 世紀後半から 19 世紀前半にかけて，アダム・スミスやデヴィッド・リカードらが保護貿易は経済発展を阻害する

として批判し，自由貿易を提唱します。これに対して，フリードリヒ・リストは，ドイツのような後発の工業国がイギリスなど先発の工業国に追いつくためには，自国の産業を興し保護貿易によって育成しなければならないと説きましたが，世界では自由貿易の考え方が主流となっていきます。ところが，1930 年代になると，世界恐慌による不況から脱出するため，各国は高関税や為替レートの切り下げなど保護主義的な政策をとって経済的に対立するようになります。その結果，世界の貿易は縮小し第二次世界大戦へと向かっていきます。こうした反省を踏まえ，第二次世界大戦後には先進国を中心に自由貿易政策が支持されるようになり，1947 年には GATT（関税及び貿易に関する一般協定）が成立し，1995 年には WTO（世界貿易機関）が発足します。最近では TPP（環太平洋パートナーシップ協定）や RCEP（地域的な包括的経済連携協定）などのさまざまな枠組みの下で自由貿易が押し進められています。とはいえ，開発途上国においては保護主義的な政策がとられることが多い上，2016 年にはイギリスが EU から離脱することを決め，2017 年にはアメリカが保護貿易政策に転じるなど，先進国においても保護主義的な考え方に傾くこともあります。こうした事情に鑑みれば，自由貿易と保護貿易のどちらか一方が絶対的に正しいというような単純な話ではないことが分かります。

　それでは，自由貿易や保護貿易は社会にどのような影響をもたらすのでしょうか。

■ 貿易自由化と輸入禁止

　ある国が，自国で生産されているある財の貿易取引を許可していないものとしましょう。図 14-8 には，この国におけるこの財の需要曲線と供給曲線が描かれています。市場での均衡価格を p^*，均衡取引量を x^* とします。このとき，消費者余剰は三角形 p^*DE の面積，生産者余剰は三角形 p^*SE の面積，社会的余剰は三角形 DSE の面積によって表されます。なお，貿易が認められていない状況における均衡価格 p^* のことを以下では国内価格と呼ぶことにします。

　ここで，国際市場においてこの財が国内価格 p^* より低い価格 p^W で貿易取引されているものとしましょう。この p^W を国際価格と呼ぶことにします。

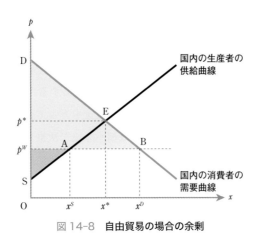

図14-8　自由貿易の場合の余剰

このとき，この国がこの財の輸入を自由化したらどうなるでしょうか。ただし，話を分かりやすくするために，この財は国際価格 p^W でいくらでも外国から輸入できるものとします[6]。また，国産財と輸入財には品質の違いはなく，国産財は国際価格 p^W より高ければまったく売れないものとします[7]。すると，国内の生産者は生産した財を国際価格 p^W で供給せざるをえなくなります。そのため輸入自由化後の市場価格は p^W となり，国内の需要量は x^D，国内の生産者による供給量は x^S となります。国内の需要量に比べて国内の生産者による供給量が不足しているので，この国は満たされない需要量である $x^D - x^S$ だけ，すなわち，線分 AB の長さに相当する分だけこの財を輸入することになります。このとき，余剰はどうなるでしょうか。まず，消費者は価格 p^W で x^D だけ需要するので，消費者余剰は三角形 p^WDB（水色の領域）の面積に等しくなります。また，国内の生産者は価格 p^W で x^S だけ供給するので，生産者余剰は三角形 p^WSA（灰色の領域）の面積に等しくなります。した

6　つまり，この国にとってこの財の国際市場は完全競争市場であると見なすわけです。このように，国際市場においてプライス・テイカーとして行動する国のことを経済学では小国（small economy）と呼びます。

7　実際には，国産財と輸入財とで品質が異なり，国産財は輸入財より価格が高くても品質が優れているので売れるということも起りえます。

がって，社会的余剰は三角形 p^WDB（水色の領域）と三角形 p^WSA（灰色の領域）を合わせた領域の面積に等しくなります。

以上の考察を踏まえて，財の輸入が解禁されると社会の経済的厚生にどのような影響をもたらすかを，再び図 14-8 で見てみましょう。まず，消費者余剰は輸入解禁前の三角形 p^*DE の面積から三角形 p^WDB（水色の領域）の面積に増加します。輸入が自由化され，消費者は以前より低い価格で買えるようになったからです。逆に，生産者余剰は輸入解禁前の三角形 p^*SE の面積から三角形 p^WSA（灰色の領域）の面積に減少します。輸入が自由化され，生産者は以前より低い価格でしか売れなくなったからです。その結果，社会的余剰は「三角形 DSE の面積」から「三角形 p^WDB（水色の領域）と三角形 p^WSA（灰色の領域）を合わせた領域の面積」になり，「三角形 ABE の面積」の分だけ増加します。このように，輸入が自由化されて安い輸入財が入るようになると，生産者余剰は減少するものの，それを凌駕して余りあるほどに消費者余剰が増加するので，結果的に社会的余剰は増加します。逆の見方をすれば，安い輸入財の輸入を禁止すると，生産者余剰は増加するものの，それを凌駕して余りあるほどに消費者余剰が減少するので，結果的に社会的余剰は減少します。要するに，輸入を禁止するような保護貿易政策を行うと社会全体の経済的厚生を損ねることになるわけです。

■ 関税の効果

以上の分析には，ひとつ注意すべき点があります。輸入自由化によって消費者余剰が大幅に増えるのに対し，生産者余剰は減ってしまうということです。このように，自由貿易を推進すると消費者と生産者の利害が対立するようになります。生産者は業界団体などを組織していることが多いので，政府に対して輸入自由化反対の声を上げるかも知れません。そこで，政府が国内の生産者を保護する目的で輸入に対して関税を課すとどうなるかを考えてみましょう。

図 14-9 を見てください。いま，輸入量 1 単位当たり t 円の関税が課せられたとします。このとき，課税後の輸入価格を $p^{W'}$ と表せば $p^{W'} = p^W + t$ となります[8]。消費者は輸入財を価格 $p^{W'}$ で買うことができるため，国内の生産

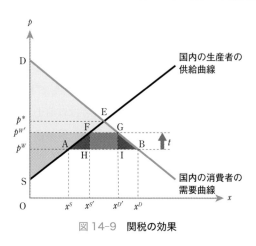

図 14-9　関税の効果

者は生産した財を価格 $p^{W'}$ で売らざるをえません。ゆえに，国内の需要量は $x^{D'}$，国内の生産者による供給量は $x^{S'}$ となります。国内の需要量に比べて国内の生産者による供給量が不足しているので，この国は満たされない需要量である $x^{D'} - x^{S'}$ だけ，すなわち，線分 FG の長さに相当する分だけこの財を輸入することになります。関税が課せられ市場価格が上昇したため，自由貿易の場合に比べて国内需要量は減少し，国内供給量は増加し，その結果輸入量は減少しています。

　課税後の余剰がどうなるかを見てみましょう。消費者余剰は三角形 $p^{W'}$ DG（水色の領域）の面積，生産者余剰は三角形 $p^{W'}$SF（灰色の領域）の面積に等しくなります。また，政府の関税収入は長方形 FHIG（紺色の領域）の面積に等しくなります。なぜなら，線分 FH の長さは輸入量 1 単位当たりの関税 t に等しく，線分 FG の長さは輸入量 $x^{D'} - x^{S'}$ に等しいため，「長方形 FHIG の面積＝輸入量 1 単位当たりの関税×輸入量＝関税収入」となるからです。(14.1) 式より，

8　関税 t は，課税後の輸入価格 $p^{W'}$ が輸入自由化前の均衡価格 p^* を超えない額，すなわち，$p^W + t = p^{W'} < p^*$ を満たす額であるとします。

社会的余剰＝消費者余剰＋生産者余剰＋政府の関税収入

となるので，社会的余剰は「水色の領域の面積＋灰色の領域の面積＋紺色の領域の面積」に等しくなります。

余剰を自由貿易の場合（図 14-8）と比べると，関税が課せられた場合の特徴を次のように整理することができます。

(1) 消費者余剰は自由貿易のときより減少するものの，輸入禁止のとき（三角形 p^*DE の面積）に比べれば増えている。

(2) 生産者余剰は輸入禁止のとき（三角形 p^*SE の面積）より減るものの，自由貿易のときに比べれば増えている。

(3) 自由貿易のときに比べて死重損失が「三角形 AHF（左側の黒色の領域）の面積＋三角形 BIG（右側の黒色の領域）の面積」の分だけ発生しており，その分社会的余剰が減少している。しかし，輸入禁止のときに比べれば社会的余剰が五角形 EFHIG の面積の分だけ増えている。

以上より，次の 2 つの政策的結論が得られます。第一に，輸入禁止の状態に比べると，関税を課すにせよ課さないにせよ，安い輸入財の輸入を解禁した方が社会的余剰の観点からは望ましいということです。第二に，完全な輸入自由化は国内の生産者に対して損害をもたらすが，輸入に対して関税を課すならばその損害を緩和することができるということです。なお，輸入に対して関税を課すだけでも生産者に対する損害を緩和できますが，政府の関税収入を生産者への補償に充てることでさらにその損害を少なくすることができます。たとえば，政府の関税収入のすべてを補助金のような形で生産者への補償に充てるならば，補償後の生産者余剰は図 14-9 の「灰色の領域の面積＋紺色の領域の面積」に等しくなり，輸入禁止のときと比べればなお少ないものの，自由貿易のときに比べればかなり改善することが分かります。

最後に，本節の分析には重大な限定事項があることに言及しておきます。それは，保護貿易政策の本来の効果が考慮されていない点です。先にも説明しましたが，保護貿易は自国の産業を保護・育成することが目的です。多少時間はかかるかも知れませんが，輸入を禁止することにより自国の産業が成

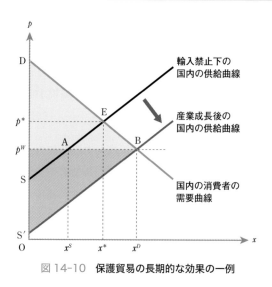

図 14-10　保護貿易の長期的な効果の一例

長すれば，生産が効率的になって国内価格が低下する可能性があります[9]。そうなれば，輸入を自由化する場合よりも社会的余剰が大きくなることさえ起こりえます。一つ例を示しましょう。図 14-10 には，保護貿易（輸入禁止）の結果自国の産業が成長し，国内の供給曲線が黒色の直線から灰色の直線にシフトした様子が描かれています。社会的余剰を比較すると，輸入が禁止されている場合は三角形 DSE の面積であったのに対し，産業成長後には三角形 DS'B の面積へと拡大しています。また，輸入を自由化する場合(図 14-8)と比べて，四角形 ASS'B の面積の分だけ社会的余剰が大きくなっていることが確認できます。この例では，産業成長後には国内価格が p^* から p^W まで下落するので，仮に輸入を自由化したとしても，外国から財を輸入する必要はないでしょう。むしろ，もう少し成長が進めば国内価格が p^W より下がるので，今度は外国に向けて輸出することすら可能になります。ともかく，本節の分析においては，こうした保護貿易本来の効果を抜きにして，短期的な

9　生産が効率的になるということは，同じ生産量をより少ない費用で生産できるようになるということを意味します。その結果，供給曲線は下方にシフトして均衡価格が低くなります。

社会的余剰の大小を比較しているに過ぎないことに注意してください。

14.6　余剰を用いた分析の留意点---------------

　前講と本講では，余剰という概念を用いていくつかの経済政策の効果を分析してきました。これまでの説明から分かるように，余剰は経済的厚生を金銭的価値で測ったものなので，それを用いると政策の効果の比較が容易に行えます。そのため，現実のさまざまな場面において，余剰を用いた分析が政策評価の手法として使われることがあります。

　しかしながら，余剰を用いることには短所もあることを心得ておく必要があります。余剰を用いた分析では金銭的に測れない価値基準は一切考慮されていないという点です。たとえば，農産物の輸入自由化を押し進めれば，確かに社会的余剰は増えるかも知れませんが，国内農業の衰退によって農業にまつわる伝統文化や美しい田園風景などが失われてしまうでしょう。経済的厚生を社会的余剰だけで評価するなら，農業にまつわる伝統文化や美しい田園風景の喪失というような負の側面はまったく無視されてしまうことになります。第 1 講で述べたように，規範的分析を行う際には，何をもって望ましい状態というのかに関する価値判断が必要になります。余剰を用いた分析を行う際には，余剰という尺度が唯一絶対のものではないことを心に留め，金銭的に測れない価値基準にも十分に配慮をしなければなりません。

■ Active Learning

問 1　ある財の需要関数が $x^D = -2p + 2400$ で，供給関数が $x^S = p - 600$ で表されるとする。ただし，x^D は需要量，x^S は供給量，p は価格である。このとき，以下の問いに答えなさい。

(1)　この財の均衡価格と均衡取引量を求めなさい。また，市場均衡における消費者余剰，生産者余剰，社会的余剰を求めなさい。

(2) 生産者に対して生産量 1 単位当たり 300 円の従量税が課せられたとする。課税後の均衡価格と均衡取引量を求めなさい。また，課税後の市場均衡における消費者余剰，生産者余剰，税収入，社会的余剰，死重損失を求めなさい。

(3) 生産者に対して生産量 1 単位当たり 300 円の補助金が交付されたとする。補助金交付後の均衡価格と均衡取引量を求めなさい。また，補助金交付後の市場均衡における消費者余剰，生産者余剰，補助金支出，社会的余剰，死重損失を求めなさい。

問 2　米の需要関数が $x^D = -p + 3600$ で，供給関数が $x^S = 2p$ で表されるとする。ただし，x^D は需要量，x^S は供給量，p は価格である。このとき，以下の問いに答えなさい。

(1) 米の均衡価格と均衡取引量を求めなさい。また，市場均衡における消費者余剰，生産者余剰，社会的余剰を求めなさい。

(2) 政府が生産者米価を 1500 円，消費者米価を 600 円とする二重米価制を行ったとする。このときの市場取引量，消費者余剰，生産者余剰，政府の収入，政府の支出，政府の赤字額，社会的余剰，死重損失を求めなさい。

問 3　ある国におけるある財の国内の消費者の需要関数が $x^D = -p + 1800$ で，国内の生産者の供給関数が $x^S = p$ で表されるとする。ただし，x^D は国内の消費者の需要量，x^S は国内の生産者の供給量，p は価格である。このとき，以下の問いに答えなさい。

(1) この財の貿易取引が許可されていないとする。このとき，均衡価格と均衡取引量を求めなさい。また，市場均衡における消費者余剰，生産者余剰，社会的余剰を求めなさい。

(2) この財の国際価格が 300 円であり，貿易取引が自由化されたとする。このとき，この国が小国であると仮定して，国内の消費者の需要量，国内の生産者の供給量，輸入量を求めなさい。また，そのときの消費者余剰，生産者余剰，社会的余剰を求めなさい。

(3) (2)の状況下で政府が輸入量 1 単位当たり 100 円の関税を課したとする。このとき，国内の消費者の需要量，国内の生産者の供給量，輸入量を求めなさい。また，そのときの消費者余剰，生産者余剰，政府の関税収入，社会的余剰を求めなさい。

第Ⅵ部

市場支配力

　第Ⅴ部までは完全競争市場を分析の対象としてきました。完全競争市場は，需要量と供給量が一致するように価格が調整され，効率的な資源配分が実現するという意味で非常に望ましい機能を有する市場ですが，残念ながら現実にはほとんど存在しません。したがって，現実の市場をよりよく理解するためには，完全競争市場の仮定を緩める必要があります。そのために真っ先に考えられるのは，完全競争市場に関する仮定のうちプライス・テイカーの仮定を緩め，生産者が市場価格をコントロールする力を有する市場を分析することです。第15講では，こうした分析の足掛かりとして独占企業の行動について考えます。独占企業の行動を理解することは，現実に存在するさまざまな不完全競争市場における企業の行動を理解するための重要な礎となります。

第15講
市場支配力と独占

■第14講までは，市場の基本的な機能を明らかにするために，すべての経済主体が市場価格に影響力を及ぼすことができない完全競争市場を対象として分析を進めてきました。本講では，完全競争市場から一歩踏み出し，生産者が市場価格に影響力を及ぼすことができる市場について学びます。とりわけ，完全競争市場の対極にある独占市場を対象として，独占企業がどのように行動するのか，その結果どのような資源配分が実現するのかなどについて考察します。

15.1 市場支配力とその発生要因---------------

第4講で完全競争市場について学びました。完全競争市場とは，消費者および生産者がきわめて多数存在するため，個々の経済主体が市場価格に影響力を持たず，プライス・テイカーとして行動する市場のことでした。しかし，生産者がプライス・テイカーである市場は実際にはきわめてまれであり，たいていは市場価格をある程度コントロールする力を持っています。このような，生産者が自らの生産物の市場価格をコントロールする力のことを市場支配力（market power）といいます。そして，市場支配力を持つ経済主体のことをプライス・メイカー（価格形成者；price maker）あるいはプライス・セッター（価格設定者；price setter）と呼んでいます。

それでは，市場支配力はなぜ生じるのでしょうか。どのような生産者でも自由に参入できるなら市場は完全競争的な状況になるはずなので，市場支配力が生じるためには市場への自由な参入を妨げる何かが存在するはずです。

市場への自由な参入を妨げる要因のことを参入障壁（barriers to entry）と呼びます。参入障壁には以下のようなものがあります。

(1) **希少な資源の占有**　ある産業においてきわめて重要な役割を果たす生産要素を占有する企業は，他の企業の参入を排除して当該産業における市場支配力を行使することができます。南アフリカのデビアス社は次々とダイヤモンド鉱山の買収を重ねることで，19世紀末から20世紀初頭にかけて世界のダイヤモンド生産の9割程度を支配していました。

(2) **技術的な優位性**　技術的な優位性を持っている企業は，他の企業の参入を排除して独占的地位を獲得することができます。1971年に世界ではじめてマイクロプロセッサを開発したアメリカのインテル社は，パソコンの普及を背景に他の企業の追随を許さず，現在でも圧倒的な市場支配力を誇っています。

(3) **制度的な障壁**　トラック運送業をはじめようと思えば「一般貨物自動車運送事業許可」が必要です。酒屋をはじめようと思えば「酒類販売業免許」が必要です。このように，政府の許認可行政が参入障壁となっている業界がたくさんあります。また，特許権や著作権などの知的財産権制度は法的に独占を生み出しています。

(4) **規模の経済**　生産規模が拡大するにつれて平均費用が逓減していくことを規模の経済（economies of scale）といいます。これは，**第9講**で学んだ「規模に関して収穫逓増」が成り立つ状況のことです。規模の経済が大きく働く産業では，最初に参入した企業は，その生産規模が拡大するにつれて平均費用が大幅に下がるので，後発の新規参入企業に対して費用の面で圧倒的な優位性を持つことになります。これが強力な参入障壁となり，自然な成り行きで独占状態が出現することになります。このことから，規模の経済が大きく働くことによって生じる独占のことを自然独占といいます。自然独占は，電力，ガス，水道，鉄道，電気通信など巨大な固定費用

が必要となる産業において生じます。巨大な固定費用が必要となる産業では規模の経済が大きく働くからです。電力業なら発電所の建設や送電線の敷設などに、都市ガス業ならガス製造所の建設やガス管の敷設などに、水道業なら浄水場の建設や水道管の敷設などに、鉄道業なら駅舎の建設や線路の敷設などに、電気通信業なら基地局の建設や通信回線の敷設などに、それぞれ莫大な固定費用がかかります。自然独占については **15.8 節**で詳しく学びます。

⑸　**ネットワーク効果**　　財・サービスにはネットワークの特性を持つものがあります。パソコンの文書作成ソフトを例として考えましょう。自分で作成した文書ファイルを自分で保管しているだけなら何も困りませんが、他の人とファイルをやり取りする場合にはその互換性が問題になります。つまり、他の人と文書ファイルのやり取りをするには、その人と同じソフトで作成されたものでなければなりません。このように、同じソフトを媒介にしてファイル交換のネットワークが形成されていきます。そして、同じソフトの利用者数が増えれば増えるほどネットワークが拡大していき、そのソフトから得られる便益が増大することになります。同じ財の消費者が増えれば増えるほど、その財から得られる便益が増大するというこの特性をネットワーク効果（network effect）あるいはネットワーク外部性（network externality）といいます。こうした効果を持つ財の市場において、ある企業が多くの消費者をネットワークの中に囲い込むと、他の企業にとってそれはしばしば大きな参入障壁となります。マイクロソフト社の文書作成ソフト **Word** が圧倒的な市場シェアを誇っているのは、このネットワーク効果によるものです。

⑹　**製品差別化**　　製品差別化（product differentiation）とは、品質、機能、デザイン、ブランド、付帯サービスといった価格以外の点で、他社の競合する財と異なる特徴を持たせることを意味します。たとえば、ノートパソコンは、登載されているオペレーティング・システム、ディスプレイの大きさ、CPU の性能、メモリの容量、記憶媒体の容量、デザインなどさまざ

まな仕様を有するので，かなり複雑に製品差別化がなされています。それゆえ，消費者にとっては，仕様が異なるノートパソコンは完全な代替財ではありません。完全な代替財でなければ，あるメーカーがライバル・メーカーより若干高い価格をつけたとしても，そのメーカーの仕様を好む消費者がある程度存在する限り，売上をすべてライバルに奪われることにはなりません。このように，製品差別化も市場支配力の発生要因となります。

15.2 　市場の分類

　現実の経済にはさまざまな市場が存在します。生鮮食料品市場のように多数の生産者が互いに鎬を削って競争しているような市場もあれば，携帯電話キャリア市場のように少数の生産者が互いに協調してあまり競争していないような市場もあります。このような市場の構造は参入障壁の形態や程度などさまざまな要素によって決まります。

　いま，市場には多数の消費者が存在するものとしましょう。このとき，重要な役割を果たす次の2つの要素に着目してみましょう。

●市場に存在する生産者の数
●市場に供給される財が同質か製品差別化されているか

これらに基づいて市場を分類すると表 15-1 のようになります。単独の生産者のみが財の供給をしている市場の状態を独占（monopoly）といいます[1]。たとえば，スマートフォンやタブレット端末が最初に発売されてからしばらくの間，アップル社はそれらの市場を独占していました。少数の生産者のみが財の供給をしている市場の状態を寡占（oligopoly）といいます[2]。寡占市場の

---

[1]　これに対して，多数の生産者が財を供給し買い手が単独である状態を買手独占（monopsony）といいます。買手独占では単独の買い手が市場支配力を有します。ただし，ここでいう買い手は消費者ではなく，生産要素として財を購入する企業を想定しています。

[2]　これに対して，多数の生産者が財を供給し買い手が少数である状態を買手寡占（oligopsony）といいます。買手寡占では少数の買い手が市場支配力を有します。ただし，ここでいう買い手は（脚注1と同様に）消費者ではなく，生産要素として財を購入する企業を想定しています。

表15-1　**市場の分類**

製品差別化 ＼ 生産者の数	単　独	少　数	多　数
な　し	独占市場	寡占市場	完全競争市場
あ　り			独占的競争市場

例として，ビール市場，携帯電話キャリア市場，自動車市場，家電市場など，数多くの市場を挙げることができます[3]。独占市場や寡占市場において生産者の数が少ないのは，何らかの参入障壁が存在するからです。

　これらに対して，生産者が多数存在する市場には完全競争市場と独占的競争市場の2つがあります。**第4講**に登場した完全競争市場は，参入障壁が何ら存在しないため多数の生産者が存在しており，すべての生産者が製品差別化されていない同質の財を販売している市場です。この市場では，情報の完全性により，他の生産者より少しでも高い価格をつけるとまったく売れないため，どの生産者も市場価格に従わざるをえないことになります。厳密な意味での完全競争市場は世の中に存在しませんが，完全競争市場に比較的近いと考えられる例として，野菜や鮮魚などを取引する生鮮食料品市場や，短期資金（返済期限が1年未満）の貸し借りをする短期金融市場などが挙げられます。独占的競争（monopolistic competition）とは，多数の生産者が製品差別化された財を販売している状態です。この市場では財が製品差別化されているので，個々の生産者は自分の財を独占的に供給していることになり，市場支配力が生じます。なぜなら，複数の選択肢に直面した消費者は多少高くても自分の好みに合うものを選ぶことがあるからです。しかし，独占的競争市場には高い参入障壁があるわけではないので，同類の財を供給する競争相手

3　ビール市場ではアサヒ，キリン，サントリー3社のビール系飲料販売額のシェア合計はおよそ87%（2017年），携帯電話キャリア市場ではNTTドコモ，KDDI，ソフトバンク3社の売上高のシェア合計はほぼ100%（2017年），自動車市場ではトヨタ，日産，ホンダの新車登録台数のシェア合計はおよそ69%（2017年），家電市場では日立製作所，パナソニック，東芝3社の洗濯機販売額のシェア合計は77%（2015年）となっています。

は多数存在することになります。独占的競争市場の例として，外食市場（ラーメン店，そば・うどん店，喫茶店など），書籍市場，ブランド品市場，ホテルサービス市場など，数多の市場を挙げることができます。

第4講でも説明したとおり，完全競争市場と対比させて，独占市場，寡占市場，独占的競争市場のことをまとめて不完全競争市場といいます。本講の残りの部分では，完全競争市場の対極にある独占市場についてのみ分析を行います。寡占市場や独占的競争市場については巻末に紹介する中級のミクロ経済学の教科書や産業組織論の教科書を参照してください。

15.3 独占企業の限界収入[4]

独占企業の供給行動を考えるにあたり，まずは独占企業がプライス・メイカーであるということが何を意味するのかについて考えましょう。

第12講の**12.1節**で説明したように，完全競争市場においては個々の生産者は水平な需要曲線に直面しており，その水平な需要曲線が示す市場価格のもとでいくらでも財を販売することができました。そのため，完全競争市場では限界収入 $MR(y)$ は生産量 y とは無関係に市場価格 p に等しくなる，すなわち，$MR(y) = p$ となるのでした。個々の生産者が直面する需要曲線が水平であることは，市場全体の生産量が個々の生産者の生産量に比べて圧倒的に多いことに起因しています。これに対して，独占市場では生産者が1社しか存在しないため，独占企業の生産量が市場全体の生産量に等しくなります。したがって，独占企業は右下がりの市場需要曲線に直面するわけです。その結果，独占企業が生産量を変更すれば，市場需要曲線に沿って市場価格が変化することになります。この状況を示したのが図15-1です。独占企業が生産量（＝市場全体の生産量）を y_1 から y_2 に増やすと，市場需要曲線に沿って市場価格が p_1 から p_2 に下がります。このように，独占企業は，自らの生産量を変化させると市場価格を変化させることができるため，市場支配力を持つプライス・メイカーであるといえます。

4　本節の議論は，独占企業のみならず市場支配力を有する生産者すべてに対してあてはまります。

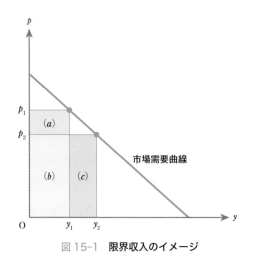

図 15-1　限界収入のイメージ

　ここで，利潤最大化を考える際に重要な役割を果たす限界収入について考えます。独占企業の限界収入はどのように表せるのでしょうか。図 15-1 に基づいて限界収入を直観的に理解してみましょう。いま，独占企業の生産量を y_1 とすれば価格は p_1 になるので，収入 $p_1 \times y_1$ は領域 (a) および (b) の面積の和 $a+b$ に等しくなります。生産量を y_2 に増やすと価格は p_2 に下がるので，収入 $p_2 \times y_2$ は領域 (b) および (c) の面積の和 $b+c$ に等しくなります。したがって，生産量を y_1 から y_2 に増加させたときの収入の増加分，すなわち限界収入は

$$p_2 \times y_2 - p_1 \times y_1 = (b+c) - (a+b)$$
$$= c - a$$

となり，$c-a$ に等しいことが分かります。

　続いて，限界収入を数式で表してみましょう。価格を p，生産量を y とすれば，生産者の収入 R は，

$$R = p \cdot y$$

と書くことができます。なお，**第12講**の**12.1節**でも述べたように，本書では話をできるだけ単純にするため，生産された生産物はすべて市場に供給され販売されると仮定します。したがって，独占企業にとって生産量 y は市場全体の需要量と等しいことに注意してください。ここで，**第3講**の**3.4節**で（3.3）式から（3.4）式を導出したのと同じ手順に従えば，

$$\Delta R = \Delta p \cdot y + p \cdot \Delta y$$

が得られます。この式の両辺を Δy で割ると，

$$
\begin{aligned}
\frac{\Delta R}{\Delta y} &= p + y \cdot \frac{\Delta p}{\Delta y} \\
&= p\left(1 + \frac{y}{p} \cdot \frac{\Delta p}{\Delta y}\right) \\
&= p\left(1 - \frac{1}{\varepsilon_p^D}\right)
\end{aligned}
\tag{15.1}
$$

となります。ただし，生産量 y が市場需要量と等しいことから，**第3講**の（3.2）式より需要の価格弾力性は

$$\varepsilon_p^D = -\frac{\dfrac{\Delta y}{y}}{\dfrac{\Delta p}{p}} = -\frac{p}{y} \cdot \frac{\Delta y}{\Delta p}$$

と書き表せることに注意してください。（15.1）式の左辺 $\Delta R/\Delta y$ は，生産量を追加的に1単位増やしたときに得られる収入の増加分，すなわち，限界収入を表しています[5]。右辺の価格 p は生産量 y に応じて決まるので，生産量 y の関数と見なして $p(y)$ と書くことにしましょう。この $p(y)$ は市場需要曲線を表しています。また，生産量 y が変化すると価格 p も変化することから，右辺の需要の価格弾力性 ε_p^D も生産量 y に応じて決まるので，やはり生産量 y の関数と見なして $\varepsilon_p^D(y)$ と書くことにしましょう。結局のところ，（15.1）式

---

[5] $\Delta R/\Delta y$ は直観的な定義に基づいた限界収入です。厳密には，生産量の増加分 Δy を限りなく 0 に近づけたときの $\Delta R/\Delta y$ の値，すなわち，$\lim_{\Delta y \to 0} \Delta R/\Delta y$ が限界収入と定義されます。

の右辺は生産量 y に応じて決まるので，左辺の限界収入 $\Delta R/\Delta y$ も生産量 y の関数と見なして $MR(y)$ と書くことにします。そうすれば，生産量が y のときの限界収入は

$$MR(y) = p(y)\left(1 - \frac{1}{\varepsilon_p^D(y)}\right) \tag{15.2}$$

と書き改めることができます。

　上の（15.2）式右辺の $1 - 1/\varepsilon_p^D(y)$ の項を見れば分かるように，限界収入の値は，需要の価格弾力性 $\varepsilon_p^D(y)$ が 1 より大きいときにはプラス，小さいときにはマイナスになることに注意してください。このことから，需要の価格弾力性の値に応じて，生産量と収入の関係を次のようにまとめることができます。

(1)　需要が非弾力的（$\varepsilon_p^D(y) < 1$）である場合には，限界収入がマイナスなので，生産量が増加（減少）すれば収入は減少（増加）する。

(2)　需要が弾力的（$\varepsilon_p^D(y) > 1$）である場合には，限界収入がプラスなので，生産量が増加（減少）すれば収入は増加（減少）する。

これに関連して，**第 3 講**の **3.4 節**での価格と生産者の収入に関する議論を思い出してください。明言しませんでしたが，そこでの議論では右下がりの需要曲線を想定していたので，実は市場支配力を有する生産者に関する説明だったわけです。**3.4 節**で得られた結論は次のようにまとめられました。

(1′)　需要が非弾力的（$\varepsilon_p^D(y) < 1$）である場合には，価格が下（上）がれば収入は減少（増加）する。

(2′)　需要が弾力的（$\varepsilon_p^D(y) > 1$）である場合には，価格が下（上）がれば収入は増加（減少）する。

命題 (1), (2) および (1′), (2′) は，市場支配力を有する生産者の収入がどのように変化するかということについて，生産量に着目するか（(1), (2)），あるいは価格に着目するか（(1′), (2′)）により記述し分けたものであり，コインの裏表のような関係になっています。独占企業が生産量を決めればそれに応じて需要曲線上で価格が決まるので，独占企業の供給行動は需要曲線上のある点

を選択することに他なりません。生産量を増加させれば市場価格は下がり，生産量を減少させれば市場価格は上がるわけですから，結局のところこれらの命題はまったく同じことを主張しているのです。

15.4 独占企業の利潤最大化行動--------------

本節では独占企業の利潤最大化行動について考察しましょう。議論の前提として，第10講で考察した費用最小化が行われているものとします。また，議論をなるべく簡単にするため，独占企業が直面する市場需要曲線は右下がりの直線で表されるものとします。

■ 独占企業の利潤最大化の条件

第12講の12.1節で学んだとおり，どのような市場においても，生産者が利潤を最大にするためには「限界収入＝限界費用」が成り立つような生産量を選ばなければなりません。したがって，独占企業が利潤を最大にするためには $MR(y) = MC(y)$ が成り立つような生産量を選びます。(15.2) 式を用いれば，この条件は

$$p(y)\left(1 - \frac{1}{\varepsilon_p^D(y)}\right) = MC(y) \tag{15.3}$$

と書き直すことができます。これが独占企業の利潤最大化の条件です。以下で，生産量 y が増加すると限界費用 $MC(y)$ が逓増する場合についてこのことを確かめてみましょう[6]。

まず，(15.3) 式の左辺の限界収入は生産量 y が増えるとどのように変化するかを考えます。市場需要曲線は右下がりなので，生産量 y が増えると左辺の $p(y)$ は小さくなります。また，第3講の3.1節で学んだように，需要曲線が直線である場合には生産量 y が増えると需要の価格弾力性 $\varepsilon_p^D(y)$ は小

6　第12講の図12-2において，たとえ限界収入と限界費用が一致したとしても限界費用が逓減する点Bでは利潤が最大になっていないことを説明しました。U字型の限界費用曲線を使って分析する場合には，限界費用が逓減する点はまったく同じ理由で利潤最大化点の候補から除外されます。

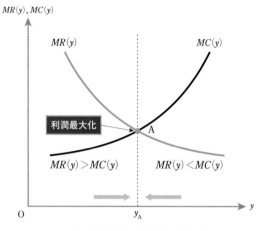

図 15-2　独占企業の利潤最大化の条件

さくなるので，左辺の括弧内の項も小さくなります。これら2つの効果により，左辺の限界収入は生産量 y が増えると減少するということが分かります。これに対して，右辺の限界費用は生産量 y が増えると増加します。生産量 y の増加に伴って逓減する限界収入曲線 $MR(y)$ と逓増する限界費用曲線 $MC(y)$ を描いたのが図 15-2 です。独占企業の利潤が最大化されるのは，限界収入曲線と限界費用曲線が交差する点 A に対応する生産量 y_A においてです。なぜなら，**第12講の 12.1 節**でも説明したように，生産量が y_A より少ないときには $MR(y) > MC(y)$ であり，追加的に1単位生産量を増やしたときの収入の増加分が総費用の増加分より大きいため，増産すると利潤が増加します。逆に，生産量が y_A より多いときには $MR(y) < MC(y)$ であり，追加的に1単位生産量を増やしたときの収入の増加分より総費用の増加分の方が大きいため，増産すると利潤がかえって減少します（裏を返せば，減産すると利潤が増えます）。したがって，独占企業の利潤は生産量 y_A を選ぶことにより最大化されるのです。

　なお，ここで重要な補足をしておきます。独占企業の利潤最大化の条件式（15.3）の右辺の限界費用は通常プラスの値です。したがって，利潤が最大

化されているなら左辺の限界収入もプラスの値であるはずです。限界収入が
プラスであるためには，需要の価格弾力性$\varepsilon_p^D(y)$が1より大きくなければな
らないことに注意してください。つまり，独占企業が利潤最大化をするため
には，需要の価格弾力性$\varepsilon_p^D(y)$が1より大きくなるような生産量を選ばなけ
ればならないということです。もし需要の価格弾力性$\varepsilon_p^D(y)$が1より小さけ
れば，限界収入がマイナスの値になります。限界収入がマイナスということ
は，生産量を追加的に1単位増やすと収入が減ります。これに対して，限界
費用は通常プラスの値なので，生産量を追加的に1単位増やすと総費用が増
えるため，結果として利潤が減ってしまいます。したがって，需要の価格弾
力性$\varepsilon_p^D(y)$が1より小さい場合には，独占企業は生産量を減らして価格弾力
性$\varepsilon_p^D(y)$が1より大きくなるような生産量を探すことになります。たとえば，
市場需要曲線が**第3講**の図3-5で表されるようなケースでは，点Hの生産
量より多く生産すると限界収入がマイナスとなるため，独占企業は原点O
から点Hの生産量までの中で最適な生産量を探すことになります。

15.5　独占企業の供給行動の図解

　これまで考察してきた独占企業の供給行動を図解してみましょう。ただし，
独占企業が直面する市場需要曲線は，

$$p(y) = a - by \tag{15.4}$$

という一次関数（直線）で表されるとします。これに基づいて限界収入を計
算してみましょう。そのために，**第3講**の（3.2）式を用いて需要の価格弾
力性を求めると

$$\varepsilon_p^D(y) = \frac{p(y)}{y} \cdot \frac{1}{\left(-\dfrac{\Delta p(y)}{\Delta y}\right)}$$

$$= \frac{p(y)}{y} \cdot \frac{1}{b}$$

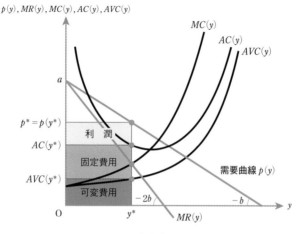

図15-3　独占企業の供給行動

となります。ただし，独占企業の生産量 y は市場需要量に等しいこと，および（15.4）式から $-\Delta p(y)/\Delta y = b$ となることに留意してください。この式と（15.4）式を（15.2）式に代入すると，

$$
\begin{aligned}
MR(y) &= p(y)\left(1 - \frac{1}{\varepsilon_p^D(y)}\right) \\
&= p(y) - \frac{p(y)}{\varepsilon_p^D(y)} \\
&= p(y) - by \\
&= a - 2by
\end{aligned}
\tag{15.5}
$$

が得られます。（15.4）式で表される需要曲線 $p(y)$ と（15.5）式で表される限界収入曲線 $MR(y)$ のグラフを描くと，図15-3の青色の直線のようになります。一般に，需要曲線が直線の場合には，この図のように限界収入曲線は需要曲線と縦軸切片が同じで，傾きが2倍になることが知られています。

　図15-3には，独占企業の限界費用曲線 $MC(y)$，平均費用曲線 $AC(y)$，平均可変費用曲線 $AVC(y)$ も描き加えられています[7]。このとき，利潤最大化の

7　ここでの図解では限界費用曲線がU字型であることは本質的な役割を果たさないので，図を

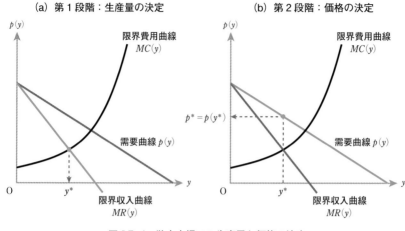

(a) 第1段階：生産量の決定　　　(b) 第2段階：価格の決定

図15-4　独占市場での生産量と価格の決定

条件に基づいて，独占企業は $MR(y^*) = MC(y^*)$ となる生産量 y^* を生産する
ことになります（ただし，$MR(y^*)$ と $MC(y^*)$ はそれぞれ，変数 y がある値 y^* を
とったとき，つまり $y = y^*$ のときの関数 $MR(y)$ と $MC(y)$ の値を意味します）。そし
て，市場に生産量 y^* が供給されると，それらがすべて需要され尽くすよう
に需要曲線に応じて市場価格が $p^* = p(y^*)$ に決まるわけです。生産量 y^* は
市場の需要量と等しいので，この y^* が独占市場の均衡取引量，p^* が均衡価
格ということになります。生産量が y^* であるときの独占企業の収支の内訳
を**第12講**の図 12-9 と同様に示してあるので，読者の皆さんは自ら確認し
てください。なお，独占市場で成立する価格を独占価格（monopoly price），
独占企業が得る利潤を独占利潤（monopoly profit）といいます。

　ここで，復習を兼ねて，完全競争市場と独占市場とで生産者の供給行動が
どのように異なるかを比較してみましょう。**第12講**の図 12-1 を見てくだ
さい。完全競争市場では生産者は市場価格の値で水平になっている需要曲線
に直面しているため，限界収入は市場価格そのものです。この下で，生産者
は利潤が最大になるように $p^* = MC(y^*)$ となる生産量 y^* を生産し，それを

見やすくするという観点から，限界費用曲線が逓増型である場合についてのみ考えます。

市場に供給するのでした。これに対して，独占企業の供給行動をまとめたものが図 15-4 です。独占市場では生産者は右下がりの市場需要曲線に直面しており，生産量 y を変えると市場価格 $p(y)$ がどのように変化し，その結果限界収入 $MR(y)$ がどのように変化するかを把握しています。この下で，まず独占企業は利潤が最大になるように $MR(y^*) = MC(y^*)$ となる生産量 y^* を生産します（図 15-4 (a)）。そして，生産量 y^* を市場に供給すると，それがすべて需要され尽くすような水準 $p^* = p(y^*)$ に価格が決まるというわけです（図 15-4 (b)）。

15.6　独占の非効率性-----------------------------

完全競争市場と比べると，独占市場では資源配分が非効率的になります。本節ではこのことについて考察します。

まず，図 15-5 を見てください。独占企業は $MR(y_m) = MC(y_m)$ となる生産量 y_m を生産しており，市場価格は独占価格 $p_m = p(y_m)$ となっています。ここで，独占市場と完全競争市場を比較するために，独占企業があたかも完全競争市場で操業しているようにプライス・テイカーとして行動したら，価格や取引量がどのような水準になるかを考えてみましょう。つまり，市場価格と限界費用が一致するように独占企業が生産量を決定したらどうなるかを考えてみようというわけです。この場合，需要曲線 $p(y)$ と限界費用曲線 $MC(y)$ の交点で市場均衡が成り立ちます。このときの均衡価格を p_{MC}，均衡取引量を y_{MC} と表せば，$p_{MC} = p(y_{MC}) = MC(y_{MC})$ が成り立ちます。図から明らかなように，$p_m > p_{MC}$ および $y_m < y_{MC}$ となっています。つまり，独占価格は完全競争市場の均衡価格より高く，独占市場の均衡取引量は完全競争市場の均衡取引量より少なくなっています。この事実が，独占市場の非効率性を端的に表しています。引き続き，余剰を用いて考察してみましょう。

独占企業があたかも完全競争市場で操業しているように行動したなら，均衡価格は p_{MC}，均衡取引量は y_{MC} となるので，消費者余剰は図 15-6 の水色の領域の面積で，生産者余剰は灰色の領域の面積で表されます。しかし，実

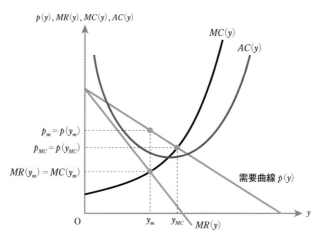

図 15-5　独占価格と独占企業の供給量

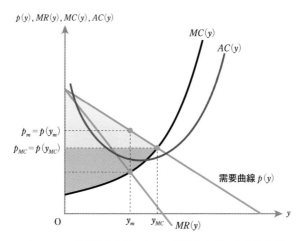

図 15-6　完全競争市場における消費者余剰と生産者余剰

際には独占市場であるので，均衡価格は p_m，均衡取引量は y_m であり，消費者余剰は図 15-7 の水色の領域の面積で，生産者余剰は灰色の領域の面積で表されます。これらの図から，独占市場における余剰を完全競争市場と比較すると次のようなことがいえます。

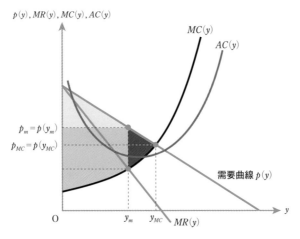

図 15-7　独占市場における消費者余剰と生産者余剰

(1) 生産者余剰は大きくなるが，消費者余剰は小さくなる。

(2) 過少生産のため死重損失（図15-7の黒色の領域の面積）が発生し，社会的余剰は小さくなる。

完全競争市場における生産者余剰はすべての生産者の余剰の総和ですが，独占市場における生産者余剰は独占企業単独の余剰です。しかも，独占市場の生産者余剰は完全競争市場に比べて大きいため，独占によって莫大な利潤が得られることが分かります。これに対して，完全競争市場に比べて独占市場における消費者余剰は小さくなり，結果として総余剰も小さくなります。完全競争市場と比べた場合の独占市場の問題点の一つは，生産者余剰が大きくなるのに対して消費者余剰が小さくなるという分配上の不公平が生じることです。独占市場のもう一つの問題点は，社会的余剰の損失が生じるため資源配分が非効率になることです。

　市場支配力と価格差別------------------

これまでの議論から明らかなように，独占企業が供給する財の価格は限界費用を上回ります。それに対して，完全競争市場で供給される財の価格は限界費用に等しくなります。本節では，独占市場の価格は完全競争市場の価格に比べてどれだけ上回るか，そしてなぜそのようなことが可能になるのかについて考えましょう[8]。

■ 独占価格の性質

独占価格は，独占企業が利潤最大化のため $MR(y) = MC(y)$ が成り立つような生産量 y を生産することによって決まります。独占企業の利潤最大化の条件式 (15.3) の両辺を $(1 - 1/\varepsilon_p^D(y))$ で割ると以下のようになります。

$$p(y) = \cfrac{1}{1 - \cfrac{1}{\varepsilon_p^D(y)}} MC(y)$$

$$= \frac{\varepsilon_p^D(y)}{\varepsilon_p^D(y) - 1} MC(y) \tag{15.6}$$

この式を見ると独占価格の性質が分かります。**15.4 節**で説明したように，利潤最大化を目指す独占企業は需要の価格弾力性 $\varepsilon_p^D(y)$ が 1 より大きくなるように操業します。そのため，(15.6) 式の右辺の分数は正の値であり，しかも「分子＞分母」が成り立つので，分数の値は 1 より大きくなります。つまり，独占価格は完全競争市場の価格 $p = MC(y)$ より高い値になります。完全競争市場では生産者は $p = MC(y)$ となるような生産量を選ばざるをえません。これに対して，独占市場では独占企業は $MR(y) = MC(y)$ となるような生産量を選ぶことによって，市場価格を限界費用 $MC(y)$ より高くなるようにすることが可能になります。このような生産者の能力が市場支配力に他な

8　本節で展開する議論は，独占市場についてだけでなく，生産者が市場支配力を有する他の市場，すなわち，寡占市場や独占的競争市場についてもあてはまります。

りません。

■独占度

　ここで，市場の独占の程度，すなわち，独占度（degree of monopoly）を測る指標を紹介しておきましょう。最も代表的なのはラーナー指標（Lerner index）と呼ばれるものです。これを L で表せば，

$$L = \frac{p - MC(y)}{p} \qquad (15.7)$$

と定義されます。ラーナー指標は，市場価格 p が限界費用 $MC(y)$ から乖離する度合を測るものです。この式に独占企業の利潤最大化の条件式（15.3）を代入すれば，

$$L = \frac{p - MC(y)}{p} = \frac{p - p\left(1 - \dfrac{1}{\varepsilon_p^D(y)}\right)}{p} = \frac{\dfrac{p}{\varepsilon_p^D(y)}}{p}$$

$$= \frac{1}{\varepsilon_p^D(y)} \qquad (15.8)$$

が得られます。つまり，独占価格が限界費用を上回る程度は需要の価格弾力性の逆数に等しいことになります。完全競争市場のように個別の生産者が直面する需要曲線が水平線であれば，需要の価格弾力性 $\varepsilon_p^D(y)$ は無限大となります（**第3講**の図3-2を思い出してください）。このとき，（15.8）式の最後の $1/\varepsilon_p^D(y)$ がゼロになるので独占度 L もゼロになり，（15.7）式より $p = MC(y)$ が成り立ちます。これに対して，独占市場においては独占企業が直面する需要曲線は右下がりなので，需要の価格弾力性 $\varepsilon_p^D(y)$ は有限の値となります。そして，需要の価格弾力性 $\varepsilon_p^D(y)$ が小さければ小さいほど，（15.8）式の最後の $1/\varepsilon_p^D(y)$ が大きくなるので独占度 L も大きくなり，（15.7）式より価格 p は限界費用 $MC(y)$ を超えて大きくなることが分かります。**第3講の3.2節**で学んだように，ある財の需要の価格弾力性は，その財に対する密接な代替財が存在しないときには小さくなります。このような財が独占的に供給される場合，独占企業は限界費用を大きく超える水準に価格をつり上げることが

可能となり，独占度が大きくなるわけです。ただし，**15.4 節**で説明したように，独占企業は需要の価格弾力性が 1 より大きい状態で操業します。このことを併せて考えれば，独占企業が直面する需要の価格弾力性が 1 より大きい値で，しかも 1 に近ければ近いほど独占度は大きくなるという結論が得られます。

■ 市場細分化による価格差別

これまでは，市場支配力を有する生産者がすべての消費者に対して同一の価格を提示することを考えてきました。しかし，同一の財であっても消費者によって異なる価格で販売することがよくあります。たとえば，映画館の入場料金には社会人に対する「一般料金」と学生に対する「学生割引料金」が設定されています。また，自動販売機の飲料の価格はホテル内に設置されている場合と街中に設置されている場合とでは異なります。このように，同一の財・サービスを複数の異なる価格で販売することを価格差別（price discrimination）といいます[9]。

どのように価格差別が行われるのかを理解するのに役立つのが市場細分化という概念です。消費者にはさまざまな人がおり，好みも十人十色です。こうした消費者をある特定の属性（性別，所得階層，年齢層，地域，購入時間帯，過去の購買行動など）を基準にしていくつかのグループに分けることを市場細分化（market segmentation）といいます。これは，企業がさまざまなマーケティング戦略を展開する上でよく用いられる重要な概念です。市場をどのように細分化するかは企業の戦略によって異なりますが，価格差別を行う際に重要な点は，需要の価格弾力性が近い消費者どうしが同じグループに分類されるよう工夫することです。それでは，なぜ需要の価格弾力性が重要なのでしょうか。**第 3 講**の図 3-7 を見てください。この図では，左側の (a) のように需要の価格弾力性が小さい場合には高い価格を提示すると収入が大きくなり，右側の (b) のように需要の価格弾力性が大きい場合には低い価格を提示すると収入が大きくなるのでした。(a) と (b) が異なる消費者グルー

9　本節で展開する価格差別の議論は，独占市場についてだけでなく，生産者が市場支配力を有する他の市場，すなわち，寡占市場や独占的競争市場についてもあてはまります。

プに対応していると考えれば，それぞれのグループに対して異なる価格を提示するのが得策であると理解することができます。これが，価格差別の基本的な考え方です。

　需要の価格弾力性に基づく市場細分化を具体的に考えてみましょう。映画館の例でいえば，消費者を「社会人」であるか「学生」であるかに着目して市場を細分化しています。社会人は所得が相対的に高いので，観たい映画があったら入場料が少し高くてもあまり気にせず映画館に出かけます。ですから，社会人の映画鑑賞に対する需要の価格弾力性は小さいでしょう。それに対して，学生は相対的に所得が低いので，観たい映画があっても入場料が高ければ映画館に行くのを控えます。ですから，学生の映画鑑賞に対する需要の価格弾力性は大きいでしょう。また，自動販売機の飲料の例でいえば，「ホテルの宿泊客」であるか「街中を行き交う人々」であるかに着目して市場を細分化しています。夕食を済ませてホテルの部屋に戻りシャワーを浴びた宿泊客にとって，のどが渇いたからといって飲料を買うためにホテルの外に再び出かけることは億劫なので，ホテル内の自動販売機が割高であっても飲料を買います。ですから，ホテルの宿泊客の飲料に対する需要の価格弾力性は小さいでしょう。それに対して，街中を行き交う人々にとっては飲料を買える所はいくらでもあるので，もし割高な自動販売機があったら他の所で飲料を買います。ですから，街中を行き交う人々の飲料に対する需要の価格弾力性は大きいでしょう。

　このように消費者を需要の価格弾力性の小さいグループと大きいグループとに分けることができるなら，市場支配力を有する生産者はそれぞれのグループに対してどのような価格を提示すればよいのでしょうか。図 15-8 を見てください。左側の (a) は価格弾力性の小さい消費者グループ（これをグループ A とします），右側の (b) は価格弾力性の大きい消費者グループ（これをグループ B とします）に相当します。映画館の例なら社会人はグループ A，学生はグループ B に相当します。自動販売機の例ならホテルの宿泊客はグループ A，街中を行き交う人々はグループ B に相当します。グループ A と B とでは需要曲線が異なるので，限界収入曲線 $MR(y)$ も異なります。話を単純化するため，限界費用と平均費用は生産量に依存せず一定であり，両

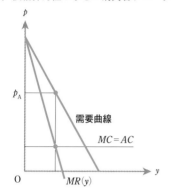

(a) 価格弾力性が小さい消費者グループ A

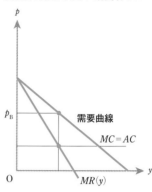

(b) 価格弾力性が大きい消費者グループ B

図15-8 市場細分化による価格差別

グループに対して同じ値であるとしましょう[10]。ちなみに，映画館の限界費用（つまり，観客が1人増えた場合の総費用の増加分）は観客が社会人であっても学生であっても同じ値です。また，自動販売機の飲料の限界費用はホテル内であっても街中であっても同じ値です。図15-8では限界費用曲線と平均費用曲線はグループAとBとで同じ水平線によって表されています。このとき，上で学んだように，市場支配力を有する生産者が利潤を最大にするためには $MR(y) = MC(y)$ が成り立つような生産量 y を生産し，それがすべて需要されるような価格を提示するべきです。つまり，両方のグループに対して同一の価格を提示するのではなく，需要の価格弾力性の小さいグループAに対しては相対的に高い価格 p_A を，需要の価格弾力性の大きいグループBに対しては相対的に低い価格 p_B を提示することで利潤が最大になります。かくして，市場支配力を有する生産者は市場を細分化し価格差別を行うことで，より高い利潤を得られるようになることが明らかになりました[11]。

---

10 別の言い方をすれば，総費用曲線が原点から出発する右上がりの直線である場合を想定するということです。

11 生産者が価格差別を行うことのできる前提条件として，消費者間での転売が不可能でなければなりません。そうでなければ，安い価格で大量に購入した消費者が，生産者の提示する高い価格より少しだけ低い価格で転売できるので，価格差別が成り立たなくなります。

なお，図15-8で説明したことは数式を用いると簡単に示すことができます。市場支配力を有する生産者の利潤最大化の条件式（15.3）をグループAとBに適用してみましょう。グループAとBの需要の価格弾力性をそれぞれε_Aおよびε_B，同じ値の限界費用をMCと表せば，各グループに関する利潤最大化条件は

$$p_A\left(1-\frac{1}{\varepsilon_A}\right)=MC$$

$$p_B\left(1-\frac{1}{\varepsilon_B}\right)=MC$$

となります。これらよりMCを消去すれば

$$p_A\left(1-\frac{1}{\varepsilon_A}\right)=p_B\left(1-\frac{1}{\varepsilon_B}\right) \tag{15.9}$$

が得られます。ここで，グループAとBの需要の価格弾力性の大小関係が$\varepsilon_A<\varepsilon_B$であるなら，

$$\left(1-\frac{1}{\varepsilon_A}\right)<\left(1-\frac{1}{\varepsilon_B}\right)$$

となるので，（15.9）式より$p_A>p_B$となることが分かります。たとえば，$\varepsilon_A=4$，$\varepsilon_B=5$であるなら，$(1-1/\varepsilon_A)=0.75$，$(1-1/\varepsilon_B)=0.8$となるので，（15.9）式は$0.75p_A=0.8p_B$となります。したがって，この等式が成り立つためには$p_A>p_B$でなければなりません。

　これまで消費者を2つのグループに分ける場合を考えてきましたが，さらに多くのグループに分けるならば生産者はさらに利潤を高めることができます。極限的なケースとして，消費者を1人ずつから成るグループに分けてそれぞれに異なる価格を提示することを考えてみましょう。たとえば，**第13講**の図13-1から図13-3で扱った例を思い出してください。この例では，生産者がすべての消費者に対して一律に550円という価格を提示すると，図13-3における水色の領域の面積に相当する分だけ消費者余剰が発生します。これに対して，生産者がすべての消費者の支払許容額を把握しており，消費者1に対して1000円，消費者2に対して900円，…というように，各消費者の支払許容額に等しい価格を提示するとしましょう。このとき，消費者余

剰は明らかにゼロになります。では，消えた消費者余剰はどこへ行ってしまうのでしょうか。消えた消費者余剰はすべて生産者余剰として吸収されるのです。そのため，生産者は理論上最大の利潤を得ることになります。このように市場細分化を極限まで行った価格差別を完全価格差別（perfect price discrimination）といいます。

■ 自己選択による価格差別

市場細分化による価格差別を行うには，生産者は消費者をグループ分けするのに必要な情報をあらかじめ持っていなければなりません。しかし，そのような情報を持っていない場合でも，自己選択（self-selection）による価格差別という戦略をとることが可能です。これは，すべての消費者に対して同一の価格メニューを提示し，消費者に自分で好きな価格を選択してもらうというものです。代表的なものには時間差による価格差別があります。これは，発売当初は高価格を提示し，一定期間が過ぎてから値下げをする戦略です。この戦略の下では，新しもの好きな消費者，流行に敏感な消費者はただちに高価格で購入するのに対し，価格に敏感な消費者は将来の値下げを待つことになるでしょう。例としては，スマートフォン，ゲーム機，パソコンなど，技術革新が速く商品のライフサイクルが比較的短い電気製品を挙げることができます。

時間差による価格差別を通じて生産者の利潤が増えることは図 15-9 で確認することができます。いま，ある新製品を売り出すとして，消費者のこの財に対する需要曲線は時間を通じて変化しないものとしましょう。まず，価格差別を行わない場合に生産者の利潤が最大になる販売量（＝生産量）を y_B，それに対する価格を p_B とします。もし価格 p_B で一斉に販売するなら，消費者余剰は三角形 Dp_BB の面積，生産者余剰は長方形 p_BGEB の面積となります。これに対して，時間差で価格差別を行うとします。最初に p_B より高い価格 p_A で販売すると，支払許容額が p_A 以上である消費者が y_A だけ購入します。このときの消費者余剰は領域（a）の面積，生産者余剰は長方形 p_AGFA の面積となります。一定期間が過ぎてから値下げして価格を p_B にすると，今度は支払許容額が p_B 以上 p_A 未満の消費者が $y_B - y_A$ だけ購入します。

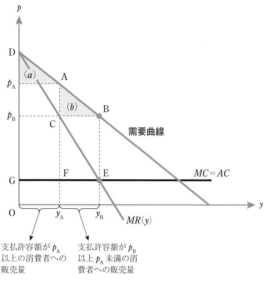

図 15-9　時間差による価格差別

このときの消費者余剰は領域（*b*）の面積，生産者余剰は長方形 CFEB の面積となります。以上より，時間差販売をした場合には，消費者余剰が長方形 $p_A p_B$CA の面積の分だけ減るのに対して，生産者余剰がそれと同じだけ増え，その結果利潤も増えることが分かります。自己選択による価格差別の例としては，時間差によるもの以外にも，商品をまとめて買う場合に割引する方法や，クーポンを使う方法などさまざまな手法があります [12]。

15.8　自然独占と価格規制----------------------

15.6 節で学んだように，完全競争市場と比べて，独占市場では均衡価格が高く均衡取引量が少なくなるため，死重損失が発生し社会的余剰が小さく

---

[12] 価格差別について本書ではこれ以上詳しくは扱わないので，興味のある読者は巻末に紹介する産業組織論の教科書などを参照してください。

なります。完全競争市場以外の市場では生産者はなにがしかの市場支配力を有するため，多かれ少なかれ死重損失が生じます。このような市場支配力の行使に由来する死重損失の発生をできるだけ抑えるため，わが国をはじめ世界各国において独占禁止法（Anti-Monopoly Act）が制定・施行されているわけです[13]。ところが，市場支配力を行使する行為の中には，独占禁止法の適用対象から除外されているものがあります。このうち，最も重要なものが**15.1節**で紹介した自然独占です。自然独占（natural monopoly）とは規模の経済が大きく働くことによって生じる独占のことをいいます。電力，ガス，水道，鉄道，電気通信などのような公益事業においては，巨大な固定費用が必要となるため規模の経済が強く働き，企業規模が拡大するにつれて平均費用が逓減し自然独占が発生すると考えられます。多くの国では，このような産業において政府が特定の企業に独占的供給権を与える一方で，直接的な価格規制を実施しています。本講の最後に，自然独占がどのようにして生じるのか，そして政府はどのような価格規制を行うべきかについて考えます。

　巨大な固定費用が必要なため規模の経済が強く働く産業においては，平均費用が最小となる水準まで低下するにはかなり生産量を増加させなければなりません。特に，自然独占が生じるケースでは，平均費用曲線の最小点が需要曲線より右側にあると考えられています[14]。つまり，固定費用が大き過ぎるため，市場のすべての需要を満たすだけ生産量を増やしても，平均費用はまだ下がる余地がある場合です。この状況を図示すると図15-10のようになります。この図では，平均費用曲線の最小点（黒色の点）が需要曲線（青色の直線）より右側に描かれています。ここで，独占企業が限界収入と限界費用が一致するように生産量 y_m を生産した場合，独占価格 p_m は p_{MC} より高くなり，生産量は y_{MC} より過少になります。ちなみに，この p_{MC} と y_{MC} は**15.6節**で説明したとおり，独占企業があたかも完全競争市場で操業しているように行動した場合に成立する均衡価格と均衡取引量，すなわち，需要曲線 $p(y)$ と限界費用曲線 $MC(y)$ の交点で決まる価格と生産量です。このとき，

13　国により名称はさまざまです。ちなみに，わが国の法律の正式名称は「私的独占の禁止及び公正取引の確保に関する法律」といいます。

14　産業組織論では，最小の平均費用をもたらす生産量のことを最小効率規模（minimum efficient scale）といいます。図15-10では黒色の点に対応する生産量が最小効率規模です。

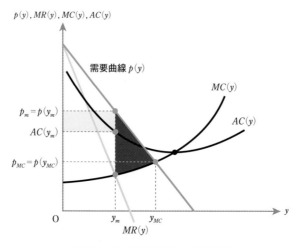

図 15-10　　**自然独占における利潤**

青色の領域の面積に相当する分だけプラスの利潤が発生すること，つまり，自然独占のもとで独占企業は操業可能であることが分かります。また，黒色の領域の面積の分だけ死重損失が発生することも確認できます（消費者余剰と生産者余剰を図示するとどのようになるかは読者の皆さんへの課題とします）。

　このような自然独占に対して，政府はどのような規制を行うべきでしょうか。まず，図 15-6 で示した状態を実現するような規制を考えます。つまり，政府が独占企業に対して限界費用に見合う価格をつけるよう規制するとしましょう。すなわち，p_{MC} をつけるよう規制するわけです。これを限界費用価格規制（marginal cost pricing regulation）といいます。この規制価格 p_{MC} の下では需要量は生産量と等しい値 y_{MC} になるので，図 15-6 と同様に死重損失は発生せず社会的余剰は最大となります。しかし，この価格規制には大きな問題があります。図 15-11 を見てください。この規制の下では，独占企業は価格 p_{MC} に対応する生産量 y_{MC} を生産しますが，このとき平均費用 $AC(y_{MC})$ が価格 p_{MC} より高くなるので，利潤がマイナスとなり紺色の領域の面積に相当する分だけ赤字が発生するのです（なぜ紺色の領域の面積が赤字に相当するかは読者の皆さんへの課題とします）。限界費用価格規制を行うと赤字が発生

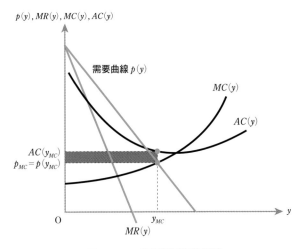

図 15-11 限界費用価格規制

してしまうという現象は自然独占に固有のものです。この現象は，平均費用曲線が右下がりの局面において生産量 y_{MC} が決まるために生じること，言い換えれば，y_{MC} が損益分岐点（平均費用曲線の最小点）の生産量より少なくなっているために生じることが知られています。したがって，政府が限界費用価格規制を実施すれば，独占企業は恒常的に赤字が発生するため操業を続けることができなくなってしまいます。それゆえ，この赤字分を政府の補助金で賄うなどの対応をとる必要があります。しかしながら，補助金で賄うことには 2 つの問題があります。第一に，補助金で賄うということは税金を使うということなので，課税方法に応じてさらに死重損失が発生する可能性があります。第二に，政府に赤字を補填してもらえることが分かっている場合，企業には費用削減や技術革新などの経営努力をする誘因が働かず，合理的行動が損なわれる可能性があります。このように，参入障壁などにより市場が競争的でない場合，企業の内部組織にゆるみが生じ費用削減や技術革新などの合理的な経営努力が損なわれることを X 非効率性（X-inefficiency）といいます [15]。

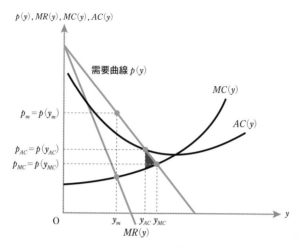

図 15-12　平均費用価格規制

　こうした限界費用価格規制の問題点を克服するための次善の政策が平均費用価格規制（average cost pricing regulation）です。これは，政府が独占企業に対して平均費用に見合う価格をつけるよう規制するものです。すなわち，需要曲線 $p(y)$ と平均費用曲線 $AC(y)$ の交点で決まる生産量 y_{AC} に対応する価格 p_{AC} をつけるよう規制するわけです。図 15-12 を見てください。この規制価格 p_{AC} の下では需要量は生産量と等しい値 y_{AC} になります。規制価格 p_{AC} は，限界費用価格規制のときの価格 p_{MC} より高くなりますが，独占価格 p_m よりは低くなっていることが分かります。また，平均費用価格規制のときの生産量 y_{AC} は，限界費用価格規制のときの生産量 y_{MC} より少なくなりますが，独占企業本来の生産量 y_m よりは多くなっていることが分かります。その結果，平均費用価格規制の下での社会的余剰は，限界費用価格規制の下での最善の社会的余剰より少なくなり黒色の領域の面積に相当する分だけ死重損失が発生します。とはいえ，このときの死重損失は図 15-10 に示されている死重

15　赤字分を補助金で賄う以外に，政府が独占企業に代わって操業するという方法もあります。実際，わが国でも，2018 年に水道法が改正され自治体ごとに民営化が可能になったとはいえ，水道事業は基本的に地方自治体が操業しています。

損失より少ないので，平均費用価格規制の下での社会的余剰は自然独占に対する規制を行わないときの社会的余剰よりは多くなることが分かります（消費者余剰と生産者余剰を図示するとどのようになるかは読者の皆さんへの課題とします）。平均費用価格規制ではこのように社会的余剰を完全には改善することはできませんが，市場価格と平均費用が等しくなるように規制するため，独占企業の利潤はちょうどゼロとなり，マイナスにはなりません。つまり，平均費用価格規制では，独占企業は独立採算で操業することが可能になるわけです。とはいえ，経営努力をしてもしなくても常に利潤がゼロになるため，限界費用価格規制のときと同様に，企業の経営はX非効率になります。

　以上見てきたように，自然独占に対しては，限界費用価格規制あるいは平均費用価格規制を行うと企業の経営はX非効率になります。さらにいえば，これらの価格規制を行うためには需要曲線，限界費用曲線，平均費用曲線に関する正確な情報が必要ですが，政府がそれを知ることは実際には困難です。そのため，これらに代えていくつかの価格規制の方法が考えられており，業界の事情に合わせた多様な料金体系が存在しています。これに対して，費用に基づいた価格規制にはいろいろな問題があることが知られるようになり，代わりに生産者に対して費用削減をして経営効率を高める誘因を与えるような価格規制方式が提案されました。代表的なものに電気通信事業などにおいて導入されているプライス・キャップ規制（price-cap regulation）があります[16]。これは，政府が毎年の上限価格を設定し，それ以下であれば企業が自由に価格の改定ができるという価格規制方式です。もし企業が費用削減に成功したら発生した利潤を受け取ることが許容されるので，企業は経営効率化への誘因を持つことになります。ただし，実際の運用を行っていく中で，企業に経営努力への誘因を与えるタイプの価格規制にも問題のあることが分かってきています。

　独占企業に対する価格規制には欠陥があるという認識が深まる中で，1980年代になると，市場の競争メカニズムが十分機能するように規制緩和（deregulation）をすべきであるという考え方が強くなってきました。その理

16　これは第13講の13.6節で説明した上限価格規制の一種です。

論的な支柱となったのがコンテスタブル市場の理論です。コンテスタブル市場（contestable market）とは，参入障壁が存在せず，新規参入企業も既存の企業とまったく同じ条件で生産および販売が可能であるような市場のことをいいます。コンテスタブル市場では，潜在的な新規参入企業による既存企業への圧力が十分に働くことにより，たとえ自然独占であっても，既存企業が独占的地位を維持できる価格は，価格と平均費用が等しくなる値（図 15-12 の p_{AC}）になることが明らかにされています。つまり，市場がコンテスタブルであれば，平均費用価格規制と同等の状態がもたらされるというわけです。もちろん，コンテスタブル市場は完全競争市場と同じく現実には存在しません。しかし，そうした理想の市場を目指して規制緩和をすべきであるという考えが先進国の政策に強い影響を及ぼし，参入規制の緩和や国営・公営企業の民営化などといった競争メカニズムを導入する政策が実施されるようになりました [17]。政府はしばしば，公共の利益を守るという理由で，自然独占になりやすい公益事業に対して参入規制を設け保護してきました。しかし現状では，独占を許して価格規制を行うよりも，規制緩和をして参入を促す方がよいという方向に政策の舵が取られるようになってきているといえます [18]。

■ Active Learning

問 1　ある財の需要関数が $x = -p + 1200$ で表されるとする。ただし，x は需要量，p は価格である。この財は独占企業によって供給されており，その限界費用関数が $MC(y) = 2y$ で表されるとする。ただし，y は独占企業の生産量である（需要量 x と独占企業の生産量 y が一致するように価格 p が決まるため，$x = y$ が成り立つことに注意すること）。このとき，以下の問いに答えなさい。

(1)　この独占企業の限界収入を求めなさい。

(2)　独占企業の利潤が最大となる生産量を求めなさい。また，独占企業がこの

17　わが国の事例でいえば，鉄道事業においては日本国有鉄道という政府が操業する企業が 1987（昭和 62）年に分割民営化され JR となり，電気通信事業においては日本電信電話公社という政府の企業が 1985（昭和 60）年に民営化され NTT となりました。

18　本書では価格規制や規制緩和についてこれ以上詳しくは論じませんので，興味のある読者は巻末に紹介する産業組織論の教科書などを参照してください。

生産量を選んだときの市場価格を求めなさい。

(3) (2)の生産量が市場に供給された場合の需要の価格弾力性およびラーナー指標を求めなさい。

問2　下図は，ある財の需要曲線 $p(y)$ と，その財を独占的に供給する企業の限界収入曲線 $MR(y)$，限界費用曲線 $MC(y)$，平均費用曲線 $AC(y)$，平均可変費用曲線 $AVC(y)$ を描いたものである。この企業の利潤が最大となる生産量をグラフ上に示しなさい。また，この企業がその生産量を選んだときの市場価格，収入，総費用，可変費用，固定費用，利潤を図示しなさい。

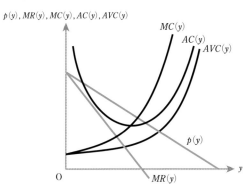

問3　ある財を需要する消費者はAとBという2つのグループに分けることができ，グループAの需要関数は $x^A = -p + 2400$ で，グループBの需要関数は $x^B = -2p + 3600$ で表されるとする。ただし，x^A はグループAの需要量，x^B はグループBの需要量，p は価格である。この財はある独占企業によって供給されており，独占企業の限界費用および平均費用は生産量に依存せず常に200であるとする。このとき，以下の問いに答えなさい。

(1) この企業が市場をグループAとBに細分化して価格差別を行う場合，グループAから得られる利潤が最大になる生産量を求めなさい（グループAの需要量 x^A と独占企業の生産量が一致するように価格 p が決まることに注意すること。以下同様）。また，その生産量における価格と利潤を求めなさい。

(2) この企業が市場をグループAとBに細分化して価格差別を行う場合，グループBから得られる利潤が最大になる生産量を求めなさい。また，その生産量における価格と利潤を求めなさい。

(3) この企業が市場を細分化せず，消費者全体の需要関数を考慮に入れて利潤

最大化を行う場合，生産量は 2700，価格は 1100，利潤は 2430000 となる（意欲のある読者はどうしてこうなるのか考えてみてください）。この企業が消費者全体に対して価格 1100 を提示したときのグループ A とグループ B の需要量をそれぞれ求めなさい。また，そのときのグループ A とグループ B の需要の価格弾力性をそれぞれ求めなさい。

(4) (1) から (3) の結果に基づき，市場細分化による価格差別のメリットについて論じなさい。

さらなる学びに向けて

「はしがき」で述べたとおり，本書では，ミクロ経済学をはじめて学ぶ人を念頭に置き，「伝統的なミクロ経済学のものの見方・考え方の根幹」を理解してもらうために，できるだけ話題を絞って解説を行ってきました。本書の最後に，ミクロ経済学をさらに勉強してみたいと思う読者に向けて，今後参考になるであろう文献を紹介したいと思います。

まず，伝統的なミクロ経済学で取り扱われる標準的な内容のうち，本書で除外された内容について確認しておきましょう。本書で扱わなかった内容としては，一般均衡分析，不完全競争（ただし，不完全競争のうち独占については第15講で取り上げました），外部性，公共財などが挙げられます。以下で，簡単にこれらの概要を押さえておきましょう。

【一般均衡分析】

第2講から第14講を通じて，単一の完全競争市場において市場均衡がどのように成立するのか，さまざまな条件が変化したときに市場均衡がどのように変化するのか，市場均衡が経済的厚生の観点からどのような特徴を有するのかについて考えてきました。このように，単一の市場の均衡状態を分析することを部分均衡分析（partial equilibrium analysis）といいます。これに対して，複数の市場の均衡状態を同時に分析することを一般均衡分析（general equilibrium analysis）といいます。たとえば，桃の需要量は桃の価格の影響を受けますが，他の果物の価格からも影響を受けることから，桃の市場と他の果物の市場は相互に関係しています。こうした市場の相互の関係を考慮に入れて分析するのが一般均衡分析です。一般均衡分析は経済のすべての市場を考察の対象とするので視野が広いことは確かですが，個別の市場の問題について深く分析するには部分均衡分析の方が役に立ちます。部分均衡分析を学

べば市場の機能の本質をおおよそ理解できるので，本書ではあえて一般均衡分析を取り上げませんでした。

【不完全競争】

第15講で不完全競争市場の代表例である独占市場について考えました。企業が市場支配力を有する不完全競争市場には，その他に寡占市場と独占的競争市場とがあります。これらの市場は独占市場と異なり競争相手が存在するので，独占市場とは異なる理論が展開されます。

【外 部 性】

外部性（externality）とは，ある経済主体の経済活動が市場を経ずに他の経済主体に影響を与えることで，影響を受ける側からみて有利なものを外部経済（external economy）といい，不利なものを外部不経済（external diseconomy）といいます。外部経済の例としては，新しい鉄道路線が敷設されると沿線の店舗の来客数が増加することなどが挙げられます。外部不経済の例としては，河川の上流にある工場の生産活動に伴う排水が原因となって下流にある魚の養殖場の生産量が減少することなどが挙げられます。このような外部性が存在する場合には，それを放置しておくと市場で本来達成されるべき資源配分が実現されないことが知られています。したがって，外部性が存在する場合には，政府が介入して何らかの対策をとる必要があるわけです。

【公 共 財】

公共財の供給も政府が介入せざるを得ない事例です。公共財（public goods）とは，多くの個人が同時に消費することができ，しかも対価を支払わない人を排除することが難しい財のことです。例として国防，警察，一般道路などを挙げることができます。それでは，なぜ公共財の供給に政府が介入せざるを得ないのでしょうか。たとえば，一般道路は網の目のように張り巡らさなければならないため，その使用料を徴収するには膨大な数の料金所を設けるなど多額のコストを掛けなければなりません。したがって，一般道路の供給を自社の利益を追求する民間企業に任せることはできないため，代

わりに政府が供給せざるをえなくなります。

　それでは，本書で割愛した上述の話題も含めて，ミクロ経済学をさらに学ぶ際に参考となりそうな教科書をいくつか紹介しておきましょう。まず，本書を読むのにかなり苦労したという人は，復習を兼ねて，本書と同程度か少し高いレベルの教科書に挑戦するのがよいでしょう。

本書と同程度か少しレベルの高いミクロ経済学を学ぶために
●神戸伸輔・寳多康弘・濱田弘潤（著）『ミクロ経済学をつかむ』有斐閣，2006 年
●井堀利宏（著）『入門ミクロ経済学　第 3 版』新世社，2019 年
●西村和雄（著）『ミクロ経済学　第 3 版』岩波書店，2011 年

本書を読むのにあまり抵抗を感じず十分に理解できたという人は，本書よりレベルの高いものに挑戦してみて下さい。

本書よりレベルの高いミクロ経済学を学ぶために
●芦谷政浩（著）『ミクロ経済学』有斐閣，2009 年
●神取道宏（著）『ミクロ経済学の力』日本評論社，2014 年
●武隈愼一（著）『新版　ミクロ経済学』新世社，2016 年
●奥野正寛（編著）『ミクロ経済学』東京大学出版会，2008 年
●西村和雄（著）『ミクロ経済学』東洋経済新報社，1990 年

これらミクロ経済学の中級の教科書を読むためには，ある程度の数学の知識が必要となります。ミクロ経済学に限らず，経済学の他の分野でも高いレベルの文献を読むためには数学の知識はどうしても必要になります。もちろん，必要となる数学の知識の内容とレベルはどのような文献を読むかに応じて異なりますが，さしあたり中級のミクロ経済学の教科書を読むためには下記の文献が役に立つことでしょう。

経済学で使う基本的な数学を学ぶために

● 尾山大輔・安田洋祐（編著）『改訂版 経済学で出る数学——高校数学から
きちんと攻める』日本評論社，2013 年

この文献で基本を習得したら，あとは必要に応じてより高度な数学の文献を
参照するとよいでしょう。

　こうした数学の知識に加えて，ミクロ経済学を深く学んで行くためには
ゲーム理論（game theory）を避けて通ることはできません。伝統的なミクロ
経済学は 180 年以上にわたる歴史を誇りますが，1970 年代以降になってゲー
ム理論が応用されるようになり，近年では組織や制度を分析する分野が確立
され，ミクロ経済学の裾野は大きく拡充されました。ゲーム理論はミクロ経
済学の教科書の中で扱われることもありますが，経済学以外の分野でも盛ん
に応用されることが多いので，本格的に学びたい人は独立した教科書を手に
とってみてください。

ゲーム理論に入門するために

● 渡辺隆裕（著）『ゼミナール ゲーム理論入門』日本経済新聞出版社，2008
年

伝統的なミクロ経済学のものの見方・考え方は経済学のさまざまな分野の共
通基盤になっていますが，その最も代表的な応用分野は産業組織論（theory
of industrial organization）です。産業組織論は，個々の産業（市場）がどのよ
うな構造になっているのか，そしてその市場において企業がどのような行動
をとるのかについて分析する理論です。**第 15 講**では不完全競争市場の代表
例として独占市場について学びましたが，不完全競争市場における企業行動
に興味を持った読者は産業組織論を学ぶとよいでしょう。

産業組織論を学ぶために

● 泉田成美・柳川隆（著）『プラクティカル産業組織論』有斐閣，2008 年
● 花薗誠（著）『産業組織とビジネスの経済学』有斐閣，2018 年

●小田切宏之（著）『産業組織論』有斐閣，2019 年

ミクロ経済学の応用分野として近年注目を浴びているものに経営経済学（business economics あるいは managerial economics）があります。産業組織論が市場構造を中心に分析を進めるのに対して，経営経済学は企業の経営戦略や組織の分析などに焦点を絞るのが特徴です。

経営経済学を学ぶために
●丸山雅祥（著）『経営の経済学　第 3 版』有斐閣，2017 年

索　引

予想　79

労働　149

著者紹介

小野﨑　保（おのざき　たもつ）

1986年　慶應義塾大学大学院経済学研究科博士課程単位取得退学
　　　　（2019 年　博士（経済学））
　　　　日本エネルギー経済研究所研究員，旭川大学経済学部助教授・教授，青森
　　　　公立大学経営経済学部教授を経て
現　在　立正大学経済学部教授

主要著書・論文

Nonlinearity, Bounded Rationality, and Heterogeneity: Some Aspects of Market Economies as Complex Systems. Springer, 2018.

Heterogeneous strategies in nonlinear duopoly with product differentiation (with A. Matsumoto). *Pure Mathematics and Applications*, 16, 443–466, 2005.

Regional synchronization during economic contractions: The case of the U.S. and Japan (with M. Muto and Y. Saiki). *Applied Economics*, published online: 05 Sep 2022.

山口　和男（やまぐち　かずお）

2012年　東京大学大学院経済学研究科博士課程修了　博士（経済学）
現　在　立正大学経済学部専任講師

主要著書・論文

Location of an undesirable facility on a network: a bargaining approach. *Mathematical Social Sciences*, 62, 104–108, 2011.

Borda winner in facility location problems on sphere. *Social Choice and Welfare*, 46, 893–898, 2016.

Spatial bargaining in rectilinear facility location problem. *Theory and Decision*, 93, 69–104, 2022.

ライブラリ 経済学15講［BASIC 編］ 2

ミクロ経済学15講

2023 年 1 月 10 日 ©　　　　　　　　初 版 発 行

著　者　　小野﨑　保　　　　発行者　森 平 敏 孝
　　　　　山 口 和 男　　　　印刷者　篠倉奈緒美
　　　　　　　　　　　　　　　製本者　小 西 惠 介

【発行】　　　　　株式会社　新世社
〒151-0051　東京都渋谷区千駄ヶ谷1丁目3番25号
編集 ☎ (03) 5474-8818 (代)　　サイエンスビル

【発売】　　　　　株式会社　サイエンス社
〒151-0051　東京都渋谷区千駄ヶ谷1丁目3番25号
営業 ☎ (03) 5474-8500 (代)　　振替 00170-7-2387
FAX ☎ (03) 5474-8900

印刷　㈱ディグ　　　　　製本　㈱ブックアート
《検印省略》

サイエンス社・新世社のホームページのご案内
https://www.saiensu.co.jp
ご意見・ご要望は
shin@saiensu.co.jp　まで。

ISBN 978-4-88384-360-2

PRINTED IN JAPAN

ライブラリ 経済学15講［BASIC編］ 1

経済学入門15講

浅子和美 共著
A5判／456頁／本体3,200円（税抜き）

経済学を学ぶ読者に向けて，関連した諸テーマを最新の問題意識から幅広い視点で解説し，経済学全体を見通す眼と学びの素養が培われるよう構成された入門テキスト。ミクロ経済学・マクロ経済学の基本解説のみならず，経済学の学問的位置づけや成り立ち，社会との関わり，分析や問題解決のための手法等も取り上げ，必須の15講を構成。経済学全般の鳥観図を描出し，斯学の極意を伝える。2色刷。

【主要目次】

発行　新世社　　　発売　サイエンス社

実験経済学・行動経済学15講

和田良子 著
A5判／336頁／本体2,700円（税抜き）

人間の経済行動と経済理論の対応を追究した2つのアプローチ，実験経済学と行動経済学について，イラストも交え初学者にも親しみやすく愉しく説き明かす入門テキスト。それら2つの学問の研究成果と相違点をテーマごとに解説し，現実の問題への応用や手法についても紹介する。図表を豊富に採り入れたビジュアルな構成＋2色刷。

【主要目次】

イントロダクション／オークションによる資源配分／確実性下の意思決定理論／リスク下の意思決定理論と行動経済学／ナイト流不確実性下の意思決定理論と実験経済学／ナイーブなポートフォリオ選択／株式市場におけるバブルの形成と実験経済学／株式市場における情報のアップデート／時間選好率のアノマリー／環境経済学と実験経済学／ゲーム理論と社会的ジレンマ／利他主義を測る／社会選択の理論／行動経済学の実践／実験手法と検証法

発行　新世社　　　　発売　サイエンス社

ライブラリ 経済学15講[BASIC編] 別巻1

経済学のための
数学の基礎15講

小林 幹 著
A5判／176頁／本体1,500円（税抜き）

初歩的なミクロ経済学やマクロ経済学を学ぶのに最低限必要な数学を解説したコンパクトな入門テキスト。問題を自分の手で解いていくことによる数学に対する不安の解消をはかり，例題を豊富に挿入し，理解を深めるための演習問題を講末に設けた。また，公式の導出や意味，考え方を丁寧に説明することで，数学的な論理的思考能力を身につけられるよう工夫した。

【主要目次】

数と関数／整式，展開，因数分解／割合／1次関数とそのグラフ／2次関数とそのグラフ1／2次関数とそのグラフ2／2次方程式／指数／対数／数列／微分1／微分2／微分の応用／場合の数／確率

発行 新世社　　発売 サイエンス社